BFL 총서 ①

제3판 지주회사와 법(하)

BFL 총서 ①

제3판 지주회사와 법(하)

노혁준 편저

小花

일러두기

이 책의 논문들은 필자들이 소속된 기관과는 관계없는 개인의 의견임을 밝혀 둔다.

제3판 머리말

지주회사와 법 제2판(보정판)이 출간된 지도 벌써 15년이 되었다. 지주회사 체제가 우리 기업실무에 뿌리내리면서 기업집단의 대표적 조직형태로 자리 잡았음은 주지의 사실이다. 이 책의 초판 발행연도인 2005년 25개에 불과하던 지주회사는 2021년 말 168개에 달할 정도로 급증했다. 종래 상호출자, 순환출자로 얽혀 있던 재벌의 지분구조에 비해 단순, 명쾌하게 소유관계가 드러난다는 점에서 진일보했다는 점은 부인하기 어려울 것이다. 나아가 2020년 말 일반지주회사가 기업형 벤처케피탈(CVC)을 설립할 수 있게 되는 등 지주회사의 활용폭도 점차 넓어지고 있다.

지주회사의 숫자와 활동범위가 늘어남에 따라 관련 법적 쟁점도 다양하게 전개되어 왔다. 실은 진즉부터 본서 개정은 편저자의 마음 한켠 숙제로 남아 있었다. 지주회사 체제의 확산과 더불어 본서의 수요와 독자들의 기대치가 높아졌음에도, 이를 제대로 업데이트하지 못하고 있는 점에 대한 찜찜함이 있었다. 한 번 개정 타이밍을 미루니 그 이후로는 거의 전면적으로 내용을 바꾸지 않으면 안 되는 상황에 봉착한 점도 제3판 발행에 제법 시간이 걸리게 된 이유이다.

이왕 새로운 판으로 다시 독자들을 맞게 되는 김에 조금 더 내용을 충실히 하고자 하는 욕심에 이번의 제3판은 상/하 두 권으로 구성하였다. 상권은 총론적 고찰과 함께 지주회사 설립 및 전환의 문제를 다룬다. 하권에서는 지주회사의 운영 문제와 더불어 노동법, 세법, 도산 등 관련 법제를 다룬다. 이로써 본서는 지주회사에 관한 법적 담론의 대부분을 담고 있다. 본서에는 총 17편의 글이 실려 있다(상권 8편, 하권 9편). 대체로 BFL 제91호(2018. 9. "지주회사－최근 법적 쟁점의 조감") 등 BFL 잡지에 게재된 글에 터잡은 경우가 많지만, 글의 주제, 수준과 편집방향이 맞는 경우 경제법연구, 경영법률 등 다른 잡지에 실렸던 글을 관련기관의 승인하에 수정, 보완하여 포함시킨 예도 있다. 특히 강희철·김경연 변호사님(제5장 지주회사의 설립·전환방식의 개관), 김주영 변호사님·이은정 회계사님(제6장 대규모기업집단의 지주회사 전환사례), 기영석 변호사님(제15장 지주회사에서 발생하는 근로관계에 관한 문제), 김성용 교수님(제17장 지주회사와 도산)은 오로지 이 책만을 위해 전면 개정 작업을 진행하거나 새로 원고를 작성해 주셨다.

BFL 총서는 지금까지 모두 18권이 출간되었다. '지주회사와 법'이 총서 제1권으로 출간되었을 당시를 떠올려 보면, 그 시리즈가 18권에 이른 것이나 개별 권호가 제3판까지 내게 된 것은 큰 성과라 하겠다. 그 사이에 본서 공편자 중 한 분인 김건식 교수님이 은퇴를 하시게 되어 이 책은 단독 편저로 펴내게 되었다. 이 책을 포함한 BFL 총서 시리즈를 구상하고 실행에 옮기신 김건식 교수님의 혜안에 경의와 함께 감사를 드린다.

한편 본서를 집필하신 저자들에게 성가신 원고 독촉으로 종종 폐를 끼쳤다. 또한 책의 출간이 늦어지면서 계속 수정사항을 업데이트해야 하는 불편도 드렸다. 이런 사정을 이해하고 바쁜 업무에도 옥고를 세심하게 완성해 주신 집필자 분들께 감사드린다. 마지막으로 본서 출판을 맡아주신 도서출판 소화의 담당자분들과 행정업무를 전담해준 금융법센터의 이경희 팀장께도 감사인사를 전한다.

2023년 2월

편저자 노혁준

머리말

    1999년 공정거래법 개정 이후 본격적으로 도입되기 시작한 지주회사는 2005년 현재 공정거래위원회에 신고된 수만 해도 이미 20개를 훌쩍 넘은 상태이다. 기업지배구조의 선진화란 관점에서 정부, 학계, 재계의 우호적인 관심을 받고 있다는 점에서, 앞으로도 지주회사의 수는 점차 늘어날 것으로 예상된다. 서울대학교 금융법센터에서 발간하는 법률전문저널 BFL은 이러한 지주회사의 확산에 주목하여 이미 두 차례에 걸쳐 지주회사의 다양한 법적 측면을 특집(2003년 11월호 및 2005년 5월호)으로 다룬 바 있다.

    또한 2003년 9월에는 "지주회사 전환에 대한 법적 조명"에 관한 좌담회와 2005년 2월에는 "지주회사의 운영"에 관한 프로페셔널 세미나를 각각 개최한 바 있다. 금융법센터에서 발간하는 BFL총서의 제1권으로 발간하는 이 책은 BFL이란 포럼에서 축적된 지주회사에 관한 연구성과를 정리한 것이다. 이 책에는 지주회사와 법이 교착하는 여러 측면을 고루 포함시키기 위하여 BFL에 발표된 기존의 논문들뿐 아니라 일부 새로운 논문도 추가되어 있다.

    이 책은 크게 세 부분으로 이루어져 있다. 제1편 총론에서는 우리나라의 지주회사에 대한 1차적 규율이 공정거래법에 의해 이루어지고 있는 현실을 고려하여, 지주회사에 관한 공정거래법상 규제를 살펴보고 아울러 비교법적인 고찰을 시도하였다. 이어서 지주회사의 설립과 운영을 나누어, 제2편에서는 지주회사의 설립에 관한 실무상의 문제점을 검토하고

제3편에서는 지주회사의 운영과 관련하여 발생하는 문제를 다루었다. 지주회사의 설립, 운영과 관련하여 발생하는 세법과 노동법상의 문제에 대해서도 제3편에서 상세히 소개하였다.

편저자로 두 사람의 이름만을 표시하였지만 이 책은 실로 여러 사람의 노력과 정성이 결집된 산물이라는 점을 강조하고자 한다. 먼저 바쁜 일상업무의 중압에도 불구하고 흔쾌히 훌륭한 원고를 보내 주신 필자 여러분들께 진심으로 감사드린다. BFL 관련 행정업무와 좌담회 준비 등 번거롭기 짝이 없는 일을 꼼꼼히 처리해 준 금융법센터의 이경희 씨와 이주혜 조교(서울대학교 박사과정), 출간의 마무리단계에서 편저자들을 도와준 강원대학교의 최문희 교수에게도 감사의 뜻을 전한다. 그 밖에 평소 금융법센터에 대해서 무조건적인 신뢰를 보내 주고 계신 서울대학교 법과대학 성낙인 학장님, 법학연구소 최병조 소장님, 또한 상업성이 없는 책의 출판을 기꺼이 맡아 주신 소화출판사에도 감사드리고 싶다.

"연구자에게는 실무현장의 사례와 과제를 정확하게 전달하여 우리 현실에 보다 적합한 연구를 자극하고, 실무자에게는 기업일선에서 발생하는 다양한 쟁점에 관한 이론적인 분석과 검토를 제공하여 전문기량을 제고한다."

이는 BFL의 첫 페이지를 장식하고 있는 BFL의 정신이다. 이러한 정신은 BFL총서 제1권인 이 책에서는 물론이고 장차 발간될 총서에서도 그대로 유지될 것이다. 이 책이 지주회사의 법률문제에 관한 길잡이로서 연구자와 실무자에게 다소나마 도움이 될 수 있다면 편저자들로서는 더할 나위 없는 기쁨이 될 것이다.

2005년 6월

편저자 김건식 · 노혁준

상권

하권

차례

제3부 지주회사의 운영

제4부 관련 문제: 노동법, 세법, 도산법

제2부 지주회사의 설립 및 전환

제3부

지주회사의
운영

지주회사의
자회사 지배수단[*]

김현태^{**} · 이승환^{***}

I. 문제의 제기

독점규제 및 공정거래에 관한 법률(이하 "공정거래법")에 의하면, 지주
회사란 주식의 소유를 통하여 국내 회사의 사업 내용을 지배하는 것을
주된 사업으로 하는 회사로서 자산 총액이 5천억 원 이상인 회사이고
(공정거래법 제2조 제7호 및 동법 시행령 제3조 제1항),¹⁾ 자회사란 지주회사

---

*   이 글은 김현태 · 김학훈, 자회사에 대한 실효적 지배를 위한 법적수단, 지주회사와
     법, 소화(2009)를 기초로 작성된 것임을 밝힌다.

**   법무법인(유한) 광장 변호사

*** 법무법인(유한) 광장 변호사

1) '주된 사업'의 기준은 지주회사가 소유하고 있는 자회사의 주식가액의 합계액(기본적으
로 직전 사업연도 종료일 현재의 대차대조표상에 표시된 가액을 합계한 금액을 의미하
나, 해당 사업연도에 설립되었거나 합병 또는 분할 · 분할합병 · 물적분할을 한 경우에
는 설립등기일 · 합병등기일 또는 분할등기일 현재를 기준으로, 사업연도 종료일 전의
자산총액을 기준으로 지주회사 전환신고를 하는 경우에는 해당 전환신고 사유의 발생

의 계열회사로서 지주회사에 의하여 그 사업 내용을 지배받는 국내 회사를 의미한다(공정거래법 제2조 제8호 및 동법 시행령 제3조 제3항).

우리나라에서는 과거 경제력 집중 억제의 차원에서 다른 회사의 사업 내용에 대한 지배를 유일한 목적으로 하는 순수지주회사의 설립이 금지되었으나, 1997년 외환위기의 극복과정에서 기업의 원활한 구조조정을 지원하고, 외국인과의 합작지주회사 설립 등을 통한 외자유치 및 비주력 사업부문의 분리, 매각 등을 촉진하기 위하여 1999년 4월 공정거래법의 개정으로 그 설립이 허용되었고, 2000년 10월에는 금융기관의 대형화, 겸업화 등을 통한 금융산업의 경쟁력 강화를 목적으로 금융지주회사, 즉 주식의 소유를 통하여 금융업을 영위하는 회사 또는 금융업의 영위와 밀접한 관련이 있는 회사를 지배하는 순수지주회사(금융지주회사법 제2조 제1항 제1호 및 동법 시행령 제2조)를 허용하는 금융지주회사법이 제정되었다. 그 이후 상당수의 기업들이 그 지배구조를 지주회사 체제로 전환함으로써 이제는 지주회사가 우리나라 기업들의 지배체제에 있어서 하나의 전형으로 자리잡고 있다고 볼 수 있는 상황이 되었다.[2]

그러나 우리나라의 위와 같은 지주회사 도입과정에서는 그 도입으로 인하여 제기될 수 있는 여러 가지 법률적 문제에 관한 충분한 논의가 이루어지지 못했고, 이에 따라 위와 같은 지주회사에 관한 법률들은 주

일 현재 대차대조표상에 표시된 가액을 합계한 금액이 됨)이 당해 지주회사 자산총액의 100분의 50 이상인 것을 말한다(공정거래법 시행령 제3조 제2항).

[2] 공정거래위원회에 따르면 2021년 12월 기준 국내 지주회사는 총 168개로서 그 소속회사는 2,274개에 달한다고 하며, 지주회사 및 그 소속회사의 수 역시 (지주회사의 자산요건이 5천억 원으로 대폭 상향된 이후인) 2018년 이래로 꾸준한 증가 추세를 유지하고 있는 것으로 보인다(공정거래위원회 2022. 6. 28.자 보도자료 "2022년 공정거래법상 지주회사 현황 분석결과 발표" 참조).

로 지주회사의 폐해, 그중 경제력 집중 억제의 측면에서 그 폐해를 방지하기 위한 개별적 규율을 두는 데 그친 경향이 있었고 이러한 경향은 그간 이루어진 여러 차례의 공정거래법 개정과정에서도 크게 달라지지 않았다고 생각된다.

따라서 지주회사와 자회사 간의 법률관계, 지주회사와 자회사의 주주 및 기타 이해관계인의 보호 등 지주회사를 둘러싼 여러 법률적인 문제에 관하여는 상법, 증권거래법, 노동법 등과 같은 개별 법령의 기존 규정 및 그 해석에 의존할 수밖에 없는 상황이다. 문제는 이러한 개별 법령들이 지주회사에 관한 다양한 법률문제를 규율하기에 충분한 규정을 두고 있지 않은 실정이라는 것이다. 특히 지주회사는 자회사의 사업 내용에 대한 지배를 그 본질로 하는 회사임에도 불구하고, 현행 지주회사 관련 법령들이 지주회사에 의한 자회사 사업 내용에 대한 지배를 현실적으로 가능하게 하는 법적 수단에 관하여는 특별한 규정을 두고 있지 않으며, 이로 인하여 우리나라 지주회사의 자회사에 대한 지배방식은 대부분 지주회사가 대주주로서 가지는 사실상의 영향력에 의존하고 있는 형편이다.

여기에서는 우리나라에서 지주회사가 자회사의 사업 내용을 지배하기 위한 법적 수단을 가지는가 하는 점을 주로 논의할 것인데, 그에 앞서 지주회사가 자회사의 사업 내용을 지배할 법적 수단을 가지게 하는 것이 타당한 것인가, 즉 지주회사에 의한 자회사 지배수단의 필요성 문제를 먼저 살펴보고자 한다.

II. 지주회사에 의한 자회사 지배수단의 필요성

1. 지주회사의 본질

먼저 지주회사는 그 개념 자체에서 보이는 바와 같이 자회사의 주식 소유를 통하여 자회사에 대한 사업 내용을 지배하는 것을 주된 사업목 적으로 하는 회사이다. 이와 같이 지주회사에 의한 자회사의 사업 내용 에 대한 지배는 지주회사의 본질적 개념요소를 이루는 것인데, 여기서 자회사의 사업 내용을 '지배'한다는 것은 단순히 자회사의 주주총회에 서 의결권 행사나 지주회사와 자회사 임원 사이의 사실상의 관계 등을 통한 사실상 또는 간접적인 영향력을 행사하는 것에 그치는 것이 아니 라, 지주회사가 자회사가 영위하는 사업 전반의 중요사항을 직접 결정 하고 이를 관리한다는 것을 의미하며, 이를 위해서는 지주회사가 적어 도 자회사의 중요한 의사결정을 지시하고 관여할 수 있게 하는 것이 필 요하다고 보아야 할 것이다. 지주회사가 자신에게 속하는 자회사의 사 업 전반에 대한 중요한 결정에 관여하거나 지시할 수 없다고 한다면, 사실상 지주회사는 이미 그 존재의 사유가 없다고 말할 수 있을 것이 다.[3] 특히 '자회사 지배'를 주된 '사업'으로 영위한다는 것은, 단순히 주 주로서 자회사 주주총회에 참석하는 것을 넘어 실질적으로 경영에 관 여를 예정하고 있다고 봄이 자연스러우므로[4] 지주회사가 자회사의 사 업 전반에 대한 중요한 결정을 관여·지시하는 것이 그 본질적인 역할

---

3) 김문재, 순수지주회사의 허용과 관련법제의 대응방향, 연구논단(1998), 417-418면; 황 승화, 지주회사 제도 해설, 상장협실무전집 25(2004), 한국상장사협의회, 121면.
4) 천경훈, 기업집단의 법적 문제 개관, BFL 제59호(2013), 서울대학교 금융법센터, 13면.

이라 할 것이다.[5] 이와 같이 지주회사에 의한 자회사 지배를 위한 법적 수단이 필요하다는 점은 이미 지주회사의 본질의 차원에서 인정되어야 하는 것이라고 할 것이다.

2. 지주회사의 기능 및 효용

지주회사 체제는 지주회사의 경영자로 하여금 그룹 전체의 관점에서 거시적이고 탄력적인 경영전략을 결정하게 하고, 각 자회사는 그 사업부문에 정통한 전문경영자가 일상적인 경영을 전담하게 하는 경영분리를 통하여 자원에 대한 효율적 배분을 기하고자 하는 것이고, 이러한 경영 분리에 기초한 역할분담이 순조롭게 기능할 경우에만 지주회사 체제의 도입취지가 달성될 것이다. 실제로 존재하는 지주회사는 (i) 그룹 전체의 전략목표의 설정 및 이에 따른 지주회사와 자회사 임직원의 직무책정, (ii) 전략목표에 따른 그룹 내 인재 및 자금투입의 계획 수립, (iii) 그룹 전체와 각 자회사 사이의 지분소유의 조정, (iv) 각 자회사의 자율경영의 범위 및 자회사 간의 상품과 시장관계에 대한 조정, (v) 자회사 임원 등 주요 인사의 결정, (vi) 자회사의 매출액 등 목표 설정 및 이에 대한 평가, (vii) 기타 자회사의 업무원활화를 위한 서비스업무의 제공 등 역할의 전부 또는 일부를 수행하고 있는 것으로 설명되고 있는데,[6] 이러한 지주회사의 역할은 지주회사 체제에서 지주회사 경영자가

---

5) 김수련 / 이미지, 지주회사의 자회사 지원에 관한 법적 문제, BFL 제91호(2018), 서울대학교 금융법센터, 37면.

6) 한상범 / 김문현 / 김란영 / 이은정, 종합금융서비스의 시대: 금융지주회사, 한국증권연구원(2001), 5면 이하; 김동환, 금융지주회사운영방안(I) — 지주회사의 최고경영조직, KIF은행경영브리프, 1999~2000, 123-125면.

분담해야 할 전략적 경영의 주요 내용이라고 할 것이다.

지주회사 체제가 위와 같은 기능을 다하기 위해서는 자회사는 지주회사로부터 지나치게 독립적이어서도 지나치게 종속적이어서도 곤란하다고 할 것이다. 자회사 고유의 사업부문에 관한 일상적 의사결정에 있어서는 자회사의 지주회사에 대한 독립성이 강조될 필요가 있겠지만, 그 독립성이 위에서 본 지주회사의 역할분야, 즉 지주회사 그룹과 그 소속 회사들의 중장기적 전략을 수립하고 그 각 사업부문에 대한 자원배분에 관해서까지 각 자회사의 개별적인 의사결정권에까지 이른다면 실제로 지주회사 체제를 도입할 실익은 매우 제한적이게 될 것이다. 이와 같이 지주회사가 그 순기능과 역할을 다하게 하기 위해서는, 적어도 지주회사그룹의 전략적 경영과 관련하여 요구되는 분야에 관하여 지주회사가 구체적으로 자회사를 지배하여 그 전략적 의사결정을 자회사에 관철할 수 있는 실효적인 수단이 필요하다고 할 수 있다.

III. 지주회사에 의한 자회사 지배수단과 그 한계

위에서 살펴본 대로 지주회사는 자회사의 사업 내용에 대한 지배를 그 본질로 하는 것이고, 또한 지주회사의 도입취지를 달성하기 위해서도 지주회사의 자회사에 대한 구체적 지배수단은 필요한 것이지만, 우리나라의 지주회사 관련 법령이나 상법 등 일반적인 법령은 이에 관한 특별한 배려를 하고 있지 않은 형편이다. 지주회사 및 금융지주회사를 일반적으로 규율하고 있는 공정거래법 또는 금융지주회사법은 지주회사 및 금융지주회사의 기능 및 업무를 추상적으로 언급하고 경제력 집중의 폐해를 방지하기 위한 몇 가지 규정을 두고 있을 뿐이고, 지주회사의 자회사에 대한 구체적인 경영관리 권한 및 수단 등에 관하여는 별다른 규정을 두고 있지 않으며,[7]·[8]상법도 모회사의 자회사에 대한 지배를 위한 별다른 법적 근거를 마련하고 있지 않다. 지주회사 제도가 전면 허용된 지 상당한 시간이 경과되었지만, 지주회사와 그 자회사는 법률적 관점에서는 여전히 각각 독립된 법인격을 가지는 별개의 회사이고, 따라서 자회사의 사업에 대한 장기적 전략의 수립을 포함하여 그 사업 전반에 관한 결정권한은 원칙적으로 그 자회사의 이사회에게 맡겨져 있는 것이다. 지주회사 제도의 관점에서 보면 지주회사로 하여금 지주회사로서 기능하게 하기 위한 법적, 제도적 환경이 충분하지 못하다고 볼 수 있을 것이다.

---

7) 금융지주회사는 자회사의 경영관리업무(사업목표부여 및 사업계획의 승인, 자회사등에 대한 경영지배구조의 결정, 경영성과의 평가 및 보상의 결정, 업무와 재산상태에 대한 검사 등)와 이에 부수하는 업무(자회사등에 대한 자금지원, 출자 및 이를 위한 자금 조달 등)만을 영위할 수 있다(금융지주회사법 제15조 및 동법시행령 제11조. 이 점에서 금융지주회사는 순수지주회사만 허용된다). 그러나 금융지주회사법의 위 규정은 금융지주회사가 영위할 수 있는 업무범위를 규정한 것으로 금융지주회사가 위와 같이 자회사에 대한 경영관리를 할 권한이 있고 그 자회사가 이에 대하여 종속되는지 여부에 관하여는 아무런 규정을 두고 있지 않으며, 또한 위와 같은 금융지주회사의 업무에 관한 규정만으로 지주회사의 자회사에 대한 권한과 자회사가 이를 따를 의무가 있다고 해석되기도 어렵다. 곽원섭, 금융지주회사법 해설, 금융감독원(2003), 110면 참조.

8) 금융회사의 지배구조에 관한 법률은 일정한 절차와 요건 하에, 금융지주회사 체제에 속한 금융회사 간 임직원 겸직을 허용하고(제10조 제4항), 금융지주회사의 완전자회사에 대해 사외이사를 두지 아니하거나 이사회 내 위원회를 설치하지 아니할 수 있도록 하는 등 지배구조에 관한 특례를 인정하며(제23조), 금융지주회사가 금융회사인 자회사의 내부통제기준이나 위험관리기준을 마련하는 경우 그 자회사가 내부통제기준이나 위험관리기준을 마련하지 아니할 수 있도록 하고 있고(제24조 및 제27조), 이는 후술하는 바와 같이 주주총회의 임원선임에 관한 권한 내지 임원겸임을 통한 지주회사의 자회사에 대한 영향력 행사 여지를 늘리는 데 기여할 수는 있으나, 위와 같은 특례규정 그 자체가 금융지주회사에 대하여 구체적인 경영관리 권한 및 수단을 부여한 것으로까지 평가하기는 어렵다 할 것이다.

여기에서는 지주회사가 지주회사로서의 기능을 다하기 위하여 자회사를 현실적으로 지배할 법적 수단을 가지고 있는가 하는 점을 검토할 것이지만, 아래에서 보듯이 그러한 지배수단은 실제로 지주회사가 일반적인 대주주로서 가지는 의결권이나 그 밖의 사실상의 영향력에 의존하는 것에 머물러 있다고 보인다.

1. 자회사 주주총회에서의 의결권 행사

주주총회는 이사 및 감사의 임명 및 해임, 합병 및 분할, 조직변경, 자본감소, 재무제표 승인, 이익배당 등에 관한 회사의 의사를 최종 결정할 권한을 가지는 기관이고, 주주는 주주총회에서의 의결권 행사를 통하여 그러한 주주총회 권한사항에 관한 결정에 영향을 미치게 된다. 지주회사는 통상 자회사의 대주주이므로 지주회사가 가지는 의결권의 수에 맞추어 자회사 주주총회의 의사결정을 실질적으로 좌우하는 경우가 많을 것이다. 또한 주주총회는 법률에 정한 사항 이외에도 정관이 주주총회 결의사항으로 정하는 사항에 관하여도 결의할 수 있으므로(상법 제361조), 정관으로 주주총회 권한사항을 확대함으로써 지주회사의 자회사에 대한 영향력 행사의 범위를 확대하는 길이 열려 있다고 할 수 있다. 이와 같이 주주총회에서의 의결권 행사는 지주회사의 자회사 지배를 위한 가장 기초적인 권한 행사라고 할 수 있고, 이는 별다른 제도 정비 없이도 이미 주식회사 제도에 관한 상법규정에 의하여 당연히 행사될 수 있는 것이기도 하다. 특히 주주총회는 위와 같이 이사 및 감사 선임에 관한 권한을 가지므로 지주회사는 주주총회를 통하여 자신의 의사에 부합하는 자회사 임원을 선임하는 것이 가능한 경우가 많고, 이렇게 선임된 임원을 통하여 자회사의 일상적인 경영에 관하여 지속적으로 사실상 영향력을 행사하는 경우가 많다.

그러나 주주총회는 원칙적으로 이사회에 의하여 소집되는 경우에만 개최될 수 있고, 그 소집 통지·공고된 목적사항에 한하여만 결의할 수 있는 것이므로, 지주회사가 주주총회를 통하여 자회사에 대하여 적극적이고 구체적인 지시나 지휘를 할 수 있을 것이라고 기대하기는 어렵다는 한계를 가진다. 물론 지주회사는 자회사에 대하여 임시주주총회 소집을 청구할 수 있고, 이를 자회사의 이사회가 거부할 경우에는 법원의 허가를 얻어 직접 주주총회를 소집할 수도 있지만(상법 제366조 참조), 그 경우에도 지주회사가 자신이 원하는 시기에 주주총회를 소집하여 적절한 시점에 자회사 경영사항에 관한 기동성 있는 의사결정을 할 수 있는 길이 보장되어 있다고 보기도 어려울 것이고, 자회사 의사결정의 비효율성으로 인하여 자회사의 업무에 상당한 지장을 초래할 수 있을 것이다.[9]·[10]·[11]

나아가 자회사의 경영활동에 대한 상당 부분을 주주총회의 결의사항으로 하는 경우 자회사의 이사회가 형해화됨으로써 회사 내 기관간의 견제와 균형을 추구하는 주식회사의 본질과도 부합되지 않는 측면이 있다.[12]

---

[9] 최성근, 지주회사의 도입과 대책, 상장협 제36호(1997), 63면.

[10] 물론 지주회사가 자회사 발행주식의 100%를 소유하고 있는 경우에는, 지주회사는 판례와 학설에 의하여 어느 정도 인정되고 있는 이른바 1인회사의 법리를 이용하여 주주총회를 통한 자회사 지배를 위한 보다 현실적인 수단을 가지게 된다. 그러나 지주회사가 다수의 자회사에 대하여 100% 주식을 가지게 하는 것은 지주회사가 가지는 한정된 자원에 대한 효율적 배분의 관점에서 언제나 가능한 것도 아니고 또한 바람직하지 않은 경우도 있을 수 있다. 다수의 지주회사는 실제로 상장법인 형태로 자회사를 두고 있는 경우도 있다. 이런 점에서 1인회사 법리에 의한 자회사 지배가 언제나 유용한 자회사 지배수단이 된다는 보장을 하기는 어려운 것이다.

[11] 상법 제363조의2에 의한 주주제안권의 경우도 이와 같은 한계를 가짐은 마찬가지이다.

[12] 한편 주주총회 권한사항의 확대를 통하여 지주회사의 자회사에 대한 지배 확대를 유

그리고 주주총회의 임원선임에 관한 권한을 통한 지주회사의 자회사에 대한 경영 관여는 대부분의 지주회사 그룹에서 사실상 일상적인 것이지만, 이러한 임원선임권을 통한 자회사 지배도 그것이 언제나 법적으로 보장되어 있다고 보기에는 미흡하다고 보아야 한다. 이는 무엇보다 자회사의 임원이 지주회사의 의사에 부합되게 선임되었다고 하더라도 이들이 언제나 지주회사의 의사 또는 그 지시에 따라 의사결정을 할 것으로 기대하기 어렵다는 점 때문이다. 즉 자회사의 임원은 자회사에 대하여 선량한 관리자로서의 주의의무나 충실의무를 부담하므로 이들은 지주회사의 의사 내지 이익과 자회사의 이익이 충돌하는 경우에는 자회사의 이익을 위하여 지주회사의 의사와는 다른 방향의 의사결정을 할 의무가 부과되어 있는 것이다.[13] 또한 일정 규모 이상의 상장된 자

도하는 경우에는 그에 의하여 자회사의 의사결정에 대한 지주회사의 사실상 영향력에도 불구하고 자회사나 자회사의 주주 등 제3자가 지주회사의 책임을 묻기가 더 어려워질 수 있다는 점에서도 그러한 방식의 영향력 강화는 사실 올바른 방향이라고 보기 어려운 측면이 있다. 물론 상법 제401조의2 제1항 제1호의 '회사에 대한 자신의 영향력을 이용하여 이사에게 업무집행을 지시한 자'에는 자연인뿐만 아니라 법인인 지배회사도 포함된다는 것이 판례이나(대법원 2006. 8. 25 선고 2004다26119 판결), 대주주인 지주회사가 주주총회에서 가지는 의결권 행사의 방법으로 자회사의 업무에 관한 의사결정을 사실상 주도한 경우에까지 위 규정에 의한 사실상 이사로서의 책임을 물을 수 있는가에 관하여는 의문이 있기 때문이다. 이철송, 회사법강의, 박영사(2022), 830-831면 참조.

13) 판례(대법원 2017. 11. 9 선고 2015도12633 판결)에 따르면 자회사 임원은 지주회사의 의사 내지 지시에 따르기 이전에, (i) 소속 자회사가 지주회사 등 다른 계열회사들과 자본과 영업 등 실체적인 측면에서 결합되어 공동이익과 시너지 효과를 추구하는 관계에 있는지, (ii) 그룹 차원의 공동이익을 도모하기 위한 것으로서 특정인 또는 특정 회사만의 이익을 위한 것은 아닌지, (iii) 당해 자회사의 의사나 능력 등을 충분히 고려하여 객관적이고 합리적으로 당사자 및 규모 등이 결정된 것인지, (iv) 구체적인 행위가 정상적이고 합법적인 방법으로 시행되는 것인지, (v) 그로 인한 부담이나 위험에 상응하는 적절한 보상을 객관적으로 기대할 수 있는 상황인지 여부 등을 충분히 검토하여야 하며, 이러한 검토 없이 만연히 지주회사의 의사나 이익에 따른 의사결정을 내릴 수는 없다.

회사 또는 금융지주회사에 속하는 자회사들은 각각의 개별 관련법령에 의하여 사외이사의 선임이 의무화되어 있는바,[14] 이렇게 사외이사 제도가 도입되어 있는 자회사에 대하여는 지주회사가 임원선임과 관련하여 가지는 자회사에 대한 사실상의 영향력은 그만큼 줄어드는 경우가 많을 것이다.

2. 경영자원 배분을 통한 영향력 행사

지주회사는 자신이 속한 그룹의 중, 장기적 목표를 세우고 이를 위한 그룹 내 자회사에 대한 자원배분의 역할을 담당하고 있는바, 추가출자 및 자금공급 등 통합적인 자금시스템 운용을 통해 개별 자회사들을 확대 또는 축소하는 전략을 시행할 수 있는 경우가 많다. 예컨대 자회사의 자금요청이 있는 경우 자금용도에 대한 엄격한 심사를 거쳐 대출, 지급보증 등의 자금지원을 결정하고 이에 대한 철저한 사후관리와 추후 만기 연장 여부의 결정을 통하여 자회사의 영업을 통제할 수 있을 것이다. 그 밖에도, 지주회사그룹 전체적인 전략차원에서 신규인력을 채용한 뒤 개별 자회사에 인력을 배치하거나 자회사의 사업계획을 검

---

14) 상장회사는 원칙적으로 이사 총수의 4분의 1 이상을 사외이사로 하여야 하고, 최근 사업연도 말 현재의 자산총액이 2조 원 이상인 상장회사는 사외이사를 3명 이상으로 하되, 이사 총수의 과반수가 되도록 하여야 한다(상법 제542조의8 제1항 및 동법 시행령 제34조 제2항) 또한 금융회사의 지배구조에 관한 법률에 의하면 (일정한) 금융회사에 대하여 사외이사를 일정 비율 이상 두도록 하고 있다(제12조). 물론 금융지주회사의 경우 금융지주회사가 발행주식 총수를 소유하는 자회사 및 그 자회사가 발행주식 총수를 소유하는 손자회사(손자회사가 발행주식 총수를 소유하는 증손회사를 포함함)는 경영의 투명성 등 대통령령으로 정하는 요건에 해당하는 경우 사외이사를 두지 않을 수 있기는 하지만(금융회사의 지배구조에 관한 법률 제23조, 동법 시행령 제18조 및 금융회사 지배구조 감독규정 제10조), 현실적으로 위 '경영 투명성' 요건을 갖추는 것이 쉽지 않은 관계로 특례규정을 활용하는 경우는 매우 드문 것으로 알려져 있다.

토한 후 선별적으로 직원을 채용하여 이를 자회사에 배치하는 방법 등을 통하여 인력자원의 공급에 대한 영향력을 행사함으로써 자회사의 영업에 영향을 미치는 방안도 고려될 수 있을 것이다.[15] 그러나 이와 같은 방안도 지주회사가 자회사 또는 그 이사회에 대하여 전략적 경영에 있어서의 의사결정 내용을 직접 지시할 수 있는 적극적인 법적 수단은 아니라고 보아야 한다. 또한 상장된 자회사와 같이 자체적으로 자금을 조달할 수 있는 자회사에 대하여는 실효성 있는 수단이 되기 어렵고, 자회사의 임원이 위와 같은 통합인력운용에 반발하여 스스로 인력을 충원하는 경우 이를 막거나 지주회사의 의도를 관철시킬 수 있는 법적 수단이 없다는 한계가 있다.

3. 임원겸임을 통한 영향력 행사

지주회사의 임원이 자회사의 임원을 겸임하는 경우 실질적으로 지주회사는 그룹 내 전체적인 목표에 부합하는 방향으로 자회사의 운영을 지배할 수 있을 것이다. 지주회사가 보편화된 외국의 경우에도 지주회사의 이사가 자회사의 대표이사(또는 이사)를 겸임하거나 사외이사로서 자회사의 경영에 참여하는 등 matrix 조직으로 운용되는 경우가 상당수 있는바, 이러한 임원겸임을 통하여 자회사의 주주인 지주회사의 이익을 최대한 보장할 수 있으며, 자회사와의 이해가 상충하는 결과를 미연에 방지할 수 있을 것이다.[16) · 17)]

---

15) 손상호, 금융지주회사의 자회사 지배구조 구축방안, 은행경영브리프 제10권 제9호 (2001), 19-20면.
16) 최도성, 지주회사 제도의 운영과 효율화 방안, 상장협 제43호(2001), 66면.
17) 앞서 본 바와 같이 금융지주회사의 임직원은 다른 금융관련법령에도 불구하고 그 자

그러나 지주회사의 효용을 극대화하기 위해서는 지주회사의 임원은 각 자회사에 대한 일상적인 경영판단에서 벗어나 지주회사가 속한 그룹 전체의 중·장기적 사업전략의 수립과 이에 따른 그룹 내 자원의 효율적 배분을 통한 그룹 전체의 이익 증대에 충실하여야 하고, 자회사의 임원은 그룹 전체의 목표에 부합하는 방향으로 자회사를 효율적으로 운영하여 이익을 증진시키고 이를 위한 경영판단의 업무를 담당하도록 해야 하는바, 지주회사의 임원이 자회사의 임원을 겸임하게 될 경우 위와 같이 서로 성격이 다른 이중의 업무부담으로 본래의 역할을 충실히 수행할 수 없는 결과를 초래할 수 있고, 따라서 임원겸임을 통한 자회사에의 영향력 행사는 전략적 경영과 개별사업부문에 관한 일상적 경영의 분리를 통한 효율적 자원배분이라는 지주회사 체제가 가지는 본질적인 효용을 포기하는 것에 다름 아니다.

나아가 지주회사와 자회사의 이해가 충돌하는 거래의 경우 상법 제398조의 자기거래에 해당하여 지주회사 및 자회사의 이사회의 승인을 거쳐야 하는바, 이 경우 겸임임원은 특별이해관계인에 해당하여 자회사의 이사회 결의에 참가할 수 없으므로 지주회사의 의사를 자회사에 반영하기 위한 임원겸임 본래의 목적을 달성하는 데 장애를 겪을 수 있다(상법 제391조 및 제368조 제4항).[18] 또한 위와 같은 이사의 자기거래에 해당하지 않는 경우라 할지라도, 지주회사그룹 전체 또는 그룹 내 다른 자회사에는 이익이 되나 자회사 자체로는 손해가 되는 거래에 있어 지

───

회사의 임원을 겸임하는 것이 허용된다(금융회사의 지배구조에 관한 법률 제10조 제4항). 우리나라의 경우도 지주회사의 임원이 자회사의 임원을 겸직하는 사례가 상당한 정도에 이르는 것으로 보인다.

18) 판례는 동일인이 서로 다른 두 회사의 대표이사를 겸임하고 있으며, 두 회사 간의 거래는 자기거래에 해당한다고 보고 있는바(대법원 1996. 5. 28. 선고 95다12101, 12118 판결), 동일인이 두 회사의 이사를 겸임하고 있는 경우 위 두 회사의 거래도 자기거래에 해당한다고 보는 견해도 있다. 이철송, 앞의 책(각주 12), 785면.

주회사의 이사를 겸임하고 있는 이사로서는 자신이 부담하는 자회사에 대한 선량한 관리자로서의 주의의무 또는 충실의무에 기초하여 의사결정을 하여야 할 것이므로, 이러한 임원겸임이 언제나 자회사로 하여금 지주회사의 의사에 부합하는 의사결정을 하게 할 것으로 기대하기도 어려운 측면이 있다.

4. 감사의 자회사 조사권 행사

상법은 모회사의 감사(감사위원회가 설치된 경우에는 감사위원회, 이하 같음)가 그 직무를 수행하기 위하여 필요한 때에는 자회사에 대하여 영업의 보고를 요구할 수 있고, 자회사가 지체 없이 위 보고를 하지 아니할 때 또는 보고의 내용을 확인할 필요가 있는 때에는 자회사의 업무와 재산상태를 조사할 수 있다고 규정하여 모회사의 감사에게 자회사의 영업 및 재산상태를 조사할 수 있는 권한을 부여하고 있다(상법 제412조의5). 따라서 지주회사가 그 자회사에 대하여 상법상 모회사로서의 요건을 충족하는 경우에는[19] 지주회사 감사의 위와 같은 자회사 조사권을 통하여 지주회사가 제시한 경영전략이 자회사의 영업에 제대로 반영되고 있는지 여부 및 자회사의 영업실태가 그룹 전체에 미치는 영향 등을 조사하여 그 결과를 자회사에 대한 자원배분 등에 반영함으로써 자회사를 통제하는 수단으로 활용할 수 있을 것이다.

그러나 상법상 모회사 감사의 자회사 조사권은 자회사에 대한 영업보고 요구를 전제로 하고 있고, 모회사의 감사에 필요한 한도 내에서만

---

19) 다른 회사의 발행주식 총수의 100분의 50을 초과하는 주식을 가진 회사는 상법상 모회사가 된다(상법 제342조의2).

행사할 수 있으며, 그 보고요구는 자회사 업무의 일반적인 사항이 아니라 특정한 사항에 국한되는 등 모회사 감사의 자회사 조사권은 매우 제한적이므로,[20] 위 조사권을 통하여 지주회사의 자회사에 대한 경영통제를 위한 감독기능을 수행하는 데 한계가 있다고 할 것이다. 나아가 위와 같은 감사의 조사권은 모회사의 감사를 실효성 있게 하기 위한 부차적이고 사후적인 것에 그치는 것이다. 지주회사의 자회사에 대한 지배는 지주회사의 이사 또는 이사회가 그룹 전체의 관점에서 자회사의 사업을 지배, 조정하기 위하여 자회사에 대한 적극적, 사전적 지휘권을 행사할 수 있을 때에만 그것이 현실적인 수단이 될 것이므로, 모회사 감사의 조사권은 권한의 주체 및 행사 방법 등의 측면에서 볼 때, 지주회사의 자회사에 대한 지배권을 뒷받침하기 위한 수단으로는 본질적으로 그 한계가 있다고 할 것이다.[21]

5. 자회사와의 계약을 통한 지배 가능성

(1) 경영위임계약

상법은 영업 전부의 임대 또는 경영위임, 타인과 영업의 손익 전부를

---

20) 이동원, 지주회사, 세창출판사(1998), 315면.
21) 앞에서 본 대로 금융지주회사법은 자회사등의 업무 및 재산상태에 대한 검사를 금융지주회사의 업무의 하나로 규정하고 있다(금융지주회사법 시행령 제11조 제1호 라목). 금융지주회사법이 자회사에 대한 검사를 금융지주회사 감사의 권한으로 규정하지 않고 이를 금융지주회사의 업무로 규정하고 있는 점에서, 금융지주회사법은 자회사에 대한 검사를 굳이 금융지주회사 감사(또는 감사위원회 위원)의 권한으로 한정하지 않고 있는 것으로 보인다. 그러나 앞에서 본 바와 같이 이와 같은 '업무'에 관한 규정만으로는 금융지주회사가 위 검사권한을 행사할 경우 자회사가 이에 응할 의무가 있다는 결론에 다다르기는 해석론상 어려움이 있다고 보인다.

같이하는 계약 기타 이에 준할 계약의 체결 등에 주주총회의 특별결의
를 요한다고 규정함으로써(제374조 제1항 제2호) 회사의 영업에 관한 경
영을 제3자에 위임하는 것이 가능함을 전제로 하고 있다. 일반적으로
경영위임계약이라 함은 수임자인 제3의 경영자가 자기의 계산으로 그
러나 위임회사의 수권 하에 위임회사 명의로 그 영업을 수행하는 것을
내용으로 하는 채권계약을 의미한다고 보고 있는데,[22] 지주회사가 이
러한 경영위임계약에 의하여 자회사로부터 자회사의 영업에 관한 경영
권을 위임받아 그 영업을 수행한다면 자회사에 대한 주요 의사결정을
지주회사가 지배하는 것이 가능해질 것이다.

　그러나 위와 같은 경영위임계약은 본질상 위임자인 자회사의 위임의
본지에 따라 자회사를 경영하는 것에 불과하며 경영위임계약에도 불구
하고 자회사의 의사결정에 관한 최종적인 권한은 역시 자회사의 이사
회가 보유한다는 측면에서[23] 이 경영위임계약을 통하여 지주회사가 자
회사에 대하여, 자회사의 사업에 관해서 적극적인 지시를 할 수 있을
것이라고 기대하기는 어려울 것으로 보인다. 또한 자회사 이사회의 기
능 축소를 초래하는 경영위임계약의 체결에 있어서 자회사 이사회 승

---

22) 권기범, 기업구조조정법, 삼지원, 2011, 590면. 이에 의하면 경영위임계약은 제3의 경
영자가 계산의 주체가 된다는 점에서 계산의 주체가 당사 회사가 되는 '경영관리계약'
과 구분된다. 이와 달리 상법이 경영위임과 경영관리를 구분하지 않고 있으며, 상법
제374조 제1항 제2호의 경영위임은 손익이 위임회사에 귀속된다고 보는 것이 타당하
다는 점에서 경영위임계약을 영업으로 인한 손익이 위임회사에 귀속되는 개념으로
이해하는 견해도 존재한다(김상곤, 지주회사의 운영상의 법적문제, 상장협 제51호
(2007), 64-65면). 다만 이와 같은 개념 정의의 차이가 이하의 검토에 유의미한 영향
을 주지는 않을 것으로 생각되므로, 이에 대한 상세한 논의는 생략한다.
23) 일반적으로 제3자에게 위임되는 영업에 관한 경영권한은 경영위임계약에서 구체적으
로 정하여질 것이나, 이사회의 권한을 포괄적으로 수임인인 제3자에게 위임하는 것은
금지된다고 해석되고 있다. 권기범, 앞의 책(각주 22), 592면.

인과정에서 자회사 경영진의 거센 반대에 부딪힐 수 있다는 점에서[24] 현실적으로 그 체결이 가능하지 않은 경우도 많을 것이다. 나아가 이러한 경영위임계약이 체결되었다고 할 경우 그에 의하여 그 수임자인 지주회사의 이사들이 자회사 영업 등 상무에 관한 경영판단을 한다는 것은 지주회사와 자회사의 경영진의 경영분리를 통한 효율적 자원배분이라는 지주회사 본래의 취지에 반하고, 지주회사의 이사들에게 그룹 전체의 경영통제기관으로서의 본연의 업무 이외의 부담을 가중하는 결과를 가져올 수 있다.

(2) 경영지배계약의 가능성

지주회사와 자회사가 지주회사에게 자회사에 대한 사업상 지휘권을 인정하고 자회사가 이에 종속되는 것을 주된 내용으로 하는 경영지배계약을 체결하는 것을 고려해 볼 수 있다. 경영지배계약은 회사가 자신의 경영을 다른 기업에게 전적으로 복종시키는 것을 내용으로 하는 계약인데, 이러한 경영지배계약이 유효하게 체결될 수 있다면 지주회사는 지배 기업으로서 자회사의 이사회에 대하여 지시권을 갖고, 자회사는 지주회사의 지시에 따라야 할 계약상 의무를 부담하게 된다. 이에 의하여 지주회사는 자회사 지배를 위한 계약적 수단을 가지게 된다.[25]

---

24) 자회사 주주총회의 특별결의가 필요한 것은 영업 전부에 대한 경영을 지주회사에게 위임하는 경우뿐이다. 권기범, 앞의 책(각주 22), 591면.

25) 우리나라 지주회사 실무에서는, 위와 같은 경영지배계약에는 이르지 않더라도 지주회사가 자회사에 대하여 일정한 경영목표 등을 제시하고 이를 달성하지 못하는 경우 자회사가 지주회사의 일정한 요구에 응할 의무를 부담시키거나, 자회사의 일정한 행위를 위하여 지주회사의 동의를 받게 하거나, 그 밖에 자회사에 대하여 지주회사에 일정한 정보나 자료 등을 제공하는 등의 의무를 부과하는 내용의 계약을 체결하는 경우도 있다. 구체적으로 (i) 지주회사와 자회사 사이에 직접적으로 경영관리에 관하

그러나 위와 같은 경영지배계약이 그에 관한 특별한 규정을 두고 있지 않은 현행 법체계 아래에서 허용되는 것인지는 의문이 있다.[26] 지배계약의 유효성이 인정된다면 경영에 관한 주요 의사결정을 담당할 이사회가 허구화될 것이어서 이사회 중심의 회사법적 기본구조에 정면으로 배치되는 결과가 되고, 회사 또는 그 이사들에게는 모든 주주를 평등하게 취급하여야 한다는 주주평등의 원칙과 관련하여서도 문제가 있다고 보이기 때문이다. 일부 입장도 지배계약이 설령 주주총회의 특별결의를 거쳐 체결되었다고 하더라도 이는 상법이 정하고 있는 회사 기관간의 권한분장 질서를 근본적으로 파괴하고 소수 주주의 지위에 막대한 위험을 초래할 수 있다는 등의 이유로 허용되지 않는 것으로 해석하고 있다.[27]

이와 같이 현행법상 지배계약은 허용되지 않는다고 보이므로, 지주회사와 자회사 사이의 지배계약 체결에 의하여 자회사에 대한 지배권을 확보하는 방안은 현실적으로 가능하지 않다고 판단된다. 나아가 이러한 지배계약의 유효성을 인정한다고 하더라도, 자회사의 그러한 지배계약의 체결 또는 그 체결된 지배계약의 이행은 필연적으로 자회사 이사들의 선관의무 위반의 문제를 초래하게 될 것이고, 따라서 지주회사가 자회사 이사들에 대하여 지배계약의 체결 또는 그 이행을 사실상 강

여 일정한 계약이나 협약을 체결하는 방안 (ii) 지주회사가 자회사와 후선 업무 지원 계약 (소위 'Shared Service 계약')을 체결하면서 그 일환으로 일정한 사항에 대한 보고/협의 내지 자료/정보 제공 의무를 계열회사 등에 부여하는 방안, (iii) 위 각 방안의 연장선 상에서 혹은 별도로 각 계열회사별로 위 (i) 또는 (ii)에 준하는 내부규정을 제정하도록 하는 방안이 실무상 종종 활용되는데, 이러한 정도의 계약만으로는 지주회사가 자회사의 사업 내용을 확실히 지배할 계약적 수단을 가지게 되었다고 보기는 어려울 것이다.
26) 독일 주식법은 이를 명문으로 인정하고 있다(제291조 제1항).
27) 권기범, 앞의 책(각주 22), 601면.

제하는 것도 한계가 있을 수밖에 없다고 생각된다.[28]

6. 정관 기타 내부규정으로 지주회사의 권한을 인정하는 방안

지주회사의 자회사 사업 내용에 대한 지배를 위한 법적 수단으로 그 밖에 생각해 볼 수 있는 방안은 자회사의 정관 또는 이사회 규정 등에 일정한 자회사의 경영사항에 관하여 지주회사 또는 그 이사회의 승인을 받게 하는 규정을 두는 것이다.[29] · [30] 자회사의 주요 경영사항에 대한 주주총회 권한의 확대를 통하여 자회사 지배를 확대하는 방안은 위에서 본 바와 같이 자회사의 기동력 있는 의사결정을 저해하게 되지만, 이와 같이 단순히 일정한 경영사항에 대하여 지주회사나 그 이사회의 승인을 받게 하는 방식은 그 의사결정을 위하여 자회사의 주주총회 개최를 요하지 않는다는 점에서는 주주총회 권한확대방식에 비하여 효율성을 인정할 수 있을 것이다. 이러한 내용의 정관이나 이사회 규정에

---

28) 또한 지배계약의 유효성을 가정하더라도, 그 지배계약에 위반한 자회사와 제3자 사이의 거래행위의 효력이 부인될 것은 아니라는 점에서도 지주회사와 자회사 사이의 지배계약 체결이 지주회사의 자회사 지배를 위한 확실한 수단이 되기에는 부족하다고 볼 수 있다.

29) 자회사나 그 이사회가 지주회사나 그 이사회의 지시에 따를 의무를 직접 규정하는 정관이나 이사회 규정의 효력에 관하여는 위에서 본 경영지배계약에 준하여 볼 수 있을 것이다. 역시 이사회 중심의 권한배분에 관한 주식회사 제도의 본질과 관련하여 그 효력을 인정하기 어렵다고 여겨진다.

30) 우리나라의 일부 지주회사그룹에서는 지주회사에 속하는 모든 자회사들에 적용되는 공통규정을 제정하여 이에 관하여 자회사의 대표이사 또는 이사회가 동의하게 하는 방식을 통하여 지주회사의 자회사에 대한 실질적인 지배권한을 확보하는 경우가 있는 것으로 보인다. 그러한 규정이 지주회사가 지시하는 사항에 대한 자회사의 복종의무까지 규정하는 것이라면 그 효력 등에 관하여는 위에서 본 지배계약에 준하여 볼 수 있을 것이고, 단지 자회사가 일정한 행위를 하기 위하여 지주회사의 승인을 받는 데 그치는 것이라면 여기 6에서 보는 방안과 다르지 않을 것으로 생각된다.

대하여도 그것이 적법하게 효력을 인정받을 수 있는가에 관한 논의가 있을 수 있는데, 위와 같은 내용의 정관 또는 이사회 규정을 둔다고 하더라도 이사회의 결정권한이 완전히 배제되는 것은 아니라는 점에서 이러한 규정을 일률적으로 무효라고 보기는 어렵다고 생각된다.

그렇지만 이러한 정관이나 이사회 규정을 둔다고 하더라도 그에 의하여 지주회사가 자회사의 사업 내용에 대한 지주회사 자신의 의사결정을 자회사에 관철시킬 수 있는 적극적인 지배수단을 가지게 되는 것이 아니고, 단지 자회사 이사회의 의사결정을 사실상 거부할 권한만을 가지게 된다는 점에서 이러한 규정들만으로는 지주회사가 그 기능을 다하게 하기 위한 확실한 자회사 지배수단을 보장받지 못하게 된다. 그리고 위와 같은 규정에도 불구하고 자회사의 이사회가 지주회사나 그 이사회의 승인 없이 일정한 사항을 결의하여 업무를 집행할 경우 지주회사가 이를 저지할 실질적인 수단을 가지기 어렵고, 특히 자회사와 제3자 사이에 이루어진 행위의 사법적인 효력을 부인하기는 더욱 어려울 것이다. 따라서 위와 같은 규정을 두는 방안이 지주회사의 자회사에 대한 구체적 지배수단으로 기능하는 데는 역시 한계를 가진다고 볼 수밖에 없다.

7. 소결

이상에서 본 바와 같이, 현행법상 지주회사는 자회사 주주총회에서의 의결권 행사, 임원선임권, 지주회사가 가지는 경영자원의 배분, 임원의 겸임 등의 수단에 의하여 자회사에 대하여 영향력을 행사할 수 있고, 이를 통하여 자회사에 대한 사업 내용을 사실상 지배하는 경우가 많다. 그러나 현실적으로 존재하는 이러한 지배수단들은 자회사의 이사들이 지주회사의 개별적인 지시나 지휘를 거부할 경우 이를 관철시킬 다른 법적 수단을 수반하는 것이 아니므로, 그에 의한 자회사 지배는 사실상의 것이거나 간접적인 수준에 머무르고 있다. 따라서 지주회사 제도가 도입되어 있음에도 지주회사가 지주회사로서 기능하게 하기 위한 법적 수단은 아직은 미흡한 상황이라고 보인다.

IV. 결론: 제도적 보완의 필요성에 관하여

지주회사는 자회사 주식의 보유를 통하여 자회사의 사업 내용을 지배하는 것을 목적으로 하는 회사로서 지주회사 그룹 전체의 사업목표를 수립하고 자회사들에 대하여 효율적으로 자원을 분배함으로써 지주회사 그룹 전체의 이익을 극대화하는 것을 주된 기능으로 하고, 이것이 우리나라에서 지주회사 제도를 도입한 취지이기도 하다. 지주회사의 이러한 기능을 충실히 할 수 있게 하기 위해서는 지주회사가 현실적으로 가지는 자회사에 대한 사실상의 영향력만으로는 충분하지 않으며, 따라서 지주회사가 그룹 전체의 전략적 경영과 관련하여 자회사들에 대하여 구체적인 지시를 할 수 있고 이에 대하여 자회사는 그러한 지시를 거부할 수 없게 하는 법적 근거의 도입에 관한 검토가 필요하다고 생각된다.

지주회사의 자회사들에 대한 구체적 지시권한의 필요성은 단지 지주회사의 자회사 지배를 실효적으로 하게 하는 데 그치는 것이 아니라, 자회사의 의사결정과 행위로 인한 책임의 소재를 분명히 하여 자회사 또는 그 주주나 기타 제3자의 이익을 보호하는 차원에서도 논의의 실익이 있다고 생각된다. 자회사의 의사결정과 관련하여 지주회사나 그 이사들에 대하여 상법 제401조의2에 의한 이른바 사실상 이사로서의 책임을 물을 수 있는 여지는 있겠지만, 그에 의하여 책임을 추궁하는 자의 입장에서는 지주회사나 그 이사들이 실제로 자회사의 업무집행에 사실상의 영향력을 행사하였는가 하는 점을 쉽게 입증하기 어렵다는 부담이 있고, 이 점 때문에 실제로 지주회사나 그 이사들이 자회사의 업무집행에 대하여 사실상의 영향력을 행사하였음에도 지주회사나 그 이사들의 책임을 묻기 어려운 상황도 예상할 수 있다. 일정한 범위에서 지주회사의 자회사의 업무집행에 대한 지시권한과 그에 대한 자회사의 의무를 도입하면서 지주회사가 지시권이 행사되는 상황에 대한 지주회사 또는 자회사의 공시의무를 함께 규정한다면, 실질적으로 업무집행을 주도한 자에 대하여 그 책임을 함께 귀속하는 것이 가능하게 하는 측면이 있을 것이다.

구체적으로 지주회사의 자회사에 대한 지시권한을 제도로서 도입함에 있어서는 이와 관련되는 독일 주식법의 태도가 참고가 될 수 있을 것으로 보인다. 독일 주식법은 다른 회사의 주식의 전부를 보유하고 있는 회사(주회사)는 편입될 회사의 주주총회의 결의를 거쳐 다른 회사를 자신의 자회사로 편입할 수 있으며(제319조 및 제320조), 편입이 완료된 경우 주회사는 편입회사의 이사회에 대하여 포괄적인 지시권을 가지게 되며, 편입회사의 이사회는 이에 대하여 복종할 의무를 부담(제323조)하고, 그에 대응하여 자회사에 대한 지시를 하는 주회사의 책임을 함께 규정하고 있다(제308조 내지 제310조). 우리의 경우도 지주회사가 적어도 100% 또는 대부분의 주식을 가지고 있는 자회사에 대하여는 지주회사의 자회사에 대한 지시권을 정면에서 인정하고, 자회사 또는 그 이사회는 그러한 지시권의 행사를 거부할 수 없게 하는 제도의 도입을 검토할 필요가 있다고 본다.

　다만 이러한 제도보완에 있어서는 단순하게 지시권의 법적 근거를 두는 데 그칠 것이 아니고, 그와 함께 그 지시권의 행사로 인한 지주회사나 그 이사들의 책임 인정의 근거를 함께 설정하여야 할 것이며, 아울러 지주회사나 그 이사들의 정당한 지시에 따른 자회사 이사들의 책임의 감경 문제에 관하여도 함께 논의되어야 할 것이다. 또한 그와 아울러 지주회사의 자회사에 대한 지시권의 발생, 즉 자회사의 지주회사 지시권에 복종의무의 발생 사실과 지주회사의 자회사에 대한 구체적인 지시권 행사 사실에 관하여 주주 등 제3자가 알 수 있게 하기 위한 제도적 틀도 함께 정비될 필요가 있을 것이다.

10

지주회사 이사의 권한과 의무*

송옥렬**

I. 들어가며

국내외를 막론하고 대부분의 중요한 경영의사결정은 기업집단을 단위로 하여 이루어진다. 회사법 학계에서도 이 현상에 대해서 많은 논의가 진행되었다. 그러나 기업집단의 의사결정과 관련된 회사법 이론은 여전히 명확하지 않은 상태로 남아 있다. 그 이유는 근본적으로 우리 회사법이 개별 회사를 대상으로 하여 성립되어 있기 때문이다. 거시적 수준에서 규제대상의 "형식과 실질의 괴리" 문제라고 부를 만하다. 심지어 경제적 실질이 거의 분명한 100% 자회사의 경우에도 독립된 회사

* 이 글은 송옥렬, 계열사 경영과 지주회사 이사의 역할: 모회사 이사의 자회사 경영에 대한 권한과 의무, 경제법연구 제18권 제3호(2019)에 실린 내용을 기초로 작성되었음을 밝힌다.
** 서울대학교 법학전문대학원 교수

로 취급해야 하는지, 아니면 실질적으로 한 회사처럼 규율해야 하는지 여전히 주저하고 있는 상황으로 보인다.[1]

그 전형적인 사례가 금융지주회사라고 할 수 있다. 국내 주요 금융그룹은 지주회사가 은행을 100% 보유하고 있는 경우가 많고, 그 경우 예외 없이 은행업은 당해 금융그룹의 자산 및 주식에서 절대적인 비중을 차지한다.[2] 금융지주회사는 순수지주회사이기 때문에(금융지주회사법 제15조) 지주회사 이사회는 지주회사의 영업이 아니라 주로 자회사, 그 가운데서도 은행에 관한 주요 의사결정에 많은 관심을 가진다. 그런데 은행에도 역시 사외이사를 다수로 하여 구성된 이사회가 있기 때문에,[3] 동일한 내용이 은행 이사회에서도 보고가 되고 승인이 이루어진다. 결국 같은 사항에 대하여 결정권한을 가진 두 기관이 존재하는 것이다. 두 의사결정이 달라지면 해결하기 어려운 큰 문제가 발생한다. 물론 대

---

1) 대표적으로 판례는 확고하게 100% 자회사인 경우에도 공정거래법상 부당지원 규제를 적용하고 있다. 대법원 2004. 11. 12. 선고 2001두2034 판결 ("모회사가 주식의 100%를 소유하고 있는 자회사라 하더라도 양자는 법률적으로는 별개의 독립한 거래주체라 할 것이고, 부당지원행위의 객체를 정하고 있는 법 제23조 제1항 제7호에서 완전자회사를 지원객체에서 배제하는 명문의 규정이 없으므로 모회사와 완전자회사 사이의 지원행위로 법 제23조 제1항 제7호의 규율대상이 된다."); 同旨 대법원 2006. 4. 14. 선고 2004두 3298 판결.

2) 2017년 은행지주회사의 자산 및 수익에서 은행의 비중은 다음과 같다(단위는 %). 강다연, 금융지주회사 지배구조의 한계점과 사용자성 확보, 금융경제연구소 금융정책연구 (2018), 7-14면.

항목	신한	하나	KB	BNK	DGB	NH농협	JB
자산	70.6	84.8	74.0	92.8	84.8	67.8	85.7
영업수익	53.3	82.2	48.7	86.4	66.9	28.1	67.1
당기순이익	55.1	96.0	68.3	105.5	97.1	75.8	108.0

3) 다만 금융지주회사의 100% 자회사는 사외이사를 두지 않거나 이사회 내 위원회를 설치하지 않을 수 있다(금융회사의 지배구조에 관한 법률 제23조 제1항). 그러나 우리나라 금융그룹 소속 은행에서 이 특례규정을 이용하는 사례는 보고되지 않고 있다.

부분의 경우 양자가 일치하겠지만, 이 경우에는 왜 굳이 의사결정을 두 번씩 해야 하는지, 판단 기준은 서로 같은지 의문이 생기지 않을 수 없 다. 현재 회사법은 이 문제에 대해서 답을 주고 있지 않다.

금융지주회사의 경우에는 그나마 불완전한 규정이라도 있지만, 그 이외의 기업집단의 경우에는 공정거래법상 지주회사 체제라 하더라도 그 운영, 즉 그룹 내부적인 권한 및 의무의 배분에 대해서는 아무 규정 이 없다. 그러나 지주회사가 자회사의 경영에 깊이 관여하고 있다는 것 은 주지의 사실이다. 자회사의 경영목표 설정이나 성과평가 등은 지주 회사 이사회에서 정해지는 것이 일반적이다. 자회사의 주요 의사결정 에 지주회사가 관여하는 경우도 많고, 특히 자회사의 CEO 또는 주요 임원의 인사에는 지주회사가 절대적인 영향력을 행사한다. 물론 법적 으로 이들은 자회사 이사회의 권한이기 때문에, 형식적으로는 자회사 이사회의 승인을 거친다. 그러나 지주회사의 의사에 반하여 자회사 이 사회가 권한을 행사하는 경우는 거의 찾아보기 어렵다. 심지어 자회사 가 상장회사로서 사외이사 중심의 이사회를 갖추고 있는 경우에도 그 러하다. 그러나 현재의 이런 관행이 회사법적 근거를 가지고 이루어지 고 있는지는 확실하지 않다.

예를 들어 지주회사 이사회는 자회사에 일정한 의사결정을 강제할 권한을 가지고 있는가? 자회사의 업무를 지주회사 관점에서 감독하고 조정해야 할 의무는 있는가? 그것은 자회사를 100% 보유하는 경우와 그렇지 않은 경우에 결론이 달라지는가? 개별 회사를 대상으로 한 현재 의 회사법은 물론 이를 모두 부정한다. 그러나 이런 쉬운 해답은 현재 의 지주회사, 나아가 다양한 기업집단의 운영 관행과는 잘 조화되지 않 는다.

학계에서는 그동안 모회사 또는 자회사 이사의 책임에 관한 고찰은 지속적으로 이루어져 왔다.[4] 자회사의 소수주주 또는 채권자의 이익보호 관점에서, 계열사 지원 등의 상황에서 모회사 또는 자회사 이사가 어떤 책임을 지는가 하는 문제이다. 특히 그룹 전체의 이익을 위해서 특정 자회사에 손해가 발생하도록 하는 행위가 많이 논의되었다. 프랑스의 로젠블룸(Rosenblum) 원칙은 이 문제에 대한 잘 알려진 해답의 하나이다. 반면 모회사의 이사에게 자회사의 경영관리와 관련하여 어떤 의무가 있고 어떤 권한이 있는지는, 아직 이 문제가 법적 분쟁으로 비화되지 않아서인지도 모르겠지만, 아직 우리나라에서 활발하게 이루어지지 못하고 있는 것으로 보인다. 2000년대 초반에 지주회사 경영과 관련하여 논의가 있었고,[5] 최근 일본의 후쿠오카 어시장 판결 이후 모회사 이사의 자회사 감독의무에 관한 일본에서의 논의를 소개한 논문들이 있다.[6] 이를 계기로 최근 다시 논의가 이루어지고 있기는

---

4) 김순석, 결합기업의 회사법상 쟁점에 관한 검토, 상사법연구 제32권 제1호(2013); 천경훈, 기업집단법제에 관한 연구: 기업집단 소속회사의 손익판단을 중심으로, 기업법연구 제29권 제3호(2015); 고재종, 모자회사관계에서의 이사 책임의 근거와 성립 여부, 경제법연구 제15권 제3호(2016); 손영화, 자회사의 부실에 대한 지원과 모회사 이사의 책임, 상사법연구 제37권 제1호(2018); 천경훈, 완전모자회사간의 지원성 거래와 이사의 책임, 외법논집 제42권 제1호(2018); 김수련 / 이미지, 지주회사의 자회사 지원에 관한 법적 문제: 공정거래법과 형법의 관점, BFL 제91호(2018).
5) 최성근, 지주회사와 사업회사간 지배·견제의 적정화를 위한 해석론·입법론, 비교사법 제10권 제2호(2003); 김건식·노혁준(편) / 김현태·김학훈(집필), 자회사에 대한 실효적 지배를 위한 법적 수단, 지주회사와 법, 소화(2005), 321-343면; 김건식·노혁준(편) / 노혁준(집필), 지주회사관계에서 이사의 의무와 겸임이사, 지주회사와 법, 소화(2005), 345-382면; 서세원, 지주회사의 지휘권과 책임, 기업법연구 제21권 제4호(2007).
6) 김영주, 자회사의 경영관리에 관한 모회사 이사의 책임: 일본 최고재판소 2014. 1. 30. 판결의 검토, 기업법연구 제28권 제4호(2014); 김지환, 기업집단에 있어서의 회사 기관의 권한과 책임, 금융법연구 제11권 제3호(2014); 서성호 / 박미정, 모회사 이사의 자회사 경영감시의무 위반과 손해배상금·지연손해금의 법적 성질: 일본 福岡어시장 주주대표소송 사건의 검토를 중심으로, 기업법연구 제29권 제1호(2015). 후쿠오카 어시장 판결은 일본의 회사법판례백선에도 최근 포함되어 쉽게 내용을 알 수 있다. 舩津浩司, 子会社管理に関する取締役の責任, 會社法判例百選 53번 판례(제3판, 2016).

하지만,[7] 아직 충분하다고 보기는 어렵다. 현재까지의 논의를 요약하자면, 지주회사 이사에게 자회사의 경영과 관련하여 다른 주주와 구별되는 권한이 있는 것은 아니지만, 사실상의 권한을 이용하여 감독할 의무는 있다는 정도로 보인다.

반면 외국에서는 자회사 경영관리에 관한 다양한 논의가 이루어지고 있다. 특히 유럽에서는 2000년대 초반부터 유럽회사법 통일의 한 주제로서 다양한 논의가 이어졌고,[8] 그 결과 최근 모델회사법 초안에는 모회사 이사의 지시의무에 관한 규정이 들어가게 되었다.[9] 영국, 독일의 판례가 이런 지시권한을 인정하고 있지 않은 상황에서, 이런 논의 및 모델법의 성립은 의미가 크다.

일본에서도 2014년 회사법 개정 당시 그룹법제가 다양하게 논의되었

---

7) 최근 지주회사 이사의 권한과 의무를 다룬 글로는, 최민용, 모자회사와 기업지배구조, 기업법연구 제32권 제3호(2018); 김신영, 기업집단에서 지배회사 이사의 의무와 책임: 지주회사 이사의 의무와 책임을 중심으로, 상사법연구 제37권 제3호(2018). 기업집단에서의 내부통제를 다룬 글로는, 박세화, 이사의 선관의무와 내부통제에 관한 회사법적 고찰: 경영판단의 원칙의 적용 및 기업집단에 관한 논의를 중심으로, 연세대학교 법학연구 제28권 제1호(2018).

8) Pierre-Henri Conac, Director's Duties in Groups of Companies: Legalizing the Interest of the Group at the European Level, 10 European Company and Financial Law Review 194(2013); Christoph Teichmann, Europäisches Konzernrecht: Vom Schutzrecht zum Enabling Law, 58 AG 184(2013); Forum Europaeum on Company Groups, Proposal to Facilitate the Management of Cross-Boader Company Groups in Europe, 12 European Company and Financial Law Review 299(2015). 주요 보고서로는 European Company Law Experts, A Proposal for Reforming Group Law in the European Union: Comparative Observations on the Way Forward(2016); Informal Company Law Expert Group, Report on the Recognition of the Interest of the Group(2016).

9) 2015년 EMCA 제15장 제9조 (Right of a parent company to give instructions to the management of a subsidiary). 자세한 해설은, Pierre-Henri Conac, The Chapter on Groups of Companies of the European Model Company Act, 13 European Company and Financial Law Review 301(2016).

는데,[10] 그 이후 지속적으로 모회사 이사의 자회사 관리의무에 대한 많은 논문들이 나오면서,[11] 최근 경제산업성은 1년 반의 논의를 거쳐 2019년 6월 "그룹지배구조에 관한 실무지침"을 마련하였다.[12] 이 지침 자체는 법적 논의와 경영전략적 논의가 섞여 있기도 하거니와, 모회사 이사의 권한과 의무에 대해서도 여전히 불명확한 입장을 취하고 있다는 한계가 있다. 그러나 그룹 차원의 내부통제, 자회사의 경영관리, 그룹의 상장자회사의 지배구조 등에 많은 지면을 할애하고 있어서, 최근 일본의 기업지배구조의 현실 및 정책의 이해에 많은 도움이 된다.

이 글은 이런 흐름을 소개하면서, 지주회사 또는 모회사의 이사가 자회사의 경영에 대해서 어떤 권한과 의무를 가지는지 살펴보고자 한다. 이 주제는 "그룹 전체의 이익"이라는 개념을 매개로 이사의 책임 문제와 어쩔 수 없이 연결되지만, 가급적 논의 주제를 이사의 권한과 의무

---

10) 당시의 논의에 관한 상세한 소개는, 손영화, 기업집단 경영과 회사법상 과제: 일본 회사법상의 개정 움직임을 중심으로, 증권법연구 제14권 제2호(2013).

11) 神作裕之, 親子會社とグループ經營, 株式會社法大系(江頭憲治郎 編, 2013), 57-105면; 塚本英巨, 平成26年改正會社法と親會社取締役の子會社監督責任, 商事法務 제2054호(2014); 舩津浩司, 欧州における企業グループ法制の動向と日本の法制のあり方, フィナンシャル・レビュー 제121호(2015); 島田邦雄 / 瀧本文浩 / 福谷賢典, 持株会社グループに関する法的・実務的論点の整理 (上)＆(下), 商事法務 제2107호＆제2108호(2016); 舩津浩司, 子会社管理義務をめぐる理論的課題, ジュリスト 제1495호(2016); 今井克典, 銀行持株会社による子銀行の経営管理, 名古屋大学 法政論集 제274호(2017); 渡辺邦弘 / 草原敦夫, 親会社取締役の子会社管理責任, 商事法務 제2158호(2018); 門口正人, 親会社によるグループ会社の管理, 金融法務事情 제2096호(2018).

12) 經濟産業省, グループ・ガバナンス・システムに関する実務指針, 2019. 6. 28. 이에 관한 자세한 해설은, 疋田正彦 / 樋口周一, グループ・ガバナンス・システムに関する実務指針(グループガイドライン)の解説 (上), 商事法務 제2204호(2019); 疋田正彦 / 大草康平 / 樋口周一, グループ・ガバナンス・システムに関する実務指針(グループガイドライン)の解説 (中)＆(下), 商事法務 제2205호＆제2206호(2019). 주요 쟁점에 대한 대담으로, 神田秀樹 등, 座談會 I: グループ・ガバナンス・システムに関する実務指針の意義と実務, 商事法務 제2206호(2019).

쪽으로 한정하고자 한다. 기업집단이 독립적인 법인격을 가진 여러 회사로 구성되어 있다는 점에서 보면, 결국 이 문제는 기업집단 전체를 더 중시할 것인지, 아니면 개별 기업을 더 중시할 것인지의 선택의 문제가 된다. 전자를 "그룹 접근 방법", 후자를 "개별 기업 접근 방법" 정도로 부를 수 있을 것이다.[13] 기업집단의 모습이 다양하기 때문에 일률적으로 어떤 접근 방법이 더 효율적이라거나 더 우월하다고 단정할 수 없다. 다만 일부 특징들에 근거하여 정책을 생각해 볼 수는 있을 것이다. 예를 들어 100% 자회사의 경우에는 그룹 접근 방법에 따라 자회사 이사회는 모회사에서 정해진 사항을 집행하는 기능만을 가지는 방법도 생각해 볼 수 있다. 그러나 우리나라 기업집단은 100% 자회사로 구성되어 있지 않기 때문에, 이런 경우를 염두에 둔 논의가 더 이루어져야 한다. 입법례를 검토해 보면, 결국 자회사의 주주의 이해관계를 그대로 두고 그룹경영을 정면으로 인정하는 것은 쉽지 않다는 점을 알 수 있다. 그렇다면 결국 기업집단에 관한 법적 접근은 현실적으로 이루어지는 사실상 영향력에 따른 법적 책임이 중심이 될 수 있다. 이 글에서는 이사의 책임의 이전 단계로서, 여러 국가들에서 기업집단 맥락에서 모회사 이사의 권한과 의무에 관한 논의를 살펴보고, 구체적으로 우리나라 기업집단의 문제에 적용해 보고자 한다.

---

13) 神作裕之, 앞의 논문(각주 11), 64-67면.

II. 각국에서의 논의 및 입법례

1. 미국

경제학은 생산을 조직화하는 방법으로서 "시장 대 기업"이라는 프레임을 제공한다.[14] 기업집단은 시장과 기업의 중간 형태이기 때문에, 법경제학에 경도된 미국의 법학계에서도 많은 연구가 있을 것으로 짐작된다. 그러나 회사법의 다른 주제에 관해서 쏟아지는 미국의 법경제학 연구의 양과 질을 감안할 때, 기업집단이라는 주제는 철저히 외면되고 있다고 해도 과언이 아니다. 교과서 및 논문에서 이사의 충실의무는 가장 많이 논의되는 주제이지만, 기업집단을 전제로 한 논의는 거의 발견할 수 없다.[15] 거의 30년 전에 나온 저작도 상당 부분을 법인격 부인에 할애하고 있다.[16] 당연히 델라웨어주 회사법이나 모범회사법, 나아가 1992년 ALI의 "Principles of Corporate Governance"에서도 관련 규정을 찾기 어렵다. 해외와의 교류가 활발해진 최근에도, 미국 학계에서 기업집단이란 여전히 기업지배구조의 "국제적 비교" 같은 곳에서 등장하는 문제이다.

이렇게 미국에서 기업집단을 하나의 독립된 주제로 다루지 않는 것은 우리나라와 같은 모습의 기업집단이 존재하고 있지 않은 것에 기인

---

14) Ronald H. Coase, The Nature of the Firm, 4 Economica 386(1937). 최근의 소유권적 접근 방법에 대해서는, Oliver Hart, Firms, Contract, and Financial Structure(1995) 제2장 참조.

15) Eric J. Gouvin, Resolving the Subsidiary Director's Dilemma, 47 Hastings Law Journal 287(1996), 288면 ("Although subsidiaries play a significant role in our economy, surprisingly little has been written about the duties of their directors.").

16) Phillip I. Blumberg & Kurt A. Strasser, The Law of Corporate Groups(1992).

한다. 미국에서도 대규모 그룹은 수십 또는 수백 개의 자회사를 거느리
지만, 대부분 지주회사가 지분을 100% 소유하는 형태이기 때문에, 사
실상 하나의 큰 기업에 불과하다. 시장과 기업의 중간 형태로서의 기
업집단은 존재하지 않는 것이다. 예를 들어 구글의 지주회사인 알파벳
(Alphabet) 사업보고서는 알파벳의 사업을 부문(segment) 단위로 공시하
고 있을 뿐, 어느 자회사가 어느 사업을 하는지, 알파벳이 그 자회사를
얼마나 소유하고 있는지 적고 있지 않다.[17] 사업보고서 부록에는 알파
벳의 자회사 명단이 있는데, 델라웨어 주에 설립된 Google LLC, XXVI
Holdings, Alphabet Capital US LLC와 아일랜드에 설립된 Google Ireland
Holdings, 이렇게 모두 4개의 주요 자회사만 기재되어 있고 지분율은 적
혀져 있지 않다. 모두 100% 보유임을 암시한다. General Electric 사업보
고서는 주요 자회사만 거의 100여 개를 열거하고 있는데, 100% 보유가
아닌 자회사가 10여 개 정도 있고,[18] 나머지는 모두 100% 지분을 보유
하고 있다. 물론 GE 역시 사업 내용의 공시는 자회사 단위가 아니라
부문 단위로 이루어지고 있다.

이렇게 100% 자회사만으로 이루어진 미국의 기업집단에서 자회사의
이사회는 유명무실하고 사외이사를 통한 감시는 거의 이루어지지 않는
다. 이사회가 있더라도 지주회사가 선임한 임원이 겸임하는 것이 보통
이다. 델라웨어 주 판례도 미국의 기업집단은 하나의 큰 회사라는 시각
을 반영하여, "완전자회사에서 이사의 의무는 오직 모회사 및 그 주주
의 이익을 위하여 자회사를 운영하는 것"이라는 입장을 취하고 있다.[19]

---

17) 이하 미국 상장회사의 사업보고서는 구글 검색이나 Edgar 검색으로 쉽게 구할 수 있기
때문에 따로 인터넷 주소를 인용하지 않는다.
18) 100%가 아닌 경우도 모두 60~80%를 보유하고 있다.
19) Anadarko Petroleum Corp. v. Panhandle Eastern Corp., 545 A.2d 1171, 1174(Del.

자회사의 이사회는 유명무실하기 때문에, 이 글에서 논의하는 문제는 미국에서 발생하지 않는다. 그 결과 학계도 자회사의 이사회에 대해서 무관심하게 될 수밖에 없다.

다만 미국에서도 몇 가지 상황에서는 100% 자회사라도 독립적인 이사 또는 이사회가 존재한다. ① 특정 산업에서 전문가의 조력을 얻기 위하여 그 전문가를 이사로 선임하는 경우가 있다. ② 해외 자회사의 경우에는 당해 국가의 지배구조 기준을 따라야 하는 경우도 있고, 그렇지 않더라도 해외라는 속성상 독립적인 판단을 해야 할 상황이 많기 때문에 사외이사 중심의 이사회를 둔다. ③ 새로 기업을 인수한 경우 그 기업의 독립성을 보장하는 전략을 택하기도 한다. 예를 들어 마이크로소프트는 LinkedIn을 인수하면서 사외이사 중심의 LinkedIn 이사회를 그대로 유지하기로 하였고,[20] Whole Foods 또한 아마존에 인수된 다음에도 여전히 사외이사 중심의 이사회를 유지하고 있다. ④ 강력한 규제 산업, 예를 들어 금융회사의 경우에는 규제목적의 달성을 위해서 독립된 이사회가 요구되기도 한다.[21] 여기서 ④의 경우 정도를 제외하면, 지주회사가 자회사에 독립적인 이사회를 두기로 자발적으로 선택한 것이어서, 역시 별다른 문제는 발생하지 않는다.

2. 영국

영국에서 이사회의 의사결정과 관련하여 중요한 의미를 가지는 법리로 독립적 판단의무가 있다. 영국 회사법은 독립적 판단의무(duty to

---

1988).
20) https://news.microsoft.com/2016/06/13/microsoft-to-acquire-linkedin.
21) Gouvin, 앞의 논문(각주 15), 318–319면.

exercise independent judgment)를 이사의 여러 의무 가운데 하나로 명시하고 있는데,[22] 자회사의 이사가 모회사의 지시를 따라야 한다면 이 의무에 위반되지 않는가 하는 것이 쟁점이다. 영국에서 이 법리는 이사가 자신의 재량을 구속하는 약정을 하지 못한다는 보통법상의 의무로부터 발전되어 왔는데,[23] 상당히 제한된 상황에서만 적용되어 왔다. ① 먼저 이 법리는 이사가 다른 전문가로부터 조언을 얻는 것을 막지 않는다.[24] 그러나 이사가 그런 조언을 지시와 비슷하게 이해하여 행동하였다면, 독립적 판단의무 위반이 성립할 수 있다. 법률자문과 같이 이사의 독자적 판단의 영역이 거의 없는 상황이더라도, 이사는 이런 조언을 바탕으로 어디까지나 자신의 판단으로 의사결정을 해야 한다.[25] ② 이 법리는 이사가 회사의 이익을 위하여 제3자와 구속력 있는 계약을 체결하는 것을 막지 않는다.[26] 이런 계약은 이사의 미래의 재량행사를 제약하는 것은 사실이지만, 만일 이를 의무위반으로 본다면 이사가 회사에게 이익이 되는 계약을 체결할 수 없기 때문이다.[27] 이 해석은 2006년 회사법에 명문화되었다.[28] ③ 이 규정은 영국 회사법의 지명이사(nominee director)의 의무를 규정한다.[29] 지명이사란 일정한 요건을 갖춘 소수주주 또는 채권자에 의하여 지명된 이사를 말하는데,[30] 이런 지명이사도

---

22) 2006년 회사법 Section 173(1).

23) Lee Roach, Company Law(2019), 251면.

24) Paul L. Davies, Principles of Modern Company Law(8th, 2008), 525면.

25) Paul L. Davies, 앞의 책(각주 24).

26) Paul L. Davies, 앞의 책(각주 24), 526면.

27) Cabra Estates Plc v Fulham Football Club Ltd [1994] BCLC 363, CA.

28) 2006년 회사법 Section 173(2)(a).

29) 이하의 내용은, Paul Davies, Introduction to Company Law(2nd, 2010), 183면.

30) 이런 지명이사도 주주총회에서 다수의 결의로 해임될 수 있기 때문에, 궁극적으로 다수주주가 회사의 지배권을 가지는 것에는 변함이 없다.

자신을 지명한 자의 이익과 회사의 이익이 충돌하는 경우에는 회사의
이익을 위하여 독립적인 판단을 해야 한다.[31]

  그렇다면 자회사의 이사가 모회사의 지시를 따라 의사결정을 하는
경우는 어떠한가? ① 100% 자회사가 아닌 경우 그룹의 이익을 감안한
판단은 원칙적으로 허용되지 않는다.[32] 이 경우에는 개별 기업 접근 방
법이 우선시된다. 그룹의 개별 회사는 모두 독립된 법인격을 가지고 있
기 때문에 특정 회사의 이사는 그 회사의 이익을 위해서만 행동해야 한
다.[33] 따라서 모회사의 이사도 다른 자회사의 이익을 고려할 필요가 없
으며, 자회사의 이사도 모회사의 지시에 따라 판단할 필요가 없다.[34]
물론 영국에서도 실제로는 그룹의 이익을 고려하는 의사결정이 이루어
지는 경우가 많지만,[35] 그것이 아직 법원칙으로까지 확인되지는 않은
것으로 보인다. ② 그러나 100% 자회사의 경우에는 이와 다른 입장을
취하는 것처럼 보이는 판례도 있다.[36] 법은 각 회사의 이익을 고려하여
판단하라고 하고 있을 뿐이고, 그룹의 이익을 무시할 것을 요구하고 있
지는 않다는 것이다. 100% 자회사의 경우, 자회사의 이익을 고려한다는
것은 결국 1인 주주, 즉 모회사의 이익을 고려한다는 의미가 된다.[37]
판례가 모회사의 이사에게 지시권한이 있다고 명시적으로 언급하고 있

---

31) Boulting v ACTT (1963) 2 QB 606, CA; Kuwait Asia Bank EC v National Mutual
   Life Nominees Ltd (1991) 1 AC 187, PC.
32) Marcus Haywood, Duty to Exercise Independent Judgment, in Simon Mortimore QC
   ed., Company Directors: Duties, Liabilities, and Remedies, Ch. 13(3rd, 2017), 318면.
33) Charterbridge Corporation Ltd v Lloyds Bank Ltd (1970) Ch 62, 74.
34) Pergamon Press Ltd v Maxwell (1970) 1 WLR 1167, 1172; Lonrho Ltd v Shell
   Petroleum Co Ltd (1980) 1 WLR 627, 634, HL.
35) Haywood, 앞의 논문(각주 32), 319면.
36) The Bell Group Ltd v Westpac Banking Corporation (2008) WASC 239. 이 원칙은
   항소심에서도 그대로 유지되었다. (2012) WASCA 157.
37) Haywood, 앞의 논문(각주 32), 319면.

지는 않지만, 최소한 100% 자회사와 그 이외의 경우를 다르게 볼 수 있다는 것을 언급했다는 점에서는 의미가 있다.

3. 독일

독일의 콘체른법은 이미 우리나라에도 자세하게 소개되어 있으므로,[38] 이 글에서는 지배회사 이사의 지시권 및 감독의무에 대해서만 간단히 살펴본다. 독일 콘체른법은 결국 계약콘체른에 대해서는 그룹 접근 방법을, 사실상의 콘체른에 대해서는 개별 기업 접근 방법을 채택하고 있다고 요약할 수 있다.[39]

이 가운데 먼저 지배회사와 종속회사 사이에 지배계약이 체결된 계약콘체른의 경우를 본다.[40] 이 경우 지배회사는 종속회사의 이사에 대하여 지시(Weisung)를 할 수 있고, 종속회사 이사는 이에 따를 의무가 있다.[41] 지배회사에게 그룹 단위의 의사결정을 할 수 있도록 제도를 설

---

38) 김지환, 앞의 논문(각주 6).
39) 독일 콘체른법은 유럽 각국에도 상당한 영향을 주었는데, 포르투갈(1986), 헝가리(1988), 체코(1991), 슬로바니아(1993) 크로아티아(1993) 알바니아(2008) 등이 채택하였고, 유럽 바깥에서는 브라질(1976), 터키(2012) 회사법이 콘체른법을 수용하였다. Conac, 앞의 논문(각주 8), 200면.
40) 독일 주식법상 계약콘체른이 성립되는 경우는 제291조 제1항 지배계약(Beherrschungsvertrag)이 체결되는 경우 이외에도, 이익공여계약(Gewinnabführungsvertrag)(제291조 제1항), 이익공동체(Gewinngemeinschaft), 부분이익공여계약(Teilgewinnabführungsvertrag), 경영임대차계약(Betriebspachtvertrag), 경영위임계약(Betriebsüberlassungsvertrag)(이상 제292조 제1항) 등이 있다. 일반적으로 계약콘체른에서는 제291조 제1항의 지배계약와 이익공여계약이 가장 중요한데, 두 유형의 가장 중요한 차이는 지배계약에서는 종속회사에 대한 지시권(Weisungsrecht)이 인정되지만, 이익공여계약에서는 그렇지 않다는 것이다. Emmerich / Habersack, Konzernrecht, 10.Aufl.(2013), §12 Rn.3. 이하의 계약콘체른은 지배계약의 경우만을 예시로 든다.
41) AktG 제308조 제1항 제1문, 제2항 제1문.

계한 것이다. 그 지시가 종속회사의 이익에 반하더라도 지배회사 또는 콘체른 전체에 이익이 된다면 유효한 지시가 된다.[42] 주식법은 이 경우 종속회사의 다른 주주를 보호하기 위해서 몇 가지 제도를 마련하고 있다.[43] 우선 지배회사는 종속회사의 연말결산에서 발생한 결손에 대하여 보상의무를 진다(Verlustübernahme).[44] 다음으로 종속회사의 다른 주주는 두 가지 선택권을 가진다.[45] 먼저 지배회사는 종속회사의 다른 주주에게 일정한 규모의 이익배당을 보장해야 하는데(Ausgleich),[46] 종속회사의 다른 주주들은 이 조치에 만족하고 그대로 종속회사에 머물 수 있다. 그러나 그들이 이것으로 충분하지 않다고 생각하면 일정한 대가를 받고 주식을 매각할 수 있다(Abfindung).[47] 이것은 통상의 주식매수청구와 달리, 종속회사의 주주는 그 주식을 지배회사에 매각하는 것으로서 그 대가는 금전 이외에도 지배회사의 주식으로 지급할 수도 있다.[48] 종속회사의 다른 주주에 대한 이런 조치의 의미를 생각해 보면, 결국 종속회사 주주의 지위를, 종전의 종속회사에 대한 잔여지분청구권자에서 종속회사의 채권자 또는 지배회사의 잔여지분청구권자로 변경시키는 것을 의미한다.[49] 다른 주주들의 지위를 이렇게 변경시키면 결국 계약콘체른을 둘러싼 이해관계는 하나의 기업과 다름이 없게 된다.

---

42) AktG 제308조 제1항 제2문.

43) 종속회사의 채권자를 보호하기 위해서는 지배회사의 담보제공 및 보증 등의 보호장치가 마련되어 있다(Sicherheitsleistung, 제303조 제1항).

44) AktG 제302조 제1항.

45) Emmerich / Habersack, 앞의 책(각주 40), §21 Rn.1.

46) AktG 제304조 제1항. 그 보장해야 하는 이익배당은, 회사의 과거 수익과 미래의 수익전망을 기준으로 하여 감가상각 등의 조정을 한 다음 산정된 1주당 평균이익이 된다(동조 제2항).

47) AktG 제305조 제1항.

48) AktG 제305조 제2항. Emmerich / Habersack, 앞의 책(각주 40), §22 Rn.1.

49) 神作裕之, 앞의 논문(각주 11), 65면, 각주 17.

이런 관점에서 계약콘체른에서의 지시권이 인정되는 이론적 근거를 생각해 볼 수 있을 것이다.

계약콘체른에서 지시의무(Weisungspflicht)는 인정되는가? 독일에서 지시의무에 대한 논의는 1982년 Hommelhoff 교수가 주장한 것이지만,[50] 현재의 일반적인 법리는 종속회사에 대한 지시는 지배회사의 재량이지 의무는 아니라고 본다.[51] 다만 예외적으로 지배회사 또는 그 임원의 책임을 피하기 위해서 종속회사에 대한 지시가 필요한 경우에는 지시의무가 인정될 수 있다.[52]

반면 사실상 콘체른에 대해서는 개별 기업 접근 방법을 취하고 있다. 계약콘체른이 적극적으로 하나의 회사처럼 운영되는 것에 따르는 효용을 감안한 제도라면, 사실상 콘체른은 지배회사가 주식의 소유를 통한 지배권을 남용하는 상황에 대한 우려에서 출발한 제도라는 차이가 있다.[53] 따라서 지배회사는 종속회사에 대해서 지시권이 인정되지 않으며,[54] 오히려 지배회사가 그 영향력을 이용하여 종속회사에 불이익이 되는 법률행위나 기타 조치를 하는 것을 금지하고 있다(Verbot der nachteiligen Einflussnahme).[55] 다시 말해서 지배회사가 만일 종속회사를 포함하여 하나의 회사처럼 그룹을 운영하고자 하면 종속회사와의 사이에 지배계약을 체결하라는 것이다. 다만 지배회사가 종속회사의 불이익을 보상하는 경우에는 예외적으로 지배회사의 종속회사에 불이익한

---

50) Peter Hommelhoff, Die Konzernleitungspflight: Zentrale Aspekte eines Konzernver-fassungsrecht(1982). 이후 독일에서의 지시의무에 대한 논의에 대해서는 김신영, 앞의 논문(각주 7), 177-179면.
51) Emmerich / Habersack, 앞의 책(각주 40), §23 Rn.19.
52) *Id.* AktG 제309조 참조.
53) *Id.* §24 Rn.2.
54) *Id.* §25 Rn.3.
55) AktG 제311조 제1항.

영향력의 행사가 허용되는데,[56] 그 이익의 보상은 늦어도 종속회사 불이익을 입은 영업연도 말까지는 이루어져야 한다.[57] 물론 실제 거래에서는 종속회사가 입은 손해가 무엇인지, 그 크기는 어떻게 정할 것인지를 둘러싸고 복잡한 논의가 있을 것은 충분히 예상된다.[58]

4. 프랑스

프랑스는 이사의 책임과 관련하여 로젠블룸 원칙으로 유명하지만, 그 이외에도 프랑스 회사법은 기업집단에 관한 규정을 가지고 있으며,[59] 교과서에서도 비중 있게 다루어지고 있다.[60] 다만 그 규정의 내용이 지배의 개념, 공개매수와 같은 지분의 취득, 상호보유규제, 공시, 연결회계 등과 같이, 일반적으로 기업집단법이라고 예상되는 것과 다소 거리가 있는 내용으로 되어 있어서 이사의 권한과 의무에 관한 규정은 거의 없다는 한계가 있다. 예를 들어 독일과 같은 지배회사의 지시권에 관한 조문이나 설명은 찾기 어렵다. 다만 프랑스 판례도 기업집단의 운영에 대해서는 개별 기업 접근 방법을 취하고 있는 것으로 보인다. 모회사가 그룹의 이익을 위해서 특정 자회사의 이익에 반하는 결정을 그 자회사에 부과하는 것은 허용되지 않는다.[61] 이런 법리는 프랑스의 기업집단의 모습과도 관련이 있지 않을까 생각한다. 프랑스의 기업집단

---

56) AktG 제311조 제1항 단서.
57) AktG 제312조 제1항.
58) 자세한 내용은, Emmerich / Habersack, 앞의 책(각주 40), §25 Rn.14 ff.
59) Code de Commerce, Art. L.233-1 이하.
60) 예를 들어, Philippe Merle & Anne Fauchon, Droit Commercial: Sociétés Commerciales (19e ed. 2016), 837-928면 ("les groupes de sociétés").
61) V. par ex. Paris 22 mai 1965 (aff. Fruehauf). 앞의 책 924면에서 재인용.

도 계열사의 일부만을 취득하고 다단계의 피라미드와 순환출자가 결합
되어 복잡한 구조를 취하고 있어서, 흡사 우리나라 재벌그룹의 지분구
조와 비슷하다.[62] 따라서 계열사의 소수주주에 대한 보호가 문제되고,
개별 기업 접근 방법을 취하게 된 것으로 보인다.[63]

5. EMCA 제15장 제9조

(1) 성립배경

유럽에서도 기업집단은 일반적인 기업조직인데, 그와 함께 유럽에서
기업집단에 대한 논의가 활발한 이유는 그룹 계열사가 EU 각국에 널리
분포하고 있다는 점에 기인한다. 따라서 기업집단에 대한 규율을 EU
역내에서 통일하는 것이 바람직하다는 생각이 오래 전부터 있었다. 이
미 1974년에 기업집단을 규율하기 위한 제9지침이 작성되었으나, 모두
공식적으로 제안도 되지 못하고 폐기되었다. 그 이유는 제9지침의 내용
이 독일의 콘체른법에 기초하고 있어서 너무 경직적이었기 때문이었
다.[64] 다시 기업집단법의 통일이 논의되기 시작한 것은 EU와 상관없는
순수 학계에서의 움직임이었는데, Hommelhoff 교수와 Hopt 교수를 주
축으로 한 "Forum Europarum on Group Law"가 결성되었고, 1998년

---

62) 앞의 책, 847면 (LVMH 그룹의 도해) & 855면 (Victoire 그룹의 도해).
63) 프랑스의 로젠블룸 원칙은 "그룹의 이익" 개념을 인정하는 것이라서, 이런 개별 기업
   접근 방법과 얼핏 상충되는 것으로 보인다. 그룹 경영의 단계에서는 그룹의 이익을
   인정하지 않지만, 이사의 책임을 묻는 단계에서는 그룹의 이익에 의한 면책을 인정하
   는 것이라고 생각할 수 있겠지만, 이렇게 단정하기에는 아직 연구가 부족하다. 프랑스
   의 기업집단의 모습이 우리나라 재벌그룹과 비슷하다는 점에서, 프랑스에서 왜 로젠
   블룸 원칙이 성립하게 되었는지 제반환경을 연구해 보는 것은 의미가 있을 것이다.
64) Conac, 앞의 논문(각주 8), 196면.

"The Corporate Group Law Principles and Proposals"를 제안하였다. 그러나 이 역시 독일법의 영향을 상당히 받았는데,[65] 예를 들어, 지배회사의 일방적인 선언에 의하여 자회사와의 관계에서 기업집단법이 적용되도록 되어 있었다. 위에서 살펴본 독일의 지배계약의 개념을 지배회사의 일방적 선언으로 대체한 것이다.[66] EU 차원에서도 다시 공식적인 논의가 시작되었는데, 그것이 바로 2002년 유명한 Winter 보고서이다.[67] 근본적으로 그룹 경영에 우호적인 법체계를 지향하면서 구체적인 법률관계는 당사자 자치에 상당 부분 위임하는 방식을 택하고 있었다. 상장자회사를 보유하는 순수지주회사를 금지하는 독특한 규정도 두고 있었다.[68] 그러나 어떤 제안도 공식적으로는 채택되지 않았다.

이후 다시 논의가 시작되었다. 먼저 순수하게 학계 차원에서 2007년 Paul Krüger Andersen 교수와 Theodor Baums 교수를 주축으로 하여 유럽모범회사법을 작성하는 모임이 결성되었고, 최종적으로 2015년 7월에 유럽모범회사법(European Model Companies Act, EMCA) 초안이 발표되었다. 제15장은 기업집단에 관한 내용으로 구성되었는데, 특히 제9조는 모회사의 지시권을 규정하고 있다. 단순히 100% 자회사에 대해서만 지시권을 인정한 것이 아니고 일반적인 모자회사관계에서 그런 권한을 인정한 것이 특징이다. EMCA는 순수하게 학계의 제안이기 때문에 EU 지침과 같은 공식적인 규범력을 가지는 것은 아니다. 그러나 유럽 회사법의 연구결과를 종합하고 있다는 점에서 회사법의 정책적 연구에 큰 시사점을 제공하고 있다. EU 차원의 통일을 위한 움직임도 재개되었다.

---

65) 앞의 책, 201면.
66) 앞의 책, 202면.
67) Report of the High Level Group of Company Law Experts on a Modern Regulatory Framework for Company Law in Europe(2002). Jaap Winter 교수가 의장을 맡았다.
68) Winter Report(2002), Recommendation V.4.

EU 차원에서 전문가 그룹이 구성되었고, 2011년과 2012년에 "Reflection Group 보고서"를 제출하였다. 근본적으로 EU 차원에서 그룹이익 개념을 인정해야 한다는 제안이 포함되어 있다.[69] 그러나 실질적인 변화는 없이 계속 제안으로만 그치고 있는 것으로 보인다. 2016년에도 두 편의 보고서가 간행되었으나, 전체적인 기업집단법은 포기하고 로젠블룸 원칙을 중심으로 이사의 책임 정도만 통일하자는 제안이나,[70] 기업집단법 통일의 대상을 100% 자회사로만 한정하자는 제안 등[71] 실천 가능한 영역을 찾아 통일을 모색하고 있는 것으로 보인다.

(2) 모회사 이사의 지시권

EMCA는 제9조는 모회사의 자회사 경영진에 대한 지시권을 규정하고 있다.[72] 특히 100% 자회사나 지배계약이 존재하는 경우로 한정하지 않

---

69) Conac, 앞의 논문(각주 8), 203-204면.

70) European Company Law Experts, A Proposal for Reforming Group Law in the European Union: Comparative Observations on the Way Forward(2016).

71) Informal Company Law Expert Group, Report on the Recognition of the Interest of the Group(2016).

72) Section 9 (Right of a parent company to give instructions to the management of a subsidiary)

   (1) A parent company, acting as a shareholder in the general shareholders' meeting or through its board of directors or senior management, has the right to give instructions to the organ of management of their subsidiaries. A subsidiary may receive instructions from any parent company, including a foreign parent company.

   (2) Subject to conditions specified in Section 16 and the exceptions in Subsection (3), the organ of management of a subsidiary shall comply with the instructions issued by its parent.

   (3) The following members of the management of a subsidiary are not bound by any instruction:

     (a) Directors and managers who were not appointed by the parent company

고 일반적인 모자회사관계로 확대하고 있다는 점에서 입법례를 찾기 어려운, 대단히 혁신적인 제안이라고 할 수 있다. 조문의 구체적인 내용과 특징을 개관하면 다음과 같다.[73]

① 지시권은 모회사의 정의를 만족하는 이상, 자동적으로 발생한다. 모회사가 일정한 선언을 해야 한다거나 지배계약을 체결해야 한다는 등의 추가적인 요건은 채택되지 않았다. 여기서 모회사 또는 자회사는 모두 지배(control)의 개념을 가지고 정의되는데, 지배는 법적 지배와 사실상의 지배 두 가지로 나뉜다. 법적 지배는 회사의 의결권의 50%를 초과하여 보유하는 경우를 말하고(제15장 제5조), 사실상의 지배는 50% 이하를 보유하더라도 회사의 정책을 결정할 수 있거나 경영진을 임명할 수 있는 등 사실상의 지배를 하고 있는 경우를 말한다(제6조).

② 모회사의 지시는 법적 구속력이 있는가? 조문의 성안과정에서 어느 정도의 구속력을 인정하는 것이 좋을지 논쟁이 있었고, 조동사를 "must"와 "may" 가운데 무엇으로 할 것인지, 지시를 표현하는 단어를 완곡한 의미의 "directive"로 할 것인지 아니면 원안대로 "instruction"으로

---

or by the controlling shareholder, but as a result of provisions in the articles of associations, of a shareholders' agreement or of any law or regulation.

(b) Directors who are defined as "independent directors" according to the applicable Corporate Governance Code, when the company is subject to such a Code.

(c) Directors who are employee representatives.

(4) A non-wholly-owned subsidiary needs to disclose in the Commercial registry whether or not its management is directed by the parent. In the absence of a contrary disclosure, a wholly-owned subsidiary is presumed to be subject to instructions of its parent company and does not need to make a disclosure in the Commercial registry, except to disclose that it is wholly-owned. This disclosure is for the information of third parties and shareholders only.

73) 이하 제9조 지시권의 내용에 대한 설명은, Conac, 앞의 논문(각주 8), 217-223면; Conac, 앞의 논문(각주 9), 309-311면을 참조하여 요약한 것이다.

할 것인지 논의가 있었다. 그러나 "instruction"이라는 단어가 독일 등 회원국에서 쓰이고 있고, 어차피 EMCA는 현실에서 지시의 사실상 구속력을 법제화하려는 것이기 때문에, 그대로 이 단어를 쓰기로 하였다. 조동사도 "shall"을 사용하여 구속력을 인정한다. 다만 제16조, 즉 로젠블룸 원칙을 전제조건으로 하여, 이사의 책임이 문제될 수 있는 지시에 대해서는 거부할 수 있는 근거를 마련하였다.

③ 지시의 상대방은 자회사의 경영진이다. 실제 현실에서는 자회사의 이사가 아닌 임원에 대해서도 많은 지시가 이루어지고 있기 때문에, 이런 현실을 반영하기 위해서 그 대상을 임원으로 한 것이다. 임원이 동시에 이사인 경우는 당연히 지시의 상대방이 된다. 그런데 제3항은 모회사의 지시에 따라 판단하기 적절하지 않는 세 경우를 지시의 상대방에서 제외하고 있다. 첫 번째는 모회사가 지명에 관여하지 않은 이사이다. 영국의 지명이사(nominee director)처럼 계약이나 법률에 의하여 특정 주주에게 이사의 선임권이 부여되어 있는 경우가 그러하다. 두 번째는 사외이사이다. 사외이사는 독립적인 판단이 요구되고, 회사의 경영을 감시해야 할 지위에 있기 때문이다. 마지막은 근로자 대표이다. 역시 근로자의 이익을 대표해야 할 지위에 있기 때문이다.

④ EMCA 제9조의 지시권은 100% 자회사인지를 구별하지 않는다. 따라서 부분 자회사라 하더라도 지배가 인정되는 이상 모회사는 지시권을 가진다. 다만 자회사는 상업등기부에 모회사의 지시에 따른다는 사실을 등기해야 하는데, 100% 자회사의 경우에는 단순히 100% 자회사라는 등기만으로 모회사의 지시에 따른다는 사실이 추정되므로 따로 그 사실을 등기할 필요가 없다. 물론 본질적인 차이를 가져오는 것은 아니다.

⑤ 모회사는 지시권을 가질 뿐 지시의무가 있는 것은 아니다. 조문

성안과정에서는 권리뿐만 아니라 의무도 부담한다는 내용으로 구성하자는 견해도 있었으나, 지시의무는 너무 복잡한 문제이므로 지금의 조문에는 담지 않기로 하였다.

(3) 평가

EMCA는 자회사의 100% 미만 지분을 보유하는 방식(이하 이 글에서는 "부분자회사"라 한다)으로 구성된 유럽의 기업집단의 현실을 법제화하고자 시도한 것이다. 현실적으로 모회사의 지시에 의하여 그룹 단위로 경영이 이루어지고 있기 때문에, 이를 그대로 반영하여 모회사에 지시권을 인정하였다.

나아가 로젠블룸 원칙을 적극적으로 수용하여(제16조), 이런 지시의 적법성 및 사후적 책임을 그룹이익의 관점에서 판단할 수 있도록 하였다. 따라서 EMCA는 특정 자회사에 불리한 의사결정도 그룹이익의 차원에서 정당화된다면 충분히 그 자회사에 강제할 수 있다. 다만 이 경우 독일의 사실상 콘체른에서 요구되는 자회사에 대한 보상은 따로 규정되어 있지 않다. 자회사의 주주는 특별조사를 청구하거나(제14조), 주식을 매각하거나(sell-out, 제15조) 등의 방식으로 스스로를 보호할 수 있을 뿐이다. 모회사의 책임이 인정되기는 하지만(제17조), 어디까지나 그룹이익이 인정되지 않는 경우에만 책임이 발생되는 것이므로, 그룹이익이 인정되는 경우에는 특정 자회사에 불리하더라도 보상의무는 없다.

6. 일본

(1) 모회사 이사의 자회사 관리의무

일본에서 최근 주로 논의되는 것은 모회사의 이사에게 자회사의 관리의무 또는 감독의무가 있는가 하는 문제이다. 종래 전통적인 시각에 따르면, 모회사는 단순히 주주에 불과하므로 모회사 이사에게는 자회사 관리의무가 없다고 보았다.[74] 주주의 권리행사는 주주의 권리이지 의무가 아니기 때문에, 모회사가 자회사의 관리를 위해서 주주권을 행사하지 않았다는 것을 탓할 수 없다는 것이다. 하급심 판례도, 미국에 상장된 100% 자회사가 SEC로부터 증권법 위반으로 과징금을 받자 모회사 주주가 모회사 이사를 상대로 책임을 추궁한 사안에서, "모회사 이사는, 자회사를 지휘하여 위법행위에 이르도록 하는 등 특별한 사정이 없는 한, 자회사의 이사의 업무집행의 결과 모회사에 손해가 발생하더라도 모회사에 대해서는 의무위반으로 인한 책임을 지지 않는다"고 판시하였다.[75]

그러나 최근에는 자회사 관리의무를 인정하는 견해가 유력하게 제시되어 점점 세력을 얻어가고 있다. 그 근거는 모회사의 경제적 가치의 극대화는 모회사 이사의 의무라는 것이다. "지배회사에 있어서 종속회사의 주식은 중요한 자산이기 때문에, 그 자산을 다양하게 활용하여 지배회사의 이익을 극대화하는 것은, 기계설비나 부동산 등 다른 중요한 자산을 활용하여 이익을 극대화해야 하는 것과 마찬가지이다. 따라서

---

74) 渡辺邦弘 / 草原敦夫, 앞의 논문(각주 11), 33면.
75) 東京地判 2001. 1. 25. 判例時報 제1760호 144면.

지배회사 이사는 종속회사에 대한 영향력을 활용하여 회사의 자산으로서의 종속회사 주식의 가치를 높이고 보전해야 할 의무가 있다."[76] 실제로 2014년 회사법 개정논의에 참석했던 회사법 학자들의 공통된 생각도, "자회사라는 것도 모회사 자산의 일부이기 때문에, 그 자산을 보유하는 목적에 따라 관리할 의무가 모회사의 이사에게 있는 것은 당연하다"는 것이었다고 한다.[77] 따라서 모회사의 이사는 자회사의 경영을 관리·감독할 의무가 있으며, 이 의무를 게을리한 경우에는 모회사에 대해서 손해배상책임을 진다.

자회사 관리의무의 구체적 내용으로는 평상시와 유사시를 나누어 생각해야 한다는 견해도 제기되고 있다.[78] 모회사의 이사의 자회사 관리는 그 이사가 가지는 사실상의 지휘·명령권을 이용하는 것이고, 자회사에는 다른 주주가 있기 때문에 그 이익보호의 요청도 고려해야 한다는 것이다. 따라서 평상시에는 모회사가 자회사의 경영에 깊이 개입하는 것은 적절하지 않고, 그룹 차원의 내부통제를 정비하는 정도가 자회사 관리의무의 핵심적인 사항이 된다. 그러나 자회사의 업무집행에 위법하거나 부당한 사유가 발견되었다면, 모회사 이사는 일정한 조사 및 시정조치를 강구할 의무를 부담한다.

최근 판례도 이런 의무를 인정한 (또는 인정한 것으로 해석되는) 것이 등장하여 주목을 받았다. 실제로 일본에서 이 문제가 본격적으로 논의되기 시작한 계기가 되기도 한 판결인데, 바로 2014년 선고된 후쿠오카(福岡)어시장 주주대표소송 사건이다.[79] 이 사건에서 A회사는 B회사를

---

76) 船津浩司, グループ經營の義務と責任(2010), 158면.

77) 塚本英巨, 앞의 논문(각주 11), 28면.

78) 渡辺邦弘 / 草原敦夫, 앞의 논문(각주 11), 36-38면.

79) 最高裁, 2014. 1. 30. 판결, 判例時報 제2213호, 123면. 이 사건 제1심은 2011. 1. 26. 후쿠오카(福岡) 지방재판소, 제2심은 2012. 4. 13. 후쿠오카 고등재판소에서 선고

100% 보유하고 있었고, 두 회사에 겸임이사도 있었다. B회사가 위법적인 거래를 하고, 이로 인하여 불량재고가 쌓이게 되면서 결국 경영파탄 상황에 직면하였다. B회사 이사를 겸임하던 A회사 이사는 이 문제를 처음부터 알고 있었으나 아무 조치도 취하고 있지 않다가, B회사의 파산 직전에 이르러서야 문제를 조사하고 A회사가 구제금융 차원의 대출을 하도록 조치하였다. 그러나 B회사의 지속적인 경영악화로 A회사는 대출을 회수하지 못하였고, 결국 A회사는 18억 8천만 엔의 손해를 보았다. 이에 A회사 주주가 A회사 이사를 상대로 주주대표소송을 제기하였다. 법원은 "회계법인이 재고증가에 대하여 문제를 제기한 시점에서는 A회사의 이사는 그 재고증가의 원인에 대해서 자체적으로 조사하고 적절한 조치를 취할 의무가 있었다"고 하면서, A회사 이사가 이를 게을리 한 이상 A회사에 대한 의무위반이 인정된다고 판시하였다. 일본 학계도 이 판결에 많은 관심을 보였으며 대부분 판례의 입장을 지지하는 견해가 많다. 특히 추상적 판시사항은 모회사 이사의 자회사 관리의무를 인정하는 것처럼 설시하고 있기 때문에,[80] 이 주제에 대한 논의를 촉발하는 계기가 되었다.

하였으며, 구체적인 법리는 제1심에서만 제시되었고, 그 이후에는 특별한 논의 없이 승인되었다. 일본의 회사법판례백선에는 제2심이 수록되어 있다. 이 판결에 대해서는 일본에서도 수많은 평석이 나왔는데, 그 평석 목록은, 김영주, 앞의 논문(각주 6), 85면의 각주 6에 정리되어 있다.

80) 그러나 A회사 이사의 손해배상책임의 직접적인 원인은 A회사가 B회사에 대출해 준 융자금을 회수하지 못한 것, 즉 A회사의 직접손해에 관한 것이었다. 학설에서 전형적으로 논의하는, 자회사에 발생한 손해로 인하여 모회사가 보유하는 자회사 주식의 가치가 감소되는 것, 즉 A회사의 간접손해를 인정하여 책임이 인정된 것이 아니었다. 또한 이 사건에서는, 두 회사가 완전자회사관계에 있었고, A회사 이사가 B회사 이사를 겸하여 B회사 이사의 지위에서 문제를 인식하고 있었다는 특수한 사정이 존재한다. 따라서 이 사건을 가지고 일반적인 모자회사관계에서 자회사 관리의무를 인정하였다고 속단하기는 어렵다고 본다. 舟津浩司, 앞의 논문(각주 6), 111면.

(2) 그룹지배구조에 관한 실무지침

1) 배경

주지하는 바와 같이, 일본은 경제불황으로부터 탈출하기 위한 전략의 하나로 기업지배구조의 개혁에 주목하고 있다. 그 일환으로 경제산업성은 도쿄대 간다 히데키 교수를 좌장으로 하여 하여 CGS연구회[81])를 운영하면서, 그 보고서를 기초로 하여 실무지침을 만들고 있다. 2017년 3월에는 1차 연구회를 마무리짓고 "기업지배구조에 관한 실무지침"을 제정하였는데,[82]) 주로 사외이사를 중심으로 한 이사회 강화방안을 담고 있다. 당시 CGS연구회가 1차 연구를 마무리하면서 그룹의 지배구조에 대한 연구는 충분히 논의되지 않았다고 단서를 달았고, 이에 2차 연구회가 2017년 12월부터 2019년 4월까지 16회에 걸쳐 진행되었다.[83]) 그 결과가 2019년 6월에 발표된 "그룹지배구조에 관한 실무지침"이다.[84]) 2017년 실무지침은 사외이사에 대한 논의를 중심으로 한 것이어서, 사실 우리 학계의 입장에서는 크게 흥미로운 부분은 많지 않다. 그러나 이번 2019년 실무지침은 그룹경영에 관한 본격적인 논의가 담겨있어서 우리 학계에서도 참조할 부분이 많다. 실무지침의 본문은 ① 그룹구조의 설계, ② 사업포트폴리오 경영조직, ③ 내부통제, ④ 자회사 경영진의 지명 및 보수통제, ⑤ 상장자회사의 지배구조 등 다섯 부분으로 구성되어 있다. 실무지침의 작성에 있어서는 경제산업성에서 직접 기업을 대상으로 설문조사를 하고, 연구회에는 재계의 실무가를 많이

---

81) CGS는 "Corporate Governance System"의 약자이다.
82) 經濟産業省, コーポレート・ガバナンス・システムに関する實務指針, 2017. 3. 31.
83) 疋田正彦 / 樋口周一, 앞의 논문(각주 12), 14면.
84) 經濟産業省, グループ・ガバナンス・システムに関する實務指針, 2019. 6. 28. 관련 문헌은 각주 12 참조.

참여시켰기 때문에, 그룹경영의 현실로부터 논의가 출발하고 있다. 따라서 오히려 경영전략적 관점이 더 부각된 측면도 있다. 이하 자회사의 경영관리 측면에서 중요한 사항들에 국한하여 주요 내용을 요약한다.

2) 주요 내용

본 실무지침은 먼저 그룹 본사 및 그 이사회의 역할을 설명하고 있다. 그룹 본사는 그룹 전체의 사령탑으로서 시너지를 최대화하기 위한 전략을 수립하고, 규모의 경제를 달성할 수 있도록 공통의 인프라를 제공하는 중요한 역할을 한다.[85] 그 핵심적인 역할을 하는 그룹 본사의 이사회는 그룹 전체 거버넌스의 실효성과 자회사의 기동성 있는 의사결정을 조화시켜야 하는데, 이런 관점에서 그룹 본사 이사회의 결정 범위를 정하고 그룹 자회사의 업무집행에 대한 적절한 관여 방법을 검토해야 한다.[86] 그룹 본사는 그룹의 경영이념과 행동규범을 정하여 그룹 자회사 전체에 전파함과 함께, 그룹 내부의 권한배분에 관한 규정 등 공통의 플랫폼을 구축해야 한다.[87] 다음으로 내부통제는 아주 많은 지면을 할애하여 구체적으로 논의하고 있는데, 위에서 논의한 자회사의 관리·감독의 차원에서 접근하고 있다.[88] 모회사 이사회는 그룹 전체의 내부통제시스템의 구축에 관하여 기본방침을 정해야 하고, 그 구축·운용을 감독하는 책임을 부담한다. 다만 자회사의 구체적인 내부통제시스템의 구축·운용의 감독은 일반적으로 모회사 이사회에 일정한 재량이 인정되고, 판단과정이나 내용이 현저하게 불합리한 경우가 아닌

---

85) 疋田正彦 / 樋口周一, 앞의 논문(각주 12), 18면.
86) 앞의 논문, 19면.
87) 앞의 논문.
88) 疋田正彦 / 大草康平 / 樋口周一, 앞의 논문(각주 12), 18면.

한 선관주의의무 위반으로 보지 않는다고 해석하여야 한다.[89]

자회사의 경영진을 어떻게 구성할 것인지와 관련해서는 다른 부분과 달리 완전자회사를 염두에 두고 있다고 밝히고 있다.[90] 경영진의 구성은 지시권과 같이 자회사의 경영에 깊이 관여하는 문제이므로, 자회사에 다른 주주가 있게 되면 쉽게 결론을 내리기 어렵기 때문으로 보인다. 자회사의 경영진 구성을 위해서, 그룹 본사는 전체적으로 통일적인 인사정책을 수립하고, 이런 공통의 구조 속에서 각 자회사의 사정에 부응하는 인사관리를 설계해야 한다. 모회사는 자회사의 지배주주로서 자회사의 이사를 선임할 수 있는 권한이 있기 때문에, 그룹의 통합운영을 위해서 그 권한을 적절히 사용할 수 있다.[91] 이런 관점에서, 모회사의 이사회 및 지명위원회는 그룹의 주요 완전자회사의 최고경영자 승계계획도 가지고 있어야 한다.[92]

실무지침에서 특히 주목해야 할 부분은 상장자회사에 관한 것이다. 이 경우 상장자회사는 결국 지배주주 있는 상장회사라고 볼 수 있어서, 지배주주 시스템에서의 대리 문제가 그대로 재현되기 때문이다.[93] 일본의 상장자회사의 수는 2018년 12월 기준으로 238개사, 전체의 6.1%를 차지하고 있는데, 다른 국가에 비하면 상당히 많은 편이다. 미국은 28개사로 0.5%, 영국은 하나도 없고, 프랑스 18개사로 2.2%, 독일 17개사로 2.1%에 불과하다.[94] 상장자회사에 대해서, 일본의 경우에는 아직

---

89) 앞의 논문.

90) 疋田正彦 / 大草康平 / 樋口周一, 앞의 논문(각주 12), 63면.

91) 앞의 논문.

92) 앞의 논문.

93) 앞의 논문, 70면은 상장회사에 있어서 이해충돌 상황으로서, 모자회사 사이의 직접거래, 모자회사 사이의 사업양도, 모회사에 의한 완전자회사화 등을 들고 있다. 이것들은 모두 지배주주가 존재하는 상장회사에서 항상 문제되는 것들이다.

94) 앞의 논문, 68면.

상장자회사의 소액주주들의 권리가 모회사에 의하여 심각하게 침해되고 있지 않다고 긍정적으로 평가하는 견해도 있으나,[95] 실무지침의 입장은 지배주주인 모회사와 일반주주 사이에 구조적으로 이해충돌의 위험이 있고, 그룹 차원에서 사업포트폴리오의 최적화에 제약을 가져올 수 있다고 보고 있다.[96] 이런 관점에서 실무지침은 몇 가지 제안을 하고 있다. ① 모회사는 그룹 전체의 기업가치 향상 및 자본효율성의 관점에서, 상장자회사를 그대로 유지하는 것이 최적인지 정기적으로 점검하는 것과 함께, 상장자회사로 유지하는 것이 합리적인 이유 및 상장자회사의 거버넌스의 실효성을 확보할 수 있는 방법을 이사회에서 심의하여 투자자에게 설명하여야 한다.[97] ② 상장자회사는 모회사와 일반주주 사이에 이해충돌의 위험이 있다는 점을 감안하여, 독립적인 의사결정을 위한 실효적 거버넌스 체제를 구축해야 한다.[98] ③ 일반적으로 사외이사는 집행임원으로부터의 독립성이 요구되지만, 상장자회사의 사외이사는 지배주주인 모회사의 이해충돌 상황을 감독하고 일반주주의 이익을 확보하는 역할이 기대되므로 지배주주인 모회사로부터의 독립성도 함께 요구된다. 다만 사외이사의 선임·해임 권한이 실질적으로 지배주주에게 있기 때문에, 현실에서 독립성을 기대하기는 쉽지 않다는 문제가 있다.[99] 이 문제는 향후 검토되어야 할 것이다.

---

95) 宮島英昭 / 新田敬祐 / 宍戸善一, 親子上場の經濟分析, 日本の企業統治(宮島英昭 편저, 2011), 332면.
96) 疋田正彦 / 大草康平 / 樋口周一, 앞의 논문(각주 12), 71면.
97) 앞의 논문.
98) 앞의 논문.
99) 앞의 논문.

3) 평가

실무지침은 종래 일본의 기업지배구조에 대한 논의를 정리한 것으로서, 일본 기업집단의 현실을 반영하고자 하면서도 기존의 법리에 크게 위배되는 결론을 내리지는 않았다. 그 결과 특별히 자극적인 처방이 눈에 띄지는 않는다. 특히 자회사의 경영진을 구성함에 있어서는 100% 자회사를 염두에 두어 적극적인 관여를 인정한 반면, 상장자회사에 대해서는 이해충돌의 우려를 완전히 제거할 수 없다는 차원에서 그룹경영에 소극적인 결론을 내리고 있다는 점에서, 전통적인 시각을 반영하고 있다고 볼 수 있다.

7. 소결

모회사 이사가 자회사 경영에 대하여 어떤 권한과 의무를 가지는지에 대해서 살펴보았다. 결국 적극적으로 자회사의 경영진에 대해서 지시권을 가지는가, 소극적으로 자회사의 위법하거나 비효율적인 경영에 직면하여 관리의무 또는 지시의무를 부담하는가의 문제이다. 현실의 기업집단은 모두 다양한 층위에서 그룹 단위의 의사결정을 하지만, 법제도가 이를 수용하는 것은 국가마다 다르다. 그룹 접근 방법과 개별기업 접근 방법을 스펙트럼의 양 끝에 배치하고, 위에서 살펴본 각 입법례의 특징을 잡아 이 스펙트럼상에 배치해 보면 다음과 같이 정리할 수 있을 것이다.

① 먼저 한쪽 끝의 그룹 접근 방법에 EMCA가 위치할 것이다. EMCA는 단순히 사실상의 지배관계 요건만 충족하면 자회사에 대해서 지시권을 가진다는 점에서 부분자회사도 그룹경영이 가능하다. 다만 지시의무까지 인정하지는 않는다. ② EMCA 다음에는 100% 자회사, 즉 자회

사의 지분적 이해관계자를 제거한 다음에야 그룹경영이 가능한 법제가 위치한다. 바로 미국과 독일이다. 미국의 경우에는 아무 규정도 없지만, 기업집단이 모두 자회사의 100% 지분을 취득해야 그룹경영이 가능하다고 인식하고 있는 것처럼 보인다. 독일에서는 지배계약이 체결되어야 지시권이 허용되어 그룹경영을 할 수 있다. 그 의미는 결국 지배계약을 통하여 종속회사에서 주주의 이해관계를 없애거나 변경시킨다는 것이다. 이 점에서 계약콘체른은 100% 자회사와 일맥상통한다. 사실상의 콘체른에 대해서는 여전히 개별 기업 접근 방법을 취하고 있다. ③ 그 다음에는 심지어 100% 자회사인 경우에도 그룹경영이 어려운 국가가 온다. 거의 다른 쪽 끝의 개별 기업 접근 방법이라고 할 수 있다. 영국과 프랑스가 이 카테고리에 속하는 것처럼 보인다. 다만 영국은 이사회의 독립적인 판단의무가 100% 자회사에는 다르게 적용될 수 있음을 암시하는 판례가 있고, 프랑스는 이사의 책임 단계가 되면 로젠블룸 원칙이 적용되어 오히려 대표적으로 그룹의 이익을 감안하는 법제가 된다는 점에서, 다소 그룹 접근 방법이 가미될 여지를 남기고 있다. ④ 마지막으로 일본은 영국, 프랑스와 마찬가지로 심지어 100% 자회사라 하더라도 그룹경영이 어려운 입법례라고 할 수 있다. 그러나 최근에는 모회사의 자회사 관리의무를 인정한 것처럼 보이는 판례도 등장하고 있고, 실무지침에서는 최소한 100% 자회사의 경우에는 그룹경영을 인정하고자 시도하고 있다는 점에서 미국, 독일을 지향하고 있다고 할 수 있다. 그러나 상장자회사에 대해서는 실무지침도 여전히 전통적 입장을 고수하고 있다는 점에서 EMCA의 입장까지 나아가기는 힘들 것으로 생각된다.

이렇게 다양한 입법례를 보고 있으면, 사실상 이루어지고 있는 그룹경영을 법적으로 구현하는 것이 얼마나 어려운 것인지 실감할 수 있다. 순수 학계의 제안이라고 할 수 있는 EMCA를 제외하면, 사실상의 그룹

경영이 규범력을 가진 제도의 승인을 받을 수 있는 것은 100% 자회사의 경우 정도가 아닐까 한다. 결국 우리나라 기업집단과 같이 부분자회사가 대부분인 경우에는 사실상의 권한에 기초한 그룹경영을 제도적으로 정당화하는 것이 쉽지 않을 것이다. 다음에는 우리나라의 기업집단을 염두에 두고 그룹경영의 가능성을 생각해 본다.

III. 분석

1. 학설 및 판례의 현황

(1) 그룹의 이익

서론에서도 언급한 바와 같이, 우리나라의 일반적인 학설이나 판례는 "그룹의 이익"을 정면으로 인정하고 있지 않다. 최근까지도 계열사 사이의 거래는 공정거래법상 부당지원이나 형법상 배임죄로 엄격하게 다루어졌다. 물론 계열사에 일반주주와 같은 다른 이해관계자가 있다는 것이 그룹경영의 승인을 어렵게 하는 요인이겠으나, 심지어 100% 자회사와의 관계에서도 독립적인 법인격을 이유로 그룹의 이익을 승인하지 않고 있다. 다만 최근 판례 가운데는 그룹 차원의 조치에 대해서 합리성을 인정하고 있는 것들도 등장하고 있어서 약간 분위기의 변화가 감지되고 있다.

예를 들어 SPP그룹 사건에서는 계열사의 통합구매과정에서 자금사정의 악화로 일부 계열사에 손해가 발생하였음에도 불구하고 통합구매를 계속한 것이 문제가 되었는데, 대법원은 그 통합구매가 "그룹 계열사의 공동이익"을 위한 것이었고, 위 지원행위가 지원주체의 부담능력을 초과하여 무리하게 이루어지지 않았으며, 계열사의 사업전망도 긍정적이었다는 점을 들어 배임죄의 고의를 부정하였다. 특히 계열사 사이의 지원행위가 합리적 경영판단의 범위에 속하는지의 판단 기준으로, 계열회사들이 공동이익과 시너지 효과를 추구하는 관계에 있는지 여부, 지원행위가 기업집단에 속한 계열회사들의 공동이익을 도모하기 위한 것인지 여부, 지원주체의 선정 및 지원규모 등이 그 의사나 지원능력 등을 충분히 고려하여 합리적으로 결정된 것인지 여부, 구체적인 지원행위가 정상적이고 합법적인 방법으로 시행되었는지 여부, 지원주체에게 지원에 따른 부담이나 위험에 상응하는 보상을 객관적으로 기대할 수 있는 상황이었는지 여부 등의 요소를 고려하여야 한다고 판시하였다.[100] 경영판단원칙을 그룹경영 차원까지 확대한 것이다.

또한 현대엘리베이터 사건에서는 회사가 관계회사의 경영권 방어를 지원함으로써 궁극적으로는 지배주주의 그룹 전체에 대한 지배권 확보를 도모한 것이 문제가 되었는데, 항소심 법원은 "순환출자구조를 가진 기업집단에서는 어느 한 회사에 대한 적대적 기업인수는 다른 관계회사의 경영권에도 영향을 미칠 수밖에 없으므로" 당해 회사의 경영권방어와 같은 분석이 이루어져야 하며, "회사가 현재 속한 기업집단에 계열회사로 계속 남는 경우와 위 기업집단에서 이탈하여 독자적인 회사로 존재하는 경우 또는 다른 기업집단에 계열회사로 속하게 되는 경우 등 상정할 수 있는 모든 가능성을 비교하여, 현 지배주주가 지배하는

---

100) 대법원 2017. 11. 9. 선고 2015도12633 판결. 이 판결의 평석으로는, 이완형, 배임죄에서 계열사 지원행위와 경영판단의 한계: 대법원 2017. 11. 9. 선고 2015도12633 판결, BFL 제91호(2018), 86-105면; 노혁준, 2017년 회사법 중요 판례, 인권과 정의 제472호(2018), 139-142면.

기업집단의 계열회사 지위를 유지하는 것이 회사와 일반 주주에게 이익이 되는지가 충분히 검토되어야 한다"고 판시하고 있다.[101] 자세히 읽어 보면, 그룹 전체에 이익이 되는지가 아니라 당해 회사에 이익이 되는지에 주목하고 있다는 점에서 그룹경영을 정면으로 인정한 것은 아니지만, 실질적으로는 지배주주의 그룹 전체에 대한 지배권을 유지하기 위한 조치임에도 그 적법성을 인정하였다는 점에서 그룹경영을 긍정하는 의미가 있다.

학계에서도 그룹의 이익을 정면으로 인정해야 한다는 주장이 발견된다. 예를 들어 "기업집단에서 모회사 이사가 자회사 이사에 대해서 그룹 전체를 위해서 행동하기를 요구하고, 그 요구에 따라 자회사에 불이익이 발생했다고 해도 그룹 전체적으로 이익이 증대되었다고 하면 모회사 이사 및 자회사 이사가 그룹경영에 있어서 적정한 경영의 실현에 노력한 것이라고 할 수 있다"는 지적도 있다.[102]

(2) 지배회사 이사의 의무: 관리의무

기업집단에서 모회사의 이사는 자회사의 경영관리의무를 지는가? 판례는 아직 명확하지 않지만, 하급심에는 계열사에 대한 관리감독을 지주회사 이사로서의 선관주의의무로 보고 있지 않은 것이 있다.[103] 이 사건에서 A회사는 B회사의 99.75%를 보유하고 있었는데, B회사가 보유하던 시가 750억 원의 무보증사채를 200억 원에 환매하여 막대한 손실을 입은 것이 문제가 되었다. A회사 주주는 A회사의 이사 甲에게

---

101) 서울고등법원 2019. 9. 26. 선고 2016나2063874 판결.
102) 손영화, 앞의 논문(각주 4), 140면.
103) 서울남부지방법원 2003. 9. 19. 선고 2003가합1749 판결.

A회사에 대한 손해배상을 청구하면서, 지배회사의 이사인 甲은 종속회사 이사의 위와 같은 행위를 저지하였어야 한다고 하면서, 甲이 그 임무를 해태하였다고 주장하였다. 그러나 법원은 이를 배척하였는데, A회사와 B회사가 별개의 법인격을 가지고 있는 이상 (A회사는 B회사의 주주에 불과하므로) 甲이 종속회사 이사의 업무집행까지 감독할 의무가 있다고 볼 수 없다는 것이다. 앞서 살펴본 일본의 종래 하급심 판례와 동일한 입장이다.[104]

그러나 학설은 모회사 이사에게 자회사 관리의무를 인정하는 견해가 유력하게 주장되고 있다. 그 주된 근거는 일본에서의 논의와 같다. 자회사 주식은 모회사의 주요 자산이기 때문에, 모회사 이사는 모회사의 자산가치를 극대화해야 한다는 점에서 자회사의 사업에 대한 감독의무를 진다는 것이다. 초기에는 주로 지주회사 이사를 대상으로 관리의무가 논의되었다. 지주회사는 주된 사업이 "주식의 소유를 통하여 국내회사의 사업 내용을 지배하는 것"(독점규제 및 공정거래에 관한 법률 제2조 제1의2)이기 때문이다. 예를 들어 지주회사의 이사의 업무는 "그룹의 중장기적인 경영정책의 결정, 그에 기초한 개개 자회사의 사업범위의 결정과 조정, 그룹의 자금계획과 자회사에 대한 분배, 자금계획에 기초한 그룹의 자금조달, 자회사의 임원 등 주요한 인사의 결정, 개개 자회사의 사업계획의 승인"을 의미한다고 하면서, 그 결정이 자회사에 적절하게 집행되고 있는지 감독하는 것까지 지주회사 이사의 업무라고 설명하거나,[105] 자회사의 사업활동 관리를 통해서 지주회사가 소유하고 있는 자회사 주식의 가치를 최대화하는 것은 지주회사 이사의 가장 중요한 임

---

104) 위 각주 75 참조.
105) 서세원, 앞의 논문(각주 5), 330면.

무라고 설명한다.[106]

그러나 자회사 관리의무의 근거가 회사의 자산가치의 극대화에 있다면, 굳이 그 적용을 지주회사로 한정해야 할 이유가 없다. 그래서 최근에는 이 논리를 일반적인 모자회사관계까지 확대하려는 경향이 보인다. 예를 들어 자회사 관리의무의 근거는 모자회사의 업무관련성 또는 수익관련성에서 찾아야 한다고 하면서, "자회사의 업무가 모회사의 업무와 밀접하게 관련되어 있거나, 모회사의 수익이 자회사로부터의 배당이나 자회사의 운용 수익에 의존하는 바가 크다면" 모회사의 이사는 모회사의 이익을 위하여 자회사의 경영을 감시할 의무를 부담한다는 주장도 있다.[107] 또한 "종속회사의 손실은 지배회사의 손실로 이어지므로" 지배회사의 자산관리 측면에서 모회사 이사에게는 자회사 관리의 선관주의의무가 있다고 보기도 한다.[108] 관리의무의 근거가 실질적으로 하나의 회사라는 것이 아니라 모회사가 자회사를 자산으로 보유한다는 것에 있으므로, 관리의무를 인정하기 위해서는 법인격 부인이 될 정도의 완전한 지배가 필요하지 않다는 지적도 있다.[109]

구체적으로 자회사 관리의무의 내용으로는, 우선 평상시에는 자회사에 대한 내부통제시스템의 수립을 주요 내용으로 한다는 것에 견해가 일치하고 있다.[110] 자회사의 관리의무를 회사법상 확립된 이사의 감시의무가 자회사까지 확대된 것으로 보면 이러한 접근 방법을 쉽게 이론

---

106) 노혁준, 앞의 논문(각주 5), 347면; 김현태 / 김학훈, 앞의 논문(각주 5), 323면; 최민용, 앞의 논문(각주 7), 62면.

107) 최민용, 앞의 논문(각주 7), 62면.

108) 김지환, 앞의 논문(각주 6), 248면.

109) 최민용, 앞의 논문(각주 7), 63면.

110) 최민용, 앞의 논문(각주 7), 65-66면; 김신영, 앞의 논문(각주 7), 193-195면.

화시킬 수 있을 것이다.

(3) 지배회사 이사의 권한: 지시권

모회사 이사의 자회사 경영진에 대한 지시권에 대해서는 해외에서의 활발한 논의와 달리, 우리나라에서는 별다른 논의가 없는 실정이다. 위에서 모회사 이사는 자회사 관리의무가 있다고 하는 견해도, 모회사 이사에게 관리의무의 이행에 필요한 권한이 있다는 것까지 말하고 있지는 않다. 이사에게 의무가 있다는 것이 그와 관련된 권한까지 있다는 근거가 될 수 없기 때문이다. 그 결과 모회사 이사는 자회사 이사의 선임·해임권을 배경으로 한 사실상의 영향력에 기초하여 자회사를 관리한다고 설명하는 경우가 많다.[111] 그러나 이런 사실상의 영향력만 가지고 기업집단에서 계열사를 안정적으로 관리할 수 있는가? 예를 들어 자회사가 지주회사의 인사에 반발하여 스스로 인사를 단행하거나, 자회사 이사회에서 지주회사의 의사결정에 반하여 이사회 의안을 정하고 결의한 경우, 지주회사는 어떤 조치가 가능한가? 물론 반대 관점에서의 질문도 가능하다. 우리나라 기업집단에서는 사실 위와 같은 사실상의 영향력이 너무 잘 작동하고 있어서, 굳이 이런 논의를 할 실익이 없는 것은 아닌가? 모회사가 자회사를 100% 보유하고 있지 않은 이상 결국 자회사에 다른 일반주주가 있기 마련인데, 지배주주가 다른 일반주주의 이익을 침해할 가능성에 대해서는 우려하면서, 그 지배주주가 지주회사인 경우에는 그룹경영을 위한 지시권을 인정해야 한다는 것은 모순 아닌가?

---

111) 노혁준, 앞의 논문(각주 5), 350면.

실제로 회사법상 지주회사 이사가 자회사의 경영에 관여할 수 있는 수단은 대부분 한계를 가진다.[112) ① 우선 모회사는 자회사 주주총회에서 주주권을 행사함으로써 자회사 경영에 관여할 수 있다. 그러나 이는 주주총회의 개최를 전제로 하기 때문에, 다룰 수 있는 의제도 제한되고, 절차와 비용면에서도 비효율적이다. ② 임원겸임을 통한 자회사 통제는 실제로 금융지주회사에서 자주 활용되고 있는 전략이기도 하다. 현실적으로 유용한 대안이기는 하지만, 지주회사와 자회사의 이해관계가 엇갈리는 경우 조정이 어려운 문제가 있다. 또한 실무상으로 임원겸임이란 결국 임원이 될 수 있는 자의 수를 전체적으로 줄이는 효과가 있기 때문에 지주회사든 자회사든 경영진이 별로 반기지 않는다는 문제도 있다. ③ 지주회사는 몇 가지 방법으로 자회사의 정보를 취득할 수 있다. 상법상으로는 소수주주의 회계장부열람권(동법 제466조), 자회사의 업무·재산상태 검사청구권(제467조), 모회사 감사의 자회사 영업·재산상태 조사권(제412조의4) 등을 이용할 수 있고, 주식회사의 외부감사에 관한 법률상으로는 연결재무제표 작성을 위한 범위 내에서 회계자료의 제출을 요구하거나 자회사의 업무·재산상태를 조사할 수 있다(동법 제7조). 그러나 모두 권리를 행사할 수 있는 상황이나 취득할 수 있는 정보의 종류가 제한적이라는 문제가 있다. ④ 지주회사와 자회사 사이에 경영위임계약 등을 체결하면 된다는 제안도 있다.[113) 그러나 그렇게 되면 일상적인 경영까지 지주회사가 담당하게 되어, 자회사의 분리를 통한 효율적 자원배분이라는 원래의 목적을 달성하기 힘들 수 있다.

우리나라 기업집단에서 자회사 통제를 단순히 사실상 영향력에 의존

---

112) 김신영, 앞의 논문(각주 7), 198-205면.
113) 김현태 / 김학훈, 앞의 논문(각주 5), 336-338면.

하고 있는 것도 이렇게 자회사를 관리하는 법적 수단에 한계가 존재하기 때문일지도 모른다. 일부 견해는 이런 제한적인 수단을 가지고는 그룹경영이 불안정적으로 운영될 수밖에 없다고 하면서, 아예 독일의 계약콘체른처럼 모회사 이사의 지시권을 인정해야 한다고 주장하기도 한다.[114] 그러나 위 입법례에서 살펴보았듯이, 지주회사 또는 모회사 이사의 지시권을 조문화하는 것은, 지시권이 언제 발생한다고 할 것인지, 지시의 상대방은 누구로 할 것인지, 지시의 내용은 어떻게 통제할 것인지, 지시의 한계는 어떻게 설정할 것인지 등과 같이 그 이전에 해결해야 할 문제가 너무 많다. 특히 자회사에 불이익한 지시의 경우 어떻게 규율할 것인지도 쉬운 문제가 아니다. 우리나라에서는 현재 사실상의 영향력 행사만 가지고도 지배주주의 사익추구가 문제되고 있는 상황이기 때문에, 법적인 지시권의 인정은 이 문제를 보다 심화시킬 따름이므로, 아직 시기상조라는 주장도 가능하다. 따라서 실제 조문화에 나서더라도 깔끔한 조문까지 도달하기에는 험난한 여정이 기다리고 있을 것이다. 또한 기업집단마다 지배의 태양이 다양한데, 모든 경우에 일률적으로 지시권을 인정하는 것도 비효율을 가져올 수 있다. 이런 맥락에서 우리나라의 일부 지주회사에서는 자회사의 정관 또는 이사회 규정에 자회사의 주요 경영사항에 관하여 지주회사 또는 그 이사회의 승인을 받도록 규정함으로써, 당사자의 합의로 지시권을 만들어 내기도 하는데, 상당히 의미가 있다고 생각한다. 지주회사가 그룹관리규정을 마련하고, 자회사가 그것을 준수하기로 합의하거나, 그런 취지로 자회사가 확약서를 제공하는 방법도 이와 같은 맥락이다. 이런 정관의 유효성에 대해서는 아직 본격적인 논의가 없으나, 무효라고 보아야 할 이유는 없

---

114) 김순석, 앞의 논문(각주 4), 90면.

는 것으로 보인다.

2. 그룹경영을 위한 제도의 설계

(1) 완전자회사에 대한 고려

결국 기업집단의 문제는 그룹경영이라는 현실을 어떻게 법제도로 수용할 것인가의 문제라고 할 수 있다. 그 관점에서 입법례를 검토해 보면, 많은 입법례가 완전자회사에 대해서는 특별한 고려를 하고 있음을 알 수 있다. 일반적으로 그룹의 이익을 중심으로 제도를 설계하지 못하는 이유는, 그룹의 이익을 추구하기 위해서 특정 자회사에 손해가 발생하는 경우가 있기 때문이다. 그런데 미국은 100% 자회사를 통하여 자회사의 주주를 없앰으로써, 독일은 계약콘체른을 통하여 자회사에서 손해가 실질적으로 귀속되는 이해관계의 속성을 변경함으로써 이 문제를 해결하고 있다. 이런 환경이라면 그룹의 이익을 중심으로 한 그룹 접근방법이 자연스럽게 제도화가 될 수 있다. 우리나라에서도, 비록 우리나라 기업현실과는 다소 멀리 있지만, 일단 100% 자회사의 경우에는 그룹경영이 가능하도록 제도를 개선하는 것이 가장 급선무라고 생각된다.

구체적으로 100% 자회사의 경우에는 이사회가 집행 기능만 가지도록 운영하는 것도 한 방법이다. 모회사가 바로 자회사의 집행임원을 임명하고 이들로 이사회를 구성하는 것이다. 사실 지금도 모회사가 100% 지분을 보유한 비상장자회사는 모회사가 100% 주주로서 이사회 구성의 전권을 가지고 있기 때문에, 자회사에 업무집행 기능만 가지는 이사회를 만들 수 있다. 예를 들어 자회사의 집행임원으로만 구성된 소규모의 이사회를 만들면, 경영진 감시 기능은 사라지고, 이사회는 업무집행에 필요한 활동만 하게 될 것이다. 자회사에 중요한 사항은 모회사 단계에서 결정되므로, 사실상 자회사에 이사회를 설치하지 않은 것과 마찬가지가 된다. 실제로 금융회사의 지배구조에 관한 법률 제23조 제1항은 금융지주회사의 100% 자회사에 사외이사 요건을 면제하고 있는데, 실질적으로는 이사회를 두지 않아도 되도록 허용한 것과 마찬가지이다. 이보다 더 직설적으로, 입법례를 발견할 수는 없지만, 아예 상법에 100% 자회사에는 이사회를 두지 않을 수 있다고 규정하는 것도 생각해 볼 수 있다. 상법은 1인 회사의 경우 주주총회도 형해화되는 것을 허용하고 있기 때문에, 이사회가 형해화되는 것이 큰 문제라고 생각되지는 않는다. 이렇게 이사회가 없거나 또는 유명무실하게 구성된다면, 모회사 이사가 자회사 경영진에게 지시권을 가지면서, 자회사의 사업을 감시·감독하는 것으로 해석하는 것도 용이하게 된다. 이런 해석을 정관으로 개별화하는 것도 좋고, 상법에 규정화하는 것도 충분히 생각해 볼 수 있다.

그러나 이것은 어디까지나 모회사의 옵션에 그치는 것이지, 일률적으로 강제할 수는 없을 것이다. 100% 자회사의 지배구조를 어떻게 할 것인지는 전적으로 모회사의 재량이다. 따라서 모회사는 자회사의 이사회를 구성하면서, 사외이사를 포함하여 전형적인 감시형 이사회로 만들 수도 있다. 그렇다면 이 경우 모회사의 이사회와 자회사의 이사회의 관계는 어떻게 되어야 하는가? 이것은 어떤 이유로 모회사가 자회사의 독립경영을 선택한 것이라고 해석할 수밖에 없을 것이다. 모회사가 자회사의 보다 넓은 범위의 이해관계자(stakeholder)까지 감안하여 자회사가 경영되어야 한다고 판단한 경우, 자회사 이사회에 이런 판단을 주문할 수 있다. 따라서 이 경우에는 위와 같은 지시권은 인정될 수 없다고 보아야 한다. EMCA에서도 자회사 사외이사에 대해서는 지시권을 인정하지 않았다. 실제로 우리나라 금융그룹의 100% 자회사인 은행의 경우, 은행 이사회는 면제 규정이 있음에도 불구하고 사외이사가 압도적 다수를 차지하도록 구성되어 있다. 금융지주회사가 "자발적으로" 독립적인 이사회를 구성하였다는 점에서, 지주회사라는 이유로 은행의 경영에 간섭하는 법적 권한은 인정되지 않는다고 해석할 수밖에 없다. 은행 이사회는 금융그룹 전체의 이익이 아니라 은행의 이익만을 고려하여 의사결정을 해야 한다. 은행의 이익에는 고객과 같은 보다 넓은 이해관계자의 이익까지 포함될 수 있다. 이 경우 은행지주회사의 사실상의 지시에 따르는 것은 어디까지나 관행에 그친다. 지주회사 체제의 기업집단 역시 마찬가지라 할 것이다.

다만 모회사가 완전자회사를 법적으로 통제하면서 하나의 그룹으로 경영하게 되면, 자회사가 별도의 법인격을 가지고 있다는 이점이 희석될 수 있다. 예를 들어 자회사의 채권자에 대한 모회사의 책임이 지금보다는 더 쉽게 인정될 수 있을 것이다. 완전모자회사관계에서의 법인격 부인과 같은 문제는 곧 다른 독립된 연구로 진행할 예정이다.

(2) 자회사를 부분 보유하는 방식으로 이루어진 기업집단의 문제

우리나라의 기업집단은 대부분 부분자회사로 이루어져 있으면서 그룹경영을 하고 있다. 이것을 어떻게 제도적으로 수용할 수 있을까? 앞서 설명한 바와 같이, 우선 모회사 이사의 자회사 관리의무 또는 감시의무는 부분자회사구조에서도 충분히 적용될 수 있을 것이다. 이론적으로 모회사의 자산가치를 극대화할 필요성은 완전자회사의 경우와 동일하기 때문이다. 이것은 오히려 쉬운 문제에 속하고, 우리나라에서도 기업집단 차원에서 자회사의 내부통제시스템의 구축이 큰 저항 없이 받아들여지고 있는 것도 이런 이유로 보인다.

　문제는 모회사 이사의 지시권, 즉 모회사와 자회사의 의견이 다를 경우 모회사의 의견을 따르도록 할 것인지 하는 점이다. 여기서 논의가 혼란스러워지는 이유는 자회사에 다른 주주가 존재하기 때문이다. 자회사를 중심으로 보면 모회사는 지배주주이고, 그 결과 모회사와 다른 주주 사이에 대리 문제가 발생한다. 모회사 이사가 자회사에 지시권을 가진다면, 그 권한을 이용하여 모회사, 즉 지배주주의 사적이익을 추구할 가능성을 배제할 수 없다. 또한 자회사의 다른 주주의 수가 적다면, 이 구조는 지배주주가 있는 폐쇄회사와 동일하다. 따라서 모회사가 지시권을 가질 것이 아니라 오히려 자회사의 다른 주주들에게 충실의무를 지도록 정책이 만들어져야 할지도 모른다. 동일한 현상을 투자자 보호와 그룹경영의 두 차원에서 서로 다르게 보기 때문에 해답이 쉽지 않은 것이다.

　이런 고민은 일본의 최근 "그룹지배구조에 관한 실무지침", 특히 상장자회사 부분에서 아주 자세하게 다루어지고 있다. 그룹경영에 주목해서 논의를 하고 있었음에도 불구하고, 결국 상장자회사에서는 자회사의 다른 투자자들의 보호가 더 중요하다는 결론에 이르게 되었다. 그 결과 앞서 설명한 바와 같이, 상장자회사에 대해서는 종전의 보수적인 개별 기업 접근 방법을 취할 수밖에 없었다. 실제로 EMCA를 제외하면 자회사에 다른 주주의 이해관계가 실질적으로 존재함에도 불구하고 모회사 이사에게 지시권을 인정하는 입법례는 찾을 수 없다. 독일의 사실상 콘체른에서도 자회사에 대한 보상을 전제로 불이익한 영향력의 행사를 허용하고 있다. 이런 점을 고려한다면, 자회사에 다른 주주의 이해관계를 그대로 유지하는 것과 자회사에 대한 지시권을 가지는 것은 서로 양립하기 어렵지 않을까 생각한다. 결국 지시권을 인정하는 방식으로 회사법을 개정할 수는 없고, 그룹경영의 수단은 여전히 사실상의 관행에 의존할 수밖에 없다고 보인다. 이런 사실상의 관행에 대한 법적 논의는 이사의 책임이 중심이 될 것이다.

IV. 맺음말

현실적인 그룹경영을 어떻게 제도적으로 수용할 것인가? 이 글은 이런 문제의식을 가지고 모회사 이사의 자회사에 대한 권한과 의무를 살펴보았다. 그룹이라는 경제적 실질을 중시할 것인가 아니면 형식적인 개별 기업을 중시할 것인가는 단정적으로 답할 수 있는 문제가 아니다. 각국의 입법례도 다양한 스펙트럼이 존재한다. 모회사 이사에게 자회사에 대한 지시권을 인정하는 예도 있지만, 대부분의 입법례는 여전히 전통적인 회사법의 프레임을 가지고 100% 자회사 정도를 예외적으로 다루고 있을 뿐이다. 이렇게 각국의 법제만 보면 아직 회사법은 기업집단의 현실을 충분히 수용하지 못하고 있는 것처럼 보인다. 세상의 변화를 끝까지 거부하다가 마지못해 따라가는 것은 법제도의 숙명이 아닌가 한다. 그럼에도 불구하고 기업집단의 실질을 인식하고 이를 적극적으로 제도에 반영하려는 노력이 곳곳에서 보이고 있다. EMCA 또는 일본의 "그룹지배구조에 관한 실무지침"이 그 좋은 예이다.

이런 세계적 흐름에 비추어 보면, 우리나라의 법제는 여전히 지나치게 전통적인 개별 기업 접근 방법을 취하고 있고, 학계에서의 논의도 아직 다양하지 못한 것으로 평가된다. 이것은 우리나라의 기업집단에서의 그룹경영이 양면성을 가지고 있기 때문이라고 생각된다. 한편으로는 그룹 차원에서의 효율성 달성을 위해서는 지주회사 또는 모회사

의 통합적인 경영이 요구되지만, 다른 한편으로는 이런 통합적인 경영
이 자회사의 투자자 보호가 취약하게 되는 근본원인이기도 하다는 것
이다. 후자의 문제가 해결되지 않는 이상, 기업집단 차원에서 적극적으
로 그룹의 이익을 추구해야 한다는 주장이 설득력을 얻기가 쉽지 않다.
자회사 단계에서 투자자 보호 수준의 향상은 그룹경영을 위한 회사법
이론의 기본 전제가 된다. 다만 이런 문제를 이유로 계속 그룹경영의
현실을 외면할 수도 없는 일이다. 일단 100% 자회사와 같은 쉬운 주제
부터 해결하면서, 우리나라의 특성을 감안한 지속적인 논의가 활발하게
이루어지길 희망한다.

11

지주회사 이사 겸임의
실무상 쟁점[*]

김지평[**]

I. 서설

우리나라 기업집단은 법률적으로는 독점규제 및 공정거래에 관한 법률(이하 "공정거래법") 제2조 제11호에서 대표적인 정의규정을 두어서 규율을 하고 있고, 일반적으로 공정거래법 제17조 이하에서 규정하는 지주회사 형태의 기업집단과 그렇지 않고 상호출자 혹은 순환출자 형태로 계열회사가 구성되어 있는 기업집단으로 구분된다. 이 중 지주회사 형태의 기업집단에서는 기본적으로 지주회사가 자회사등의 사업 내용을 지배하는 것을 주된 사업으로 하고(공정거래법 제2조 제7호), 특히 금융지주회사의 경우에는 금융지주회사법 제15조 및 동법 시행령 제11조

* 이 글은 저자가 개인적으로 작성하여 투고하는 것으로 저자가 속한 법률사무소의 입장과는 하등의 관련이 없다.
** 김 · 장 법률사무소 변호사, 법학박사

에서 자회사의 경영관리, 업무지원 및 자금지원 등을 금융지주회사의 업무로 특정하고 있다. 따라서 이러한 지주회사의 자회사 지배 및 관리를 효율적으로 수행하기 위해서 지주회사 대표이사 혹은 이사 등 임원이 자회사나 손자회사의 임원을 겸임하면서 지주회사 기업집단 전체의 신속하고 효율적인 의사결정 및 시너지 효과 증대를 추구하는 경우가 많다.

이러한 지주회사 기업집단 임원겸임의 경우 실무적으로는 다양한 법률적인 쟁점을 야기하므로 임원겸임 실행 이전에 이러한 법률적인 문제 발생 가능성을 미리 확인하고 그에 따른 규제 준수 등 준비를 충실히 하는 것이 안전하다. 가장 직접적으로 지주회사 등 이사의 동종 자회사 혹은 손자회사 임원겸임 시 겸직 승인 필요 여부 등이 문제되고, 동종 영업 회사 여부의 판단에 있어서 지주회사 업무 외에 자회사 영업을 지주회사의 영업으로 볼 수 있는지 여부 등이 중요하다. 또한 이사 겸임에 따라서 지주회사 및 그 계열회사의 자기거래 승인과 특별이해관계 이사 의결권 제한 문제도 필연적으로 발생한다. 특히 해당 회사 이사가 거래 상대방 회사의 평이사를 겸임하는 경우에 자기거래 이사회 승인 규제가 적용되는지 여부 및 해당 이사가 특별이해관계인으로 위 거래 승인 이사회 결의에서 의결권이 제한되는지 여부가 논란이 많으므로 이에 대한 명확한 분석이 필요하다. 그리고 지주회사 기업집단 계열회사 간의 이사 겸임이 있는 경우 해당 이사는 여러 회사의 업무에 종사하고 그에 따라서 각 회사로부터 보수를 받는다는 점에서 각 회사 이사 보수가 그 업무 내용 및 기여의 정도에 따라서 합리적으로 설정되고 각 회사에 분배되도록 하는 것이 중요하다. 즉 이사 보수 결정의 실체적 정당성 확보 문제가 임원겸임이 없는 경우에 비하여 더 중요해지고, 또한 하나의 회사가 겸임이사 보수를 지급하고 사후적으로 다른 회사로부터 정산을 받는 경우가 많아서, 이 경우 해당 정산 거래 관련 자기거래 규제 적용 등에 유의할 필요가 있다.

이하에서는 이러한 지주회사 기업집단 이사 겸임 시 실무상 문제되는 법률 쟁점에 대해서 분석하고 그 합리적인 해석 및 적용 방안을 검토한다.[1]

II. 지주회사 이사 겸임의 형태

1. 우리나라 지주회사 체제 분석

우리나라 지주회사 체제는 공정거래법의 적용을 받는 일반지주회사와 금융지주회사법의 적용을 받는 금융지주회사로 나뉜다. 일반지주회사와 금융지주회사는 지주회사 설립방식, 자회사, 손자회사, 증손회사 등 지주회사에 종속된 회사(이하 "자회사등")[2]에 대한 지분구조, 지주회사 및 자회사등의 이사회 구성 등이 모두 다르고, 이에 따라서 지주회사와 자회사등의 이사 겸임[3]의 목적 및 형태로 차이가 있다.

---

1) 지주회사 기업집단 이사는 각 개별 기업 외에 기업집단 전체의 이익 및 시너지도 고려하여 의사결정을 하고, 그 과정에서 기업집단 개별 계열회사 사이의 이해관계자 거래 혹은 사업기회 이용 등에 대해서도 의사결정을 하게 된다. 그러므로 일반적인 이사의 의무와 다른 기업집단 이사의 주의의무 및 충실의무의 내용과 범위에 대한 문제도 기업집단의 실질을 반영한 검토가 필요하다. 다만 위 문제는 지주회사 기업집단 계열회사의 이사 겸임이 없는 경우에도 지주회사 이사 혹은 계열회사 이사의 경영판단 및 이사의무 준수 여부 등과 관련해서 문제될 수 있어서 반드시 이사 겸임과 직결된 문제는 아니므로 본 논문에서 상세히 다루지는 않는다.
2) 금융지주회사법 제4조 제1항 제2호에서도 같은 취지의 정의 규정을 두고 있다.
3) 기업지배구조에 있어서 본 논문에서 분석하는 계열회사 간 등기 이사 겸임의 문제 외에도 회사 자체 내에서 내부적으로 대표이사 혹은 집행임원 등 등기 임원의 이사회 의장

금융지주회사의 경우에는 금융지주회사법 제4조, 동법 시행령 제5조 및 금융지주회사감독규정 제10조, 별표 제1호의 7에서 금융지주회사 인가 조건으로 금융지주회사의 주력자회사(동 감독규정 제35조 제5항에 따른 주력자회사를 말함)에 대한 효율적 경영관리와 충분한 지배력 행사 가 가능할 것을 규정하고 있고, 실무적으로 은행지주회사의 주력 은행 등 주력자회사는 금융지주회사의 완전자회사로 할 것을 요구하고 있다. 그 외에도 완전자회사등의 경우에는 금융회사의 지배구조에 관한 법률 (이하 "금융사지배구조법") 제23조의 지배구조 특례의 적용을 받을 수 있 는 등의 여러 장점이 있어서 증권, 보험, 자산운용회사 등 실질적인 자 회사들도 대부분 완전자회사 형태로 운용하고 있다. 따라서 금융지주 회사 설립과정에서도 주력 자회사를 완전자회사 형태로 할 수 있는 상 법 제360조의 15 이하의 주식의 포괄적 이전방식을 많이 이용하고, 실 제로 자회사등이 대부분 비상장회사여서 이사회 구성에 있어서 상법 상의 사외이사비율 규제 등 상장회사 특례의 적용을 받지 않고, 금융사 지배구조법 제23조에 따라서 동법 상의 사외이사 선임 및 이사회 구성 규제 등도 예외 인정이 가능하다. 현실적으로도 금융지주회사의 자회 사등은 금융지주회사의 완전자회사이므로 금융지주회사와 실질적 이해 충돌의 여지가 작고, 특정 이사가 금융지주회사와 자회사등의 이사를 겸직하는 경우에도 이해충돌로 인한 각 회사 이사로서의 상법 제382조 및 민법 제681조의 주의의무와 상법 제382조의3 충실의무 위반이 문제 될 위험이 크지 않다.

겸직 등 대표이사 및 경영 의사결정 집행 기능과 이사회 의장 및 사외이사 등의 경영에 대한 감독 및 통제 기능의 겸임 문제도 중요한 쟁점이고, 감독당국 및 투자자의 관심을 받고 있다. 이에 대한 분석으로는 김정호, CEO Duality: 이사회의장과 대표집행임원의 겸직 문제, 경영법률 제24집 제1호(2013), 104면 이하 등 참조.

이에 비해서 공정거래법 상의 일반지주회사는 인가 제도가 아닌 동법 제17조에 의한 공정거래위원회 신고 제도만을 적용하고 있어서 지분구조에 대한 엄격한 규제가 없고, 따라서 대부분의 일반지주회사가 자회사 자본조달의 편의 및 지배주주의 실효적 의결권 보장 등의 목적으로 자회사등도 상장을 유지하는 형태로 운용하고 있다. 따라서 지주회사 설립과정에서도 상법 제530조의 2 이하의 인적분할 및 자본시장과 금융투자업에 관한 법률(이하 "자본시장법") 제133조, 동법 시행령 제146조 및 증권의 발행 및 공시 등에 관한 규정 제3-2조에 의한 현물출자 신주발행형 교환공개매수절차를 통해서 지주회사를 설립하고, 자회사 등에 대한 지분율도 100%가 아니라 상장회사 지배를 위한 30~40% 내외의 지분율을 유지한다. 공정거래법 제18조에 의한 지주회사의 자회사에 대한 의무 지분비율 및 자회사의 손자회사에 대한 의무 지분비율도 상장회사의 경우 30%, 비상장회사의 경우 50%로 규정되어 있다. 따라서 자회사등도 별도의 상장회사로서 상법 상의 상장회사 특례 규정의 적용을 받기 때문에 이사회 및 이사회 내 위원회, 감사위원회 등의 사외이사비율 규제 및 재무, 회계 전문가 선임 요건 등이 적용된다. 따라서 실제로 일반지주회사의 자회사등은 각각 독자적인 상장회사로서 소액주주가 있어서 계열회사 거래 등에 따른 실질적 이해충돌의 여지가 크고, 특정 이사가 일반지주회사와 자회사등의 이사를 겸직하는 경우에도 이해충돌로 인한 각 회사 이사로서의 상법 제382조 및 민법 제681조의 주의의무와 상법 제382 조의3 충실의무 위반이 문제될 위험이 상당히 있어서 겸직 자체도 제한이 되고, 겸직을 하는 경우에도 유의하여야 할 사항이 많다.

2. 일반지주회사의 이사 겸직 형태

LG, SK, 롯데, 한화, 포스코, GS, 현대중공업, CJ 등 국내 주요 지주회사 기업집단의 각 지주회사 이사의 자회사등 이사 겸임을 형태별로 분류하면 다음과 같다.[4]

(1) 지주회사 대표이사의 자회사등 대표이사 겸임

지주회사 대표이사가 자회사등의 대표이사를 겸임하는 사례는 상당히 많고, 지주회사의 자회사 경영지배 및 관리, 효율적이고 일관된 의사결정 등을 목적으로 하는 것으로 보인다. SK 그룹의 경우 ㈜SK의 대표이사가 ㈜SK이노베이션, ㈜SK 하이닉스, ㈜SK텔레콤의 대표이사를 겸직하고 있고, 롯데지주의 경우에도 대표이사가 ㈜롯데케미칼 및 ㈜롯데제과의 대표이사를 겸직하고 있다. CJ의 경우에도 대표이사가 ㈜씨제이제일제당의 대표이사를 겸직하고 있다.

(2) 지주회사 대표이사의 자회사등 평이사 겸임

지주회사 대표이사가 자회사등의 평이사를 겸임하는 사례도 상당히 있다. LG, SK, 롯데, 한화, 포스코, GS, 현대중공업 그룹 등의 지주회사 기업집단이 이러한 이사 겸임을 하고 있다.

---

4) 각 지주회사 기업집단 상장 계열회사의 2022. 6. 30. 기준 반기보고서 공시 내용 참조.

(3) 지주회사 평이사의 자회사등 대표이사 겸임

지주회사 평이사가 자회사등 대표이사를 겸임하는 경우도 한화 그룹 등의 사례가 있다.

(4) 지주회사 평이사의 자회사등 평이사 겸임

지주회사 평이사가 자회사등 평이사를 겸임하는 경우도 LG, SK, 한화, 포스코 그룹 등의 사례가 있다.

(5) 기타 자회사등 상호간 이사 겸임

자회사등 상호간 이사 겸임을 하는 사례도 자회사등 간의 사업협력 및 시너지 등을 위해서 필요한 경우가 있고, LG, SK, 한화, 포스코 그룹 등의 사례가 있다.

3. 금융지주회사의 이사 겸직 형태

신한, KB, 하나, 우리, NH 등 국내 주요 금융지주회사 기업집단의 각 금융지주회사 이사의 자회사등 이사 겸임을 형태 별로 분류하면 다음 과 같다.[5]

---

5) 각 금융지주회사 기업집단 상장 계열회사의 2022. 6. 30. 기준 반기보고서 공시 내용 참조.

(1) 지주회사 대표이사의 자회사등 대표이사 겸임

금융지주회사의 경우에는 이러한 겸임 형태는 발견하기 어려운 것으로 보인다. 다만 과거에 KB 금융그룹의 경우 ㈜KB금융지주 대표이사가 자회사인 국민은행 대표이사를 겸임한 사례가 있었다.[6)]

(2) 지주회사 대표이사의 자회사등 평이사 겸임

금융지주회사의 경우에는 이러한 겸임 형태는 발견하기 어려운 것으로 보인다.

(3) 지주회사 평이사의 자회사등 대표이사 겸임

지주회사 평이사의 자회사등 대표이사 겸임 사례로는 ㈜KB금융지주, ㈜하나금융지주의 경우가 있다.

(4) 지주회사 평이사의 자회사등 평이사 겸임

지주회사 평이사의 자회사등 평이사 겸임 사례로는 ㈜신한금융지주회사, ㈜KB금융지주의 경우가 있다.

---

6) ㈜KB금융지주, 2015. 5. 22. 공시 2014년도 사업보고서 IX. 계열회사 등에 관한 사항 (3) 회사와 계열회사간 임원 겸직 현황 참조.

(5) 지주회사 사외이사의 자회사등 사외이사 겸임[7)]

지주회사 사외이사의 자회사등 사외이사 겸임 사례로는 ㈜우리금융 지주의 경우가 있다.

(6) 기타 자회사등 상호간 이사 겸임

자회사등 상호간 이사 겸임의 사례로는 KB금융, 우리금융 그룹의 경우가 있다.

III. 지주회사 겸임이사의 겸직 승인

1. 이사의 경업금지 의무 및 이사회 승인 규제 일반

(1) 일반 법리

상법 제397조 제1항에서는 이사는 이사회의 승인이 없으면 자기 또는 제3자의 계산으로 회사의 영업부류에 속한 거래를 하거나 동종영업을 목적으로 하는 다른 회사의 무한책임사원이나 이사가 되지 못한다

---

7) 일반지주회사 기업집단의 경우에는 상법 제542조의 9 및 상법 시행령 제34조에 따라서 최대주주 혹은 주요 주주의 계열회사의 이사는 상장회사 사외이사 결격사유가 되므로 지주회사의 사외이사가 자회사등의 사외이사를 겸직할 수 없다. 그러나 금융지주회사 기업집단의 경우에는 금융회사의 지배구조에 관한 법률 제10조 제4항의 특례에 따라서 겸직이 가능하다.

고 하여 이사의 경업금지의무를 규정하고 있다. 동조 제2항에서는 이사가 제1항의 규정에 위반하여 거래를 한 경우에 회사는 이사회의 결의로 그 이사의 거래가 자기의 계산으로 한 것인 때에는 이를 회사의 계산으로 한 것으로 볼 수 있고 제삼자의 계산으로 한 것인 때에는 그 이사에 대하여 이로 인한 이득의 양도를 청구할 수 있다고 하여 회사의 개입권을 규정하고, 동조 제3항에서는 제2항의 권리는 거래가 있은 날로부터 1년을 경과하면 소멸한다고 규정하고 있다.

위 이사의 경업금지의무 규정의 취지는 이사가 그 지위를 이용하여 자신의 개인적 이익을 추구함으로써 회사의 이익을 침해할 우려가 큰 경업을 금지하여 이사로 하여금 선량한 관리자의 주의로써 회사를 유효적절하게 운영하여 그 직무를 충실하게 수행하여야 할 의무를 다하도록 하려는 데 있고,[8] 이를 구현하기 위하여 이사의 경업이나 동종영업 회사의 무한책임사원 혹은 이사 지위 겸직 시 이사회의 승인을 요구하고, 이사회 승인이 없는 경업거래에 대해서 이사회의 결의로 개입권을 행사할 수 있도록 하고 있다.

결국 위 규정에 따라서 이사의 경업 혹은 겸직이 원천적으로 금지되는 것은 아니고, 그 사전승인 여부 및 사후적인 개입권 행사 여부를 이사회 전체에서 판단하도록 함으로써 다른 이사들에게 특정 이사의 경업 및 겸직에 따른 회사 이해충돌 발생 위험을 감시하고 검토하도록 하

---

8) 이철송, 회사법 강의, 박영사(2021), 765면; 한국상사법학회, 주식회사법대계 II, 법문사 (2019), 670면; 정찬형, 상법강의(상), 박영사(2021), 1041-1042면; 한창희, 이사의 경업 금지의무와 제3자에 대한 손해배상책임, 고시계47권 8호(2002), 118면; 정호열, 해임이 사의 동종영업 종사에 따르는 법적 문제: 경업금지위반 및 영업비밀침해를 중심으로 한 사례연구, 성균관법학 13권 1호(2001), 248면; 정대근, 이사의 경업금지업무, 상사판 례연구 4집(1991), 190면; 권재열, 이사의 경업금지의무위반과 이사해임의 소: 대법원 1993.4.9. 선고 92다53583 판결, 상법판례백선 제4판(2015), 532면.

고 이를 해태한 경우 전체 이사의 주의의무 및 충실의무 위반으로 인하여 회사에 대한 민·형사상 책임이 문제되도록 하는 구조로 규제를 하고 있다. 이사의 경업 및 겸직 승인 및 개입권 행사 여부에 대한 이사회 결의에 대해서 해당 대상 이사는 상법 제391조 제3항 및 제368조 제4항에 따라서 특별이해관계인으로서 의결권이 제한된다.[9]

지주회사의 경우에는 지주회사 및 자회사등 간에 회사의 영업 및 재무 관련 긴밀한 업무협업 및 상호지원 등을 주된 업무로 하고 있고, 이를 통해서 지주회사 기업집단 전체의 경영 효율성 및 시너지를 극대화하는 것이 중요하다. 실제로 금융지주회사법 제15조 및 동법 시행령 제11조 제1항에서는 아래 업무를 금융지주회사의 업무로 명시하고 있다.

---

1. 자회사 경영관리에 관한 업무

가. 자회사등에 대한 사업목표의 부여 및 사업계획의 승인

나. 자회사등의 경영성과의 평가 및 보상의 결정

다. 자회사등에 대한 경영지배구조의 결정

라. 자회사등의 업무와 재산상태에 대한 검사

마. 자회사등에 대한 내부통제 및 위험관리 업무

바. 가목부터 마목까지의 업무에 부수하는 업무

2. 경영관리에 부수하는 업무

가. 자회사등에 대한 자금지원

나. 자회사에 대한 출자 또는 자회사등에 대한 자금지원을 위한 자금조달

다. 자회사등의 금융상품의 개발·판매를 위한 지원, 그 밖에 자회사등의 업무에 필요한 자원의 제공

---

9) 김건식 / 노혁준 / 천경훈, 회사법, 박영사(2021), 467면; 이철송, 앞의 책(각주 8), 766면; 한국상사법학회, 앞의 책(각주 8), 688면; 정찬형, 앞의 책(각주 8), 1049면.

라. 전산, 법무, 회계 등 자회사등의 업무를 지원하기 위하여 자회사등으로부터 위탁받은 업무

마. 그 밖에 법령에 의하여 인가·허가 또는 승인 등을 요하지 아니하는 업무

위와 같은 지주회사 체제 기업집단의 특성 및 지주회사의 역할을 고려할 때, 지주회사와 자회사등 상호간의 다양한 영업 협력 및 동종 사업 경영이 이루어지고, 그 과정에서의 경영 효율성 및 시너지 확대를 위해서 지주회사 이사와 자회사등 이사의 겸직이 광범위하게 이루어지는 경우가 많아서, 위 상법 상의 이사의 겸직금지의무 및 동종회사 임원 겸직에 대한 이사회 승인이 지주회사 체제의 회사 경영에 있어서 중요한 쟁점이 되고 있다.

(2) 이사의 경업 및 겸직 금지의 확대

대법원은 광주신세계 사건에 대한 대법원 2013년 9월 12일 선고 2011다57869 판결에서 상법이 제397조 제1항으로 "이사는 이사회의 승인이 없으면 자기 또는 제3자의 계산으로 회사의 영업부류에 속한 거래를 하거나 동종영업을 목적으로 하는 다른 회사의 무한책임사원이나 이사가 되지 못한다."고 규정한 취지는, 이사가 그 지위를 이용하여 자신의 개인적 이익을 추구함으로써 회사의 이익을 침해할 우려가 큰 경업을 금지하여 이사로 하여금 선량한 관리자의 주의로써 회사를 유효적절하게 운영하여 그 직무를 충실하게 수행하여야 할 의무를 다하도록 하려는 데 있다고 하면서, 따라서 이사는 경업 대상 회사의 이사, 대표이사가되는 경우뿐만 아니라 그 회사의 지배주주가 되어 그 회사의 의사결정과 업무집행에 관여할 수 있게 되는 경우에도 자신이 속한 회사 이사회

의 승인을 얻어야 하는 것으로 볼 것이라고 하였다. 다만 어떤 회사가 이사가 속한 회사의 영업부류에 속한 거래를 하고 있다면 그 당시 서로 영업지역을 달리하고 있다고 하여 그것만으로 두 회사가 경업관계에 있지 아니하다고 볼 것은 아니지만, 두 회사의 지분소유 상황과 지배구조, 영업 형태, 동일하거나 유사한 상호나 상표의 사용 여부, 시장에서 두 회사가 경쟁자로 인식되는지 여부 등 거래 전반의 사정에 비추어 볼 때 경업 대상 여부가 문제되는 회사가 실질적으로 이사가 속한 회사의 지점 내지 영업부문으로 운영되고 공동의 이익을 추구하는 관계에 있다면 두 회사 사이에는 서로 이익충돌의 여지가 있다고 볼 수 없고, 이사가 위와 같은 다른 회사의 주식을 인수하여 지배주주가 되려는 경우에는 상법 제397조가 정하는 바와 같은 이사회의 승인을 얻을 필요가 있다고 보기 어렵다고 판시하였다.

위 판례에서 경업금지의무 및 겸직금지의무의 실질을 이사의 이해충돌의 방지 및 주의의무와 충실의무의 성실한 이행에 있다고 지적하면서, 경업 대상 회사의 이사, 대표이사가 되는 경우뿐만 아니라 그 회사의 지배주주가 되어 그 회사의 의사결정과 업무집행에 관여할 수 있게 되는 경우에도 자신이 속한 회사 이사회의 승인을 얻어야 한다고 판시한 것은 기업집단의 실질을 고려한 합리적인 해석이라고 생각된다. 그리고 두 회사의 지분소유 상황과 지배구조, 영업 형태, 동일하거나 유사한 상호나 상표의 사용 여부, 시장에서 두 회사가 경쟁자로 인식되는지 여부 등 거래 전반의 사정에 비추어 볼 때 경업 대상 여부가 문제되는 회사가 실질적으로 이사가 속한 회사의 지점 내지 영업부문으로 운영되고 공동의 이익을 추구하는 관계에 있다면 두 회사 사이에는 서로 이익충돌의 여지가 있다고 볼 수 없다고 하여서 계열회사관계에 있는 경우 동종 영업을 영위한다고 하더라도 경쟁관계가 아니라 동일 영업을 공동으로 영위하는 관계에 해당한다면 경업금지 및 겸직금지 대상이 아니라고 판단한 것도 기업집단 내부의 계열회사 상호간에 동종영업 영위를 통한 시너지 창출의 필요성 등을 감안한 것으로서 합리적인 측면이 있다.

다만 우리 대법원은 대법원 2006년 11월 9일 선고 2004도7027 판결 등에서 주식회사 상호간 및 주식회사와 주주는 별개의 법인격을 가진 존재로서 동일인이라 할 수 없으므로 1인 주주나 대주주라 하여도 그 본인인 주식회사에 손해를 주는 임무위배행위가 있는 경우에는 배임죄가 성립하고, 회사의 임원이 그 임무에 위배되는 행위로 재산상 이익을 취득하거나 제3자로 하여금 이를 취득하게 하여 회사에 손해를 가한 때에는 이로써 배임죄가 성립하며, 위와 같은 임무위배행위에 대하여 사실상 주주의 양해를 얻었다고 하여 본인인 회사에게 손해가 없었다거나 또는 배임의 범의가 없었다고 볼 수 없다고 판시하여, 1인 주주인 경우에도 주주와 회사의 법인격은 엄격하게 분리되고 회사 이사는 주주가 아닌 회사의 독립적인 이익 관점에서 의사결정을 하여야 주주의 상법 제382조 제2항 및 민법 제681조 상의 주의의무와 상법 제382조의3 상의 충실의무에 부합한다는 입장이다.

이러한 입장에만 비추어 본다면 해당 회사의 이사가 동종 영업 회사의 지배주주가 되는 경우에도 그 동종 영업 회사의 이사는 지배주주 이익과는 관계없이 동종 영업 회사만의 이익을 위해서 의사결정을 할 수밖에 없고, 지배주주가 이에 대해서 주주권 행사 외에는 직접 관여할 수 없으므로 지배주주가 된다는 이유만으로 상법 제397조 제1항을 확대해석하여 경업금지 및 겸직금지의무가 적용된다고 보기는 어렵다는 해석도 가능하다. 그러므로 다수의 계열회사로 이루어진 지주회사 기업집단 내에서의 지배구조 및 이사 경업금지의무 해석 등의 문제에 대한 효율적이고 합리적인 해결책 마련을 위해서는 위와 같은 우리나라의 전통적인 회사 의사결정 권한 분배 및 법인격 독립 원칙에 대해서 이를 조정하거나 기업집단의 경우에는 그 실질을 고려한 해석을 통해서 유연하게 운용할 필요가 없는지에 대한 근본적인 고려가 필요하다. 2020년 말 상법 개정을 통해서 상법 제406조의2로 다중대표소송이 도입되어서 50% 초과 지분 보유 자회사에 대해서는 모회사의 주주가 자회사 이사를 상대로 직접 대표소송을 제기해서 그 의무 위반에 따른 책임을 추궁할 수 있도록 하였다. 물론 그 소송의 대상은 여전히 자회사 이사의 자회사 이익 추구를 위한 의무 위반에 대한 것이기는 하지만, 위와 같은 입법도 이러한 고려를 반영한 것이라고 할 수 있다. SPP 그룹 사건에 대한 대법원 2017년 11월 9일 선고 2015도12633 판결에서도 동일한 기업집단에 속한 계열회사 사이의 지원행위가 합리적인 경영판단의 재량 범위 내에서 행하여진 것인지를 판단하기 위해서는 앞서 본 여러 사정들과 아울러, 지원을 주고받는 계열회사들이 자본과 영업 등 실체적인 측면에서 결합되어 공동이익과 시너지 효과를 추구하는 관계에 있는지, 이러한 계열회사들 사이의 지원행위가 지원하는 계열회사를 포함하여 기업집단에 속한 계열회사들의 공동이익을 도모하기 위한 것으로서 특정인 또는 특정회사만의 이익을 위한 것은 아닌지, 지원 계열회사의 선정 및 지원 규모 등이 당해 계열회사의 의사나 지원 능력 등을 충분히 고려하여 객관적이고 합리적으로 결정된 것인지, 구체적인 지원행위가 정상적이고 합법적인 방법으로 시행된 것인지, 지원을 하는 계열회사에 지원행위로 인한 부담이나 위험에 상응하는 적절한 보상을 객관적으로 기대할 수 있는 상황이었는지 등까지 충분히 고려하여야 한다고 하면서, 위와 같은 사정들을 종합하여 볼 때 문제된 계열회사 사이의 지원행위가 합리적인 경영판단의 재량 범위 내에서 행하여진 것이라고 인정된다면 이러한 행위는 본인에게 손해를 가한다는 인식하의 의도적 행위라고 인정하기 어렵다고 판시하였다. 이는 기존의 법인격 독립론에 기초한 이사의 주의의무 등 위반 판단 이론을 극복하고 당장 당해 회사에 손해가 되는 계열회사 지원행위라고 하더라도 기업집단 전체 이익 관점에서 합리적인 필요성이 있고, 그 지원행위로 인한 부담이나 위험에 상응하는 적절한 보상을 객관적으로 기대할 수 있는 상황이라면, 기업집단 및 계열회사 공동의 이익을 위한 이사의 판단을 존중한 것이고, 프랑스의 로젠블룸 판결[10] 등 기업집단 전체의 실질을 고려한 해석론을 도입한 것이어서 의미가 있다.

결국 위 광주신세계 사건 대법원 판례에서 경업 대상 회사의 이사, 대표이사가 되는 경우뿐만 아니라 그 회사의 지배주주가 되어 그 회사의 의사결정과 업무집행에 관여할 수 있게 되는 경우에도 자신이 속한 회사 이사회의 승인을 얻어야 한다고 판시한 것은 겸직 및 경업 금지 의무의 취지와 기업집단 형태의 회사 경영의 실질을 고려한 합리적인 측면이 있다고 보이지만, 동시에 법인격 독립론을 통해서 주주와 회사를 엄격히 구분하는 전통적인 대법원 판례의 해석론에는 부합하지 않는 측면이 있어서 결국은 지주회사 기업집단 등의 실질을 고려하여 지배구조 규제 전반에 있어서 법인격 독립론을 극복하고 이를 합리적으로 조정하는 해석이 전제되어야 한다고 생각된다. 또한 위 광주신세계 판례의 연장선상에서 이사 개인이 직접 지배주주가 되는 경우 외에 이사가 지배주주인 회사가 동종 영업 회사의 지배주주가 되는 경우 등 다층적 지배구조의 경우에도 경업 및 겸직 금지 의무가 적용되는지 여부

---

10) 송옥렬, 기업집단에서 계열사 소액주주의 보호: 각국의 입법례를 중심으로, BFL 제59호(2013), 35~37면; 천경훈, 기업집단법제에 관한 연구: 기업집단 소속회사의 손익판단을 중심으로, 기업법연구 제29권 제3호(2015), 57~59면.

등이 추가로 문제될 수 있다. 이에 대해서도 같은 논리로 경업 및 겸직 금지 의무가 적용된다는 해석이 가능할 수 있으나, 이와 같이 상법 제397조의 경업 및 겸직 금지의무를 넓히는 해석은 기업집단 계열회사 이사의 주의의무 등에 대한 법인격 독립론의 한계를 극복하는 해석과 병행하여 이루어지는 것이 형평에 부합한다고 생각된다.

2. 지주회사 이사의 경업금지 여부 적용 및 이사회 승인 관련 실무상 쟁점

(1) 지주회사의 영업 범위 판단 기준

1) 동종 영업 회사의 일반적 판단 기준

상법 제397조 제1항에서 이사는 이사회의 승인이 없으면 자기 또는 제3자의 계산으로 회사의 영업부류에 속한 거래를 하거나 동종 영업을 목적으로 하는 다른 회사의 무한책임사원이나 이사가 되지 못한다고 규정하고 있고, 이 경우 동종 영업 여부의 판단도 어떤 회사가 이사가 속한 회사의 영업부류에 속한 거래를 하고 있는지 여부를 기준으로 한다.[11] 또한 대법원 판례는 경업의 대상이 되는 회사가 영업을 개시하지 못한 채 공장의 부지를 매수하는 등 영업의 준비작업을 추진하고 있는 단계에 있다 하여 위 규정에서 말하는 "동종영업을 목적으로 하는 다른 회사"가 아니라고 볼 수는 없다고 하여 영업 준비 행위도 포함하여 이를 넓게 보고 있다.[12] 따라서 지주회사 기업집단 계열회사 이사의 경업

---

11) 대법원 2013. 9. 12. 선고 2011다57869 판결; 김건식 / 노혁준 / 천경훈, 앞의 책(각주 9), 458면; 송옥렬, 상법강의, 홍문사(2021), 1055면; 이철송, 앞의 책(각주 8), 766-767면.
12) 백숙종, 이사가 경업금지의무 및 기회유용금지의무를 위반한 경우 회사의 손해범위,

및 겸직 금지의무 적용에 있어서도 기본적으로 위와 같은 기준이 적용된다.

2) 지주회사 업무 외에 자회사 영업을 지주회사의 영업으로 볼 수 있는지 여부

금융지주회사법 제15조에 따라서 금융지주회사는 자회사의 경영관리업무와 그에 부수하는 업무로서 대통령령이 정하는 업무를 제외하고는 영리를 목적으로 하는 다른 업무를 영위할 수 없다. 따라서 금융지주회사는 순수지주회사로서 자회사의 경영관리 외에 별도의 독립적 사업 수행이 불가능하다.

또한 공정거래법 제2조 제7항 및 동법 시행령 제3조 제2항에 의하면 공정거래법 상 지주회사란 주식의 소유를 통하여 국내 회사의 사업 내용을 지배하는 것을 주된 사업으로 하는 회사로서 자산총액이 대통령령으로 정하는 금액 이상인 회사이고, 이 경우 주된 사업의 기준은 회사가 소유하고 있는 자회사의 주식가액의 합계액이 해당 회사 자산총액의 100분의 50 이상인 것으로 한다. 즉 공정거래법 상의 일반지주회사의 경우에도 기본적으로 자회사 지배를 주된 사업으로 하여야 하고, 자산총액의 50% 미만의 범위에서 다른 사업 영위가 가능하다. 실제로 우리나라의 대규모 지주회사들은 대부분 다른 사업을 영위하지 않는 순수지주회사의 형태를 취하고 있다.[13]

대법원판례 해설 제117호(2019), 222면; 김상규, 사외이사와 경업금지규정에 관한 연구, 법학논총 23집 3호(하), 한양대학교(2006), 166면; 최준선, 주식회사 이사의 경업금지의무, 성균관법학 7호(1996), 267-268면; 김성탁, 이사의 경업금지의무(판례분석), 회사법 제2권(2012), 228면; 임홍근, 이사의 경업금지의 범위, 법률신문 2238호 (1993) 4면; 대법원 1993. 4. 9. 선고 92다53583 판결 등 참조

13) 주식회사 LG, 2022. 8. 16 반기보고서 II.사업의 내용 1.사업의 개요; 주식회사 롯데지

그러므로 실제로 지주회사 이사가 다른 자회사등 이사를 겸임하는 경우에는 지주회사 자체의 영업이 없다는 점에서 상법 제397조의 경업 및 겸직 금지의무 적용을 위한 동종영업 판단 기준이 문제될 수 있다. 지주회사 자체의 영업만을 기준으로 하면 순수지주회사의 경우에는 상법 제397조가 지주회사 이사에는 아예 적용될 수 없다는 해석도 가능하기 때문이다.

이와 관련하여 지주회사 자체가 수행하는 영업 외에 지주회사의 사업목적 자체가 위 공정거래법 및 금융지주회사법에 따라서 자회사 지배 및 경영관리에 있다는 점에서 자회사의 영업을 지주회사의 영업으로 보아서 그와 동종의 영업을 영위하거나 이를 영위하는 회사의 이사 및 무한책임사원이 되는 경우 상법 제397조가 적용되는지 여부가 문제된다.

이와 관련하여 서울고등법원 2017. 11. 17. 선고 2017나2009518 판결에서는 회사의 중요한 영업양도에 대해서 주주총회 특별결의에 따른 승인을 받도록 하는 상법 제374조의 적용과 관련하여 대상회사가 그 자회사인 이 사건 유한공사를 매각하기 위해서는 상법 제374조 제1항 제1호에 따라 주주총회의 특별결의가 있어야 한다는 주장에 대해서 회사의 영업 그 자체가 아닌 영업용재산의 처분이라고 하더라도 그로 인하여 회사의 영업의 전부 또는 중요한 일부를 양도하거나 폐지하는 것과 같은 결과를 가져오는 경우에는 그 처분행위를 함에 있어서 상법 제374조 제1항 제1호 소정의 주주총회의 특별결의를 요한다고 하면서(대법원 2014. 9. 4. 선고 2014다6404 판결 등 참조), 대상회사가 이 사건 유한공사의 지분

주, 2022. 8. 16 반기보고서 II.사업의 내용 1.사업의 개요; 주식회사 포스코 홀딩스, 2022. 8. 16 반기보고서 II.사업의 내용 1.사업의 개요 등 참조

전부를 원고에게 매도하는 행위는 상법 제374조 제1항 제1호에 따라 주주총회 특별결의를 거쳐야 하는 영업용재산의 처분행위에 해당하는 것으로 볼 수 있다고 하면서, 그 근거로 대상회사의 2012년도 및 2013년도 재무제표에 의하면, 피고가 보유한 자산총액은 16,758,487,246원인데 그중 이 사건 유한공사의 장부가액은 4,493,790,000원으로서 피고의 자산 중 약 4분의 1을 차지하고, 이 사건 양도계약 체결 당시 대상회사는 경영상태의 악화로 사실상 부실화되어 있었는데, 피고의 자산 중 실질적인 재산적 가치가 있는 것은 이 사건 유한공사의 지분이었다는 점을 근거로 들고 있다. 다만 상법 제434조에 규정된 주주총회 특별결의 요건 이상에 해당하는 지분을 가진 주주가 이 사건 제2양도계약의 체결에 동의한 것으로 볼 수 있으므로, 대상회사가 주주총회 특별결의의 흠결을 이유로 위 계약의 무효를 주장하는 것은 신의칙에 반하여 허용되지 않는다고(대법원 2003. 3. 28. 선고 2001다14085 판결 참조) 판시하였다.

통상적으로 모회사가 자회사 지분을 매각하는 행위를 상법 제374조의 영업양도로 보아서 주주총회 특별결의가 필요하다고 보지는 않고, 상법 제393조에 따른 이사회 결의사항으로 보아서 처리하는 것이 실무라는 점에서 위 판례는 상당히 이례적이고, 대상회사의 위와 같은 특수한 사정을 고려한 것으로 보인다. 다만 위 판례에 따르면 실질적으로 자회사 지분 외에 다른 영업이나 자산이 없는 경우에는, 자회사 지분 자체를 회사의 영업 혹은 영업용 중요 재산으로 볼 수 있다는 취지이고, 그렇다면 지주회사의 경우에는 자회사 지분 보유 자체가 영업이므로 자회사의 영업과 동종 영업을 영위하는 회사에 지주회사 이사가 이사로 선임되는 경우에는 상법 제397조에 따라서 지주회사 이사회의 겸직 승인이 필요하다는 해석도 가능할 수 있다고 생각된다.

(2) 지주회사 이사의 자회사 이사 등 겸직 시 이사회 승인 필요 여부

위와 같은 법리에 비추어서 지주회사 기업집단 내에서 지주회사 이사가 자회사등 이사를 겸직하는 경우 해당 자회사등이 지주회사가 직접 영위하는 사업과 동종 영업을 영위하는 경우에는 상법 제397조에 따라서 이사회 겸직 승인이 필요하다고 해석될 수 있다. 동종 영업을 준비하는 단계이고 아직 이를 개시하지 않은 경우에도 동일하다.

나아가서 해당 자회사등이 지주회사가 지배하는 다른 자회사등의 사업과 동종 영업을 영위하는 경우에도 위에서 살펴본 판례 등에 비추어서 상법 제397조의 이사회 겸직 승인이 필요하고, 그렇지 않은 경우에는 이사의 의무 위반이 문제될 수 있다고 법원에서 해석될 위험을 배제하기 어렵다. 그러므로 위와 같은 경우에도 기본적으로 이사회 겸직 승인을 거치는 것이 안전하다고 생각된다.

지주회사 기업집단의 자회사등의 이사가 다른 자회사등의 이사를 겸직하는 경우에도 위와 같은 기준이 적용될 수 있다.

나아가서 지주회사 이사가 다른 동종 영업 회사의 지배주주가 되는 등으로 이를 실질적으로 지배하고 경영하는 경우에도 위 광주신세계 사건 대법원 판례에 따라서 지주회사 이사회의 겸직 승인이 필요할 수 있다.

직접 지배주주가 되는 외에 해당 이사가 지배하는 다른 회사를 통해서 동종 영업 회사의 지배 지분을 취득하는 경우에도 이에 해당된다고 해석될 여지가 있으므로 유의할 필요가 있다. 다만 통상적으로 지주회사 이사가 다른 동종 영업 회사를 지배하게 되는 경우는 결국 지주회사의 지배주주이자 이사인 자가 지주회사 기업집단 내 계열회사로 동종 영업 회사를 인수하는 경우 등이 대부분이고, 이 경우에는 해당 동종 영업 회사 인수 안건 자체를 이사회에서 결의하게 되므로 그 과정에서 이사회 겸직 승인도 이루어졌다고 인정될 여지도 있어서 실무상으로 문제될 가능성은 높지 않다고 보인다.

IV. 이사 겸임에 따른 자기거래 승인과 특별이해관계 이사 의결권 제한 문제

지주회사 기업집단 내에서 지주회사와 자회사등 상호 간에 이사 겸직이 있는 경우에는 그에 따라서 지주회사와 자회사등 사이에 거래를 하는 경우 상법 제398조에 의한 자기거래 승인 필요 여부가 문제될 수 있다. 물론 이사 겸임이 없는 경우에도 지주회사와 자회사등 사이의 거래에 대해서 계열회사관계에 따라서 상법 제398조 제4호 내지 제5호의 자기거래 승인 문제나 상법 제542조의 9 제3항의 상장회사 대규모 이해관계자 거래 승인 문제가 있을 수 있으나 이는 이사 겸임으로 인하여 추가적으로 생기는 문제는 아니므로 본 논문에서는 별도로 검토하지 않는다.

1. 자기거래 이사회 승인 규제 일반

(1) 일반 법리

상법 제398조에서는 이사 등과 회사 간의 거래에 대해서 규정하면서 다음 각 호의 어느 하나에 해당하는 자가 자기 또는 제3자의 계산으로 회사와 거래를 하기 위하여는 미리 이사회에서 해당 거래에 관한 중요

사실을 밝히고 이사회의 승인을 받아야 한다고 하고,[14] 이 경우 이사회의 승인은 이사 3분의 2 이상의 수로 하여야 하고, 그 거래의 내용과 절차는 공정하여야 한다고 규정한다.[15]

1) 이사 또는 제542조의8 제2항 제6호에 따른 주요주주

2) 제1호의 자의 배우자 및 직계존비속

3) 제1호의 자의 배우자의 직계존비속

4) 제1호부터 제3호까지의 자가 단독 또는 공동으로 의결권 있는 발행주식 총수의 100분의 50 이상을 가진 회사 및 그 자회사

5) 제1호부터 제3호까지의 자가 제4호의 회사와 합하여 의결권 있는 발행주식 총수의 100분의 50 이상을 가진 회사

그러므로 기본적으로 당해 회사의 이사가 다른 회사의 이사를 겸임하여 해당 회사의 계산으로 회사와 거래를 하거나 그 배우자 및 직계존비속, 배우자의 직계존비속이 다른 회사의 이사를 겸임하여 해당 회사의 계산으로 회사와 거래를 하는 경우에는 상법 제398조의 자기거래 승인이 필요하다. 이 경우 미리 이사회에서 해당 거래에 관한 중요사실을 밝히고 이사회의 승인을 받아야 하고, 이사회의 승인은 이사 3분의 2

---

14) 상법 제361조에 의해서 정관에서 자기거래 승인을 주주총회 결의 사항으로 규정하지 않는 이상, 자기거래 승인을 주주총회에서 대신할 수 없다는 견해로는 양명조, 이사회의 자기거래 통제 기능 재검토, 고시연구 18권 10호(1991), 142면.

15) 상법 제398조의 개정을 통한 이사 자기거래 상대방 확대 등 규제 강화의 취지는 우리의 기업현실을 볼 때 자기거래의 문제는 더 이상 이사에 국한되지 않고, 기업의 주요 주주 등에 의한 직·간접적인 영향력 행사에 따른 폐해가 근본적으로 더 심각한 상황이라는 점에서 종전의 상법규정은 규제의 실효성을 확보하는 데 한계가 있다는 비판을 고려한 것이라는 지적으로는, 김한종, 상법상 이사 등의 자기거래에 관한 연구 상법 제398조의 해석상의 주요 쟁점 및 입법론적 개선방안, 법학연구 29권 2호(2019), 충북대학교, 277면.

이상의 수로 하여야 하며, 그 거래의 내용과 절차는 공정하여야 한다.

(2) 겸임이사의 경우 자기거래 규제 적용

위와 같이 특정 이사가 지주회사와 자회사등의 이사를 겸임하는 경우 해당 지주회사와 자회사등 사이의 거래가 상법 제398조의 자기거래 승인에 해당하는지 여부에 대해서는 통상적으로 다음과 같이 논의되고 있다.[16]

우선 이사 갑이 A회사와 B회사의 대표이사를 겸임하는 경우에는 A회사와 B회사 간의 거래는 원칙적으로 쌍방에 대해 자기거래에 해당한다는 것이 대법원 판례이고[17] 대체적인 해석으로 이해된다.[18]

이사 갑이 A회사의 대표이사와 B회사의 대표이사 아닌 이사를 겸임하는 경우 B회사 입장에서 갑이 A회사의 계산으로 A회사를 대표하여 거래를 한 것은 명확하므로 이사의 자기거래로서 B회사의 이사회 승인이 필요하다는 점에 대해서는 별다른 이견이 없는 것으로 보인다. A회사에 있어서 이사회의 승인이 필요한지에 대해서는 견해가 나뉘는 것으로 보인다. 이를 부정하는 견해는, A회사의 입장에서는 갑은 B회사의

---

16) 미국 주 회사법 상의 겸임이사의 경우 자기거래 이사회 승인 및 특별이해관계인 의결권 제한 규제 등에 대한 분석은 김성배, 미국법상 이사의 이익충돌거래와 충실의무: 겸임이사를 둔 회사간의 거래를 중심으로, 비교사법 제9권 제2호(2002), 304면 이하 및 허덕회, 미국에서 겸임이사가 있는 회사 간의 거래규제, 국제법무 제5집 제2호(2013), 222면 이하 등 참조.

17) 대법원 1984. 12. 11. 선고 84다카1591 판결에서 양 회사의 대표이사를 동일인이 겸임하고 있는 경우에 한 회사가 다른 회사의 채무를 연대보증하는 경우도 자기거래에 해당된다고 판시하였다.

18) 김동민, 이사회 승인 또는 공정성 요건을 흠결한 이사 등의 자기거래의 효력, 상사판례연구 35집 2권(2022), 7면.

평이사에 불과하여 A회사를 대표하여 A회사의 계산으로 갑과 거래하였다고 보기는 어렵다는 점을 근거로 한다. 현행법의 해석상 단순한 이사 겸임인 때에는 원칙적으로 제398조의 적용대상에서 제외된다고 봄이 타당하고, 이 경우 어느 한 회사가 (대표이사가 아닌) 겸임이사에 의해 대표된다거나 실질적으로 겸임이사와 이해를 같이한다고 일반화하기 어렵기 때문이라고 한다.[19]

이에 비해서 상법 제398조는 이사의 자기거래를 통한 이해상충을 방지하고자 하는 것이고, 위와 같은 평이사 겸임의 경우에도 이해상충의 우려를 넓게 해석하여 B회사는 물론 A회사에 대해서도 위 거래는 자기거래에 해당한다는 견해도 있다.[20]

이에 대해서 명확한 대법원 판례는 없고, 하급심 판결 중에는, 보증을 하는 회사(A)의 대표이사가 동시에 피보증회사(B)의 이사로 재임 중인 경우에 상법 제398조에 따라 A회사에서도 자기거래 승인 이사회 결의가 필요한 것으로 판단한 사례가 있다. 다만 다만 위 사례에서는 그 겸임이사가 실질적으로 B회사를 운영하고 있었다는 특별한 사정이 있었다는 점을 유의해야 할 필요가 있다.[21]

---

19) 노혁준, 지주회사관계에서 이사의 의무와 겸임이사, BFL 제11호(2005), 43면; 김순석, 이사 등의 자기거래, 기업법연구 제31권 제1호(2017), 161면. 일본의 다수설도 위와 같다. A회사 대표이사와 B회사 이사가 동일인인 때 양사간 거래에서 B회사 이사회의 승인만 필요하고, A회사 입장에서 볼 때 거래 상대방인 B회사의 대표가 A회사의 이사가 아니기 때문에 자기거래 규제 적용이 없다고 한다. 江頭 憲治郎, 株式会社法, 有斐閣(2021), 459면; 第二東京弁護士会 会社法研究会 編, 親子会社の設立・運営・管理の法務, 第一法規株式会社(2002), 247면; 田代 有嗣, 親子会社の法規と実務, 商事法務研究会(1983), 148면; 小林 公明, 取締役の自己取引・競業取引規制の実務, 商事法務研究会(2000), 40면, 51면.

20) 권기범, 이사의 자기거래, 저스티스 통권 제119호(2010), 176면; 이철송, 앞의 책(각주 8), 780면; 서울지방법원 1996. 8. 20. 선고 96나2858 판결.

21) 서울지방법원 1996. 8. 20. 선고 96나2858 판결.

이사 갑이 A, B 회사의 대표이사 아닌 평이사를 겸임하는 경우에도 위와 같은 취지의 견해의 대립이 있고, 이와 같은 경우 거래의 공정을 해할 우려가 있으므로 자기거래로 보는 견해와 대표자가 아니라는 이유로 자기거래로 보지 않는 견해가 있다. 위 상황을 직접 다룬 대법원 판례 등은 없는 것으로 보인다.

이에 대해서는 상법 제398조의 취지에 따른 합리적인 해석을 하는 것이 중요하다고 생각된다. 상법 제398조는 이사와 회사 간의 거래에 있어서의 이해상충 문제를 우려하여 그 의사결정의 공정성과 독립성을 보장하기 위한 규정이고,[22] 위 규정의 문언에서도 이사가 제3자를 대표하여 거래를 하는 경우에 한정하여 이사회 특별결의 승인 등을 요구하는 것이 아니고 이사가 제3자의 계산으로 거래를 하는 경우에는 위 규정이 적용되도록 넓게 규정하고 있다. 그러므로 해당 이사가 거래 상대방 회사의 대표이사를 겸직하는 경우 외에도 거래 상대방 회사의 평이사를 겸직하는 경우에도 거래 상대방 회사의 최대주주이거나 혹은 경영임원으로서 해당 거래에 대한 실질적인 의사결정에 관여하는 경우에는 해당 이사가 그 당해 회사가 아닌 거래 상대방 회사의 이익을 위하여 당해 회사의 거래 여부에 대한 의사결정을 할 위험을 배제하기 어려우므로 이러한 경우에는 상법 제398조가 적용된다고 해석하는 것이 합리적이라고 생각된다.[23] 위 하급심 판례에서 해당 이사가 거래 상대방

---

22) 김건식 / 노혁준 / 천경훈, 앞의 책(각주 9), 437-438면; 김정호, 회사법, 법문사(2021), 477면; 송옥렬, 앞의 책(각주 11), 1057-1058면; 이철송, 앞의 책(각주 8), 777-778면; 한국상사법학회, 앞의 책(각주 8), 693-694면; 안동섭, 대표이사(청산인) 자기거래, 법률신문 1425호(1981), 11면.

23) 노혁준, 앞의 논문(각주 19), 43면에서도 당해 거래가 이사회 부의대상인 중요사항이고 겸임이사가 어느 회사 이사회의 결의결과에 개인적 영향력을 행사할 수 있는 것으로 보일 때에는, 예외적으로 이른바 간접거래로서 자기거래에 해당할 수 있다고 한다.

회사의 평이사였으나 실질적인 최대주주인 경우 상법 제398조가 적용된다고 판단한 것도 같은 이유로 보인다.

미국법률가협회(American Law Institute)가 발표한 기업지배구조의 원칙(Principles of Corporate Governance) 중 제5.07조("Transaction Between Corporations with Common Directors or Senior Executives")도 겸임이사 거래에 대해서 같은 입장이다. 이에 따르면 겸임이사가 있는 회사간의 거래라고 하여 반드시 자기거래에 해당하는 것은 아니다. 다만 겸임이사가 당해 거래에 개인적으로 또한 실질적으로(personally and substantially) 관여하였을 경우 또는 그 거래가 이사회의 검토 대상이고, 겸임이사가 투표함으로써 그 거래 관련 안건이 이사회를 통과하게 된 경우에는 자기거래 규제 대상이 된다고 한다. 특히 직접 거래에 개입하지 않았어도 실무자 등에 영향력을 행사한 경우에는 개인적이고 실질적인 관여로 인정된다.[24]

(3) 특별이해관계 있는 이사의 의결권 제한

상법 제391조 제3항 및 제368조 제3항에 의해서 이사회의 결의에 관하여 특별한 이해관계가 있는 이사는 의결권을 행사하지 못한다. 이러한 특별이해관계는 이사회 결의와 관련하여 당해 이사가 이사로서의 지위와 무관하게 개인법적인 이해관계를 가지는 경우를 말한다는 것이 통상적인 해석이고, 주로 이사 개인 보상 계약의 결의, 앞서 살펴본 이사 경업 및 겸직 승인 결의 및 이사와 회사 간의 자기거래 승인 결의에

---

24) American Law Institute, Principles of Corporate Governance, West Pub Co(1995), 308면.

있어서 문제된다.[25]

특히 지주회사 기업집단 계열회사의 이사 겸임의 경우에는 대부분 겸임을 하고 있는 상대방 회사와의 거래에 대한 이사회 결의과정에서 위 특별이해관계 있는 이사의 의결권 제한이 자주 문제된다. 지주회사 기업집단의 다른 계열회사 회사 이사 지위를 겸임하고 있다는 점과 관련하여 특별이해관계가 인정되는 것은 주로 해당 계열회사와의 자기거래 문제에서 비롯되기 때문이다.

이와 관련하여 통상적으로 자기거래에 있어서 회사의 직접 거래 상대방인 이사는 특별이해관계인으로서 의결권이 제한되며, 별개인 두 회사의 대표이사를 겸임하고 있는 자 역시 양 회사의 이사회에서 특별이해관계인으로서 의결권이 제한된다고 해석된다.[26]

만약 갑이 A회사의 대표이사, B회사의 이사인 경우에는 B회사의 이사회에서는 특별이해관계인으로서 의결권이 제한된다고 할 것이지만, A회사의 이사회에서는 갑이 B회사의 이사에 불과하므로 원칙적으로 특별이해관계인에 해당한다고 할 수는 없다. 다만 갑이 B회사의 지배주주인 경우 또는 B회사의 협상 담당임원이라거나 하는 특별한 사정이 있어 의사결정과정에 적극적으로 참여하는 경우에는 갑은 A회사의 이사회에서도 특별이해관계인으로서 의결권이 제한될 수 있을 것으로 생각되고, 이러한 해석이 이사회 의사결정에 있어서의 이해충돌방지라는

---

25) 김건식 / 노혁준 / 천경훈, 앞의 책(각주 9), 437-438면; 송옥렬, 앞의 책(각주 11), 1057-1058면; 이철송, 앞의 책(각주 8), 777-778면; 한국상사법학회, 앞의 책(각주 8), 693-694면; 정찬형, 앞의 책(각주 8), 1059면.

26) 대법원 1996. 5. 28. 선고 95다12101, 12118 판결; 대법원 2013. 11. 28. 선고 2010다91831 판결; 김건식 / 노혁준 / 천경훈, 앞의 책(각주 9), 441면; 송옥렬, 앞의 책(각주 11), 1059면; 이철송, 앞의 책(각주 8), 780면; 최준선, 회사법, 삼영사(2021), 545면; 한국상사법학회, 앞의 책(각주 8), 712면.

특별이해관계인 의결권 제한의 취지에도 부합하고, 앞서 살펴본 평이사 겸임 시 자기거래 인정범위에 대한 해석과도 일관된다고 본다.[27]

2. 지주회사 이사 겸임에 따른 자기거래 이사회 승인 관련 실무상 쟁점

(1) 자기거래 승인대상 거래 범위

1) 직접거래

상법 제398조에 따라서 지주회사 기업집단 계열회사의 이사 겸임의 경우 겸임 회사 간의 직접거래는 위 규정의 적용을 받으므로 상품 및 용역 제공거래 및 각종 영업시너지를 위한 사업 협력거래는 모두 위 규정의 적용대상이 된다. 또한 계열회사 간의 대출거래 등 직접적인 금전거래도 위 규정의 적용대상이 된다.

2) 간접거래

이외에 겸임 대상 회사가 상대방 회사의 자금조달 등을 위하여 채권자 금융기관과 보증계약을 체결하는 등 신용공여행위를 하는 경우도 지주회사 기업집단 내에서는 자주 발생하고, 금융지주회사법 제15조 및 동법 시행령 제11조에서는 자회사등에 대한 자금지원(금전·증권 등 경제적 가치가 있는 재산의 대여, 채무이행의 보증, 그 밖에 거래상의 신용위험을 수반하는 직접적·간접적 거래를 포함함)을 금융지주회사의 업무로 명시하고 있기도 하다.

---

27) 이철송, 앞의 책(각주 8), 780-781면; 송옥렬, 앞의 책(각주 11), 1059면

통상적으로 이사가 직접 거래의 상대방은 아니더라도 그 실질에 있어 이사와 회사 간에 이해상충의 우려가 있는 보증제공 및 각종 신용공여 등 이른바 간접거래도 상법 제398조의 자기거래에 포함된다고 본다.[28] 대표적인 예로 회사가 이사의 채무를 보증하는 경우 회사가 체결하는 보증계약의 상대방은 이사의 채권자이지만 회사와 이사 간의 거래로 보아서 자기거래 승인 규제를 적용한다.[29] 그 밖에 대표이사가 지출한 경비를 회사의 차입금으로 처리하는 경우,[30] 회사가 채권자와의 합의로 이사의 채무를 인수하는 경우[31] 등이 통상적으로 간접거래로서 자기거래 승인 규제가 적용되는 사례로 해석된다.

3) 자본거래

위에서 분석한 경상거래로서의 직접 거래와 간접 거래 이외에 겸임 대상 회사가 상대방 회사의 자금조달을 위하여 직접 증자를 하거나 반대로 자본 회수를 위해서 감자를 하는 경우, 계열회사 구조개편 및 시너지 확보를 위해서 합병 등 구조개편 거래를 하는 경우 등 자본거래를 하는 경우가 지주회사 기업집단 내에서는 자주 발생한다. 금융지주회사법 제15조 및 동법 시행령 제11조에서는 자회사등에 대한 출자를 통한 자금조달을 금융지주회사의 업무로 명시하고 있기도 하다.

이러한 자본거래에 대해서도 이사의 의사결정에서의 이해충돌 가능성이 있고, 이사 주의의무 및 충실의무 준수가 보장될 필요성이 있다는

---

28) 정희철, 이사회의 승인없이 한 이사의 자기거래의 효력, 서울대 법학 15권 2호(1974), 93면; 최완진, 회사와 대표이사간의 약속어음에 의한 자기거래, 고시연구 33권 6호(2006), 160면.
29) 대법원 2005. 5. 27. 선고 2005다480 판결
30) 대법원 1980. 7. 22. 선고 80다341 판결
31) 대법원 1973. 10. 31. 선고 73다954 판결

점에서 상법 제398조가 적용된다는 것이 합리적인 해석인 것으로 보인다.[32] 구체적인 형태에 따라서 아래와 같이 살펴본다.

가. 유상증자의 경우

통상적으로 주주배정방식의 유상증자 혹은 전환사채, 신주인수권부사채 등의 발행을 통해서 상법 제398조에 해당하는 자가 지분비율에 따라 해당 증권을 인수하는 경우는 추상적, 형식적으로 이해상충의 우려가 없는 거래로 보아서 상법 제398조가 적용되지 않는다고 해석한다.[33]

상법 제398조 각호 소정의 자에 대한 제3자배정방식의 유상증자의 경우에는 그 경영상 필요성 혹은 발행가액 등 거래조건의 적정성 여부에 따라서 이해상충의 우려가 있으므로 상법 제398조가 적용되어서 자기거래 승인이 필요하다고 해석하는 것이 통상적이다. 실권주 재배정의 경우에도 같은 이유로 이해상충의 우려가 있으므로 역시 상법 제398조가 적용된다고 본다.[34] 다만, 상법 제398조의 요건을 위배한 신주발행

---

32) 권윤구, 개정상법상 이사의 자기거래와 실무상의 문제, 상장협연구 제66호, 서울대학교 금융법센터(2012), 145면; 천경훈, 개정상법상 자기거래 제한규정의 해석론에 관한 연구, 저스티스 통권 제131호(2012), 한국법학원, 80면; 김한종, 앞의 논문(각주 15), 277면 등 참조. 이에 비해서 법률관계의 안정과 획일적 확정을 위하여 단체성이 강조되는 자본거래와 일반거래는 그 성질이 근본적으로 다르고 상법은 신주발행과 합병을 위한 절차를 별도로 규정하고 있으므로 자본거래에 관하여 상법 제398조를 중첩적용하는 것은 회사법의 체계에 맞지 않는 해석이라는 입장으로는 김홍식, 자기거래제한 규정의 해석에 관한 연구, 금융법연구 제11권 제2호(2014), 한국금융법학회, 328면; 박세화, 상법상 자기거래 규제규정의 해석상 쟁점 및 입법적 개선방안, 상사법연구 제34권 제2호(2015), 403-404면; 송종준, 주주전원동의에 의한 이사의 자기거래의 효력, 법조 Vol. 728(2018), 718면; 홍복기, 2012년 상법상 자기거래규제의 범위와 이사회 결의, 증권법연구 제14권 제2호(2013), 220면 등이 있다.
33) 대법원 2010. 1. 14. 선고 2009다55808 판결; 김건식 / 노혁준 / 천경훈, 앞의 책(각주 9), 438면; 김홍기, 상법강의, 박영사(2021), 622면; 이철송, 앞의 책(각주 8), 782면.
34) 대법원 2009. 5. 29. 선고 2007도4949 전원합의체 판결에서는 신주 등의 발행에서

등이라도 그 효력을 부인하려면 신주발행 등 무효의 소에 의하여야 할 것으로 생각된다.

나. 합병의 경우

회사가 상법 제398조 각호에 해당하는 회사와 합병을 하는 경우에도 상법상 주주총회의 특별결의, 반대주주 매수청구권 등 이해충돌을 방지하고 주주의 총의를 반영할 수 있는 절차가 정해져 있으므로 상법 제398조가 적용되지 않는다는 견해도 있을 수 있다. 그러나 합병의 경영상 필요성 및 합병비율 등 거래조건의 공정한 결정 등에 있어 이해충돌의 우려가 있고, 실질적으로 합병 조건은 이사회에서 결정된다는 점을 고려하면, 이 경우에도 합병 일반에 관한 절차규정에 더하여 상법 제

주주 배정방식과 제3자 배정방식을 구별하는 기준은 회사가 신주 등을 발행하는 때에 주주들에게 그들의 지분비율에 따라 신주 등을 우선적으로 인수할 기회를 부여하였는지 여부에 따라 객관적으로 결정되어야 할 성질의 것이지, 신주 등의 인수권을 부여받은 주주들이 실제로 인수권을 행사함으로써 신주 등을 배정받았는지 여부에 좌우되는 것은 아니라고 하면서 회사가 기존 주주들에게 지분비율대로 신주 등을 인수할 기회를 부여하였는데도 주주들이 그 인수를 포기함에 따라 발생한 실권주 등을 제3자에게 배정한 결과 회사 지분비율에 변화가 생기고, 이 경우 신주 등의 발행가액이 시가보다 현저하게 낮아 그 인수권을 행사하지 아니한 주주들이 보유한 주식의 가치가 희석되어 기존 주주들의 부가 새로이 주주가 된 사람들에게 이전되는 효과가 발생하더라도, 그로 인한 불이익은 기존 주주들 자신의 선택에 의한 것일 뿐이고, 회사의 입장에서 보더라도 기존 주주들이 신주 등을 인수하여 이를 제3자에게 양도한 경우와 이사회가 기존 주주들이 인수하지 아니한 신주 등을 제3자에게 배정한 경우를 비교하여 보면 회사에 유입되는 자금의 규모에 아무런 차이가 없을 것이므로, 이사가 회사에 대한 관계에서 어떠한 임무에 위배하여 손해를 끼쳤다고 볼 수는 없다고 하였다. 그러나 위 판례는 주주배정 유상증자에 수반한 실권주 배정의 경우에는 제3자 배정과는 다르다고 하였지만, 이는 유상증자과정에서의 이사 의무 위반 여부에 대한 쟁점에 대한 판례이고, 상법 제398조의 적용 여부에 대한 것은 아니다. 실질적으로 실권주 배정에 대한 이사회의 의사결정에 있어서 그 거래 상대방에 따라서 회사 이해충돌의 우려가 있을 수 있으므로 실권주 배정 거래에 대해서도 상법 제398조가 적용된다고 해석하는 것이 보다 합리적이라고 사료된다.

398조가 중첩적으로 적용되어 합병승인을 위한 주주총회 결의에 앞서 합병계약서를 승인하는 이사회 결의 시에 상법 제398조에 따른 개시의무 및 가중된 결의 요건이 적용되어야 한다고 해석하는 것이 합리적이다. 다만, 상법 제398조 위반의 경우에도 그 효력을 부인하려면 합병무효의 소에 의하여야 한다.

다. 자본감소의 경우

자본감소의 경우에는 원칙적으로 주주평등의 원칙에 따른 균등감자만 가능하고, 불균등감자의 경우에는 다른 주주의 동의가 있어야만 가능하므로, 추상적·형식적으로 이해상충의 우려가 없는 거래에 해당하여 상법 제398조의 적용이 없다고 해석하는 것이 합리적이고, 주주배정 유상증자 관련 해석론과도 일관된다고 생각된다.

(2) 지주회사 이사의 자회사 이사 등 겸직 시 자기거래 규제 적용 관련 기준

앞서 살펴본 바와 같이 지주회사 기업집단 계열회사의 이사가 다른 계열회사의 이사를 겸직하는 경우, 양자간의 거래에 있어서 해당 이사가 거래 상대방 회사의 대표이사인 경우에는 당해 회사에서 상법 제398조의 자기거래 이사회 승인이 필요하다고 해석된다. 또한 거래 상대방 회사의 평이사를 겸직하는 경우에도 거래 상대방 회사의 최대주주이거나 혹은 경영임원으로서 해당 거래에 대한 실질적인 의사결정에 관여하는 경우에는 해당 이사가 그 당해 회사가 아닌 거래 상대방 회사의 이익을 위하여 당해 회사의 거래 여부에 대한 의사결정을 할 위험을 배제하기 어려우므로 이러한 경우에는 상법 제398조가 적용된다고 해석하는 것이 합리적이다.

실제로 지주회사와 자회사등 사이의 임원 겸직의 경우에는 양 회사 혹은 지주회사 기업집단 전체의 시너지 확보를 위해서 임원 겸직을 통한 의사결정의 일관성 및 효율성을 담보하고자 하는 경우가 많고, 그 경우 양 회사 사이의 경상거래 혹은 자본거래 등은 모두 사업협력 관점에서 이루어지는 경우가 많아서 해당 이사가 양 회사 사이의 해당 거래의 의사결정에 모두 관여하는 경우가 많다. 이를 통해서 실제로 임원 겸직의 목적인 의사결정의 효율성과 일관성을 담보할 수 있기 때문이다. 그러한 측면에서 지주회사와 자회사등 사이의 임원 겸직의 경우에는 평이사 겸직의 경우에도 대부분 상법 제398조가 적용된다고 해석되는 경우가 많다.

다만 현실적으로 당해 회사와 거래 상대방 회사가 모두 독자적인 상장회사로서 소수주주 등이 있는 경우에는 이러한 이해충돌의 우려가 있으므로 당연히 상법 제398조의 절차 규제가 적용되어야 하지만, 상장회사와 그 완전자회사 등 다른 소수주주 등 이해관계인이 없는 완전모자회사관계에 있는 경우에는 이해충돌의 우려가 없다는 점에서 위와 같은 상법 제398조의 엄격한 적용이 큰 실효성이 없고 오히려 지주회사 체제에서의 신속하고 효율적인 의사결정 및 시너지 확보에 장애가 될 수 있다. 실제로 해외 지주회사의 경우에는 최상단 지주회사만이 상장회사이고 그 이하의 자회사등은 모두 완전모자회사관계를 유지하면서 임원 겸직 등을 통한 매트릭스 의사결정구조를 통해서 완전모자회사 간의 경상거래 및 자본거래 의사결정을 해당 사업부서 등의 모회사 임원이 총괄하여 신속하게 결정하는 경우가 많다.[35] 그러므로 이러한 점

---

35) 신영수, 외국의 지주회사 현황·제도 등의 운영실태 및 변화양상에 대한 분석, 공정거래위원회 정책연구용역 보고서(2018), 92-96면.

에서도 앞서 살펴본 바와 같이 다수의 계열회사로 이루어진 지주회사 기업집단 내에서의 지배구조 문제에 대한 효율적이고 합리적인 해결책 마련이 필요하고, 우리나라의 전통적인 회사 의사결정 권한 분배 및 법인격 독립 원칙에 대해서 이를 조정하거나 기업집단의 경우에는 그 실질을 고려한 해석을 통해서 유연하게 운용할 필요가 없는지에 대한 근본적인 고려가 필요하다. 특히 완전모자회사 간의 거래의 경우에는 당사회사의 도산 상황이 문제되어서 각 회사의 개별 채권자의 이익을 해하는 예외적인 경우가 아닌 이상 이해충돌의 여지가 없다는 점에서 상법 제398조의 예외로 인정하는 등의 입법적 조치가 필요하다고 생각된다.

(3) 지주회사 이사의 자회사 이사 등 겸직 시 특별이해관계 이사 의결권 제한 문제

앞서 살펴본 바와 같이 지주회사 기업집단 계열회사의 이사가 다른 계열회사의 이사를 겸직하는 경우, 양자 간의 거래에 있어서 해당 이사가 거래 상대방 회사의 대표이사인 경우에는 당해 회사 이사회의 결의에 관하여 해당 이사는 상법 제391조 제3항 및 제368조 제3항에 의해서 특별한 이해관계가 있는 이사로서 의결권을 행사하지 못한다. 또한 거래 상대방 회사의 평이사를 겸직하는 경우에도 거래 상대방 회사의 최대주주이거나 혹은 경영임원으로서 해당 거래에 대한 실질적인 의사결정에 관여하는 경우에는 해당 이사가 그 당해 회사가 아닌 거래 상대방 회사의 이익을 위하여 당해 회사의 거래 여부에 대한 의사결정을 할 위험을 배제하기 어려우므로 특별이해관계가 있는 이사로서 의결권이 제한된다고 해석하는 것이 합리적이다.

그러나 현실적으로 당해 회사와 거래 상대방 회사가 모두 독자적인 상장회사로서 소수주주 등이 있는 경우에는 이러한 이해충돌의 우려가 있으므로 당연히 특별이해관계인 의결권 제한 규제가 적용되어야 하지만, 상장회사와 그 완전자회사 등 다른 소수주주 등 이해관계인이 없는 완전모자회사관계에 있는 경우에는 이해충돌의 우려가 없다는 점에서 위와 같은 특별이해관계인 의결권 제한의 적용이 큰 실효성이 없고 오히려 지주회사 체제에서의 일관되고 효율적인 의사결정 및 시너지 확보에 장애가 될 수 있다. 특히 완전모자회사 간의 거래의 경우에는 당사 회사의 도산 상황이 문제되어서 각 회사의 개별 채권자의 이익을 해하는 예외적인 경우가 아닌 이상 이해충돌의 여지가 없다는 점에서 특별이해관계의 예외로 인정하는 등의 입법적 조치가 필요하다고 생각된다. 애초에 지주회사 기업집단의 임원 겸직의 목적이 계열회사 간의 경상거래 및 자본거래 의사결정을 모회사의 해당 사업부서 등의 임원이 전체적으로 관리하면서 신속하게 결정하려는 것이므로, 완전모자회사의 경우에까지 의결권 제한을 엄격하게 적용하면 모회사 임원이 위와 같은 역할을 전혀 하지 못하고 모회사 및 자회사 이사회에서 아예 의사결정을 하지 못하게 되는 이상한 결과가 발생하게 된다. 이러한 점에서도 우리나라의 전통적인 회사 의사결정 권한 분배 및 법인격 독립 원칙에 대해서, 적어도 지주회사 기업집단의 경우에는 그 실질을 고려한 해석을 통해서 유연하게 운용할 필요가 없는지에 대한 근본적인 고려가 필요하다.

(4) 자기거래에 대한 포괄적 승인의 문제

지주회사 기업집단의 이사 겸임에 따른 자기거래 승인이 문제되는 경우, 동종의 사업협력 거래가 계속적, 반복적으로 이루어지는 경우가

많아서 이에 대해서 개별적으로 이사회 승인을 받는 것이 실무적으로
곤란하고, 1년 혹은 반기 단위로 동종의 자기거래에 대한 포괄승인을
받는 경우가 많다.[36]

상법 제398조의 자기거래에 대해서 포괄승인이 가능한지 여부에 대
하여는 명문의 규정은 없으나, 포괄승인이 사실상 이사회의 승인 요건의
취지를 형해화시키지 아니하는 한 허용될 수 있을 것으로 생각된다.[37]

---

36) 상법 제398조는 자기거래 사전 승인 의무를 규정하고 있다. 이에 대해서 2011년 개정
전 상법에 있어서는 승인의 시점에 대해서 상법 상 명문의 규정이 없었고, 판례는
사후 추인을 긍정하였으나(대법원 2005다4284 판결 등), 개정 후 상법은 '미리' 승인을
받을 것을 명시하였는데, 사후 추인이 가능한지에 대하여는 긍정설과 부정설의 대립
이 있고, 상법이 개정된 이후 위 쟁점에 관한 대법원의 판단은 없다고 한다(홍승면,
이사 등의 자기거래 요건, 판례공보스터디 민사판례해설. 2(2021), 서울고등법원 판례
공보스터디, 439면 등). 개정 상법 하에서도 사후 추인을 아예 불가능하다고 하면 이
사회 승인 없이 이루어진 거래에 대해서 회사 이사회가 이를 유지하는 것이 적절하다
고 판단하는 경우에도 이를 추인하는 것이 불가능하다는 불합리한 점이 있다. 또한
대법원 2012. 12. 27. 선고 2011다67651 판결에서 이사와 회사 사이의 거래가 상법
제398조를 위반하였음을 이유로 무효임을 주장할 수 있는 자는 회사에 한정되고 특별
한 사정이 없는 한 거래의 상대방이나 제3자는 그 무효를 주장할 이익이 없다고 보아
야 한다고 하였으므로, 어차피 이사회가 효력을 인정하기로 내부적으로 결정한다면
추인 결의가 없다고 하여도 이를 무효로 하기는 어렵다. 이러한 점을 종합적으로 고려
하면 개정 후의 현행 상법 하에서도 이사회 사후 추인으로 자기거래를 유효로 할 수는
있고, 다만 해당 거래 시점에서 이사회 승인 등 법령 상 절차를 준수하지 않은 이사의
주의의무 위반 등은 치유되지 않는다고 보는 것이 합리적이라고 생각한다. 같은 취지
의 견해로 김병기, 이사의 자기거래에 관한 연구, 기업법연구 제14집(2003), 328면;
김용재, 이사의 자기거래와 사후승인, 상사판례연구 제20집 제4권(2007), 한국상사판
례학회, 19면; 장정애, 이사의 자기거래규제 강화에 따른 실무상 개선방안에 관한 고
찰, 비교사법 제22권 제3호(2015), 1332면; 조휘경, 이사와 회사간 자기거래금지의
법리: 개정상법상 자기거래의 해석론을 중심으로, 고려대학교 법학석사학위논문
(2012), 84면; 김재범, 이사 자기거래와 회사기회유용의 제한: 2008년 상법개정안 검
토, 법학논고 29집(2008), 경북대학교, 88면; 江頭 憲治郞, 앞의 책(각주 19), 461면
등 참조. 미국모범회사법 8.61조 (b) 도 같은 취지라는 견해로는 김정호, 미국회사법
상 이사와 회사간 자기거래금지의 법리, 고려법학 49호(2007), 133면.
37) 정동윤(감수), 상법 회사편 해설, 법무부(2012), 240-241면; 한국상사법학회, 앞의 책
(각주 8), 732면; 권윤구 / 이우진, 개정상법상 자기거래의 규제, BFL 제51호(2012),

즉 상법 제398조의 이사회의 승인은 개별 거래에 대하여 이루어지는 것이 원칙이나, 다만 "실질적 이해충돌의 여부" 및 "절차 및 내용의 공정성"을 이사들이 알고 결의할 수 있는 한도 내에서는 포괄적인 사전 승인이 가능하다고 생각된다.

다만 단순히 거래금액이나 거래의 종류만을 미리 정하여 두고 행하는 포괄적 승인은 해당 거래의 내용적 공정성이나 실질적 이해충돌의 여부를 판단하기 어려울 것이므로 적절한 포괄승인이 되기는 어렵다.

동종의 반복적인 자기거래에 대해서 그 거래의 형태별로 구별하여 총액 및 그 기간에 제한을 두어 포괄적으로 승인하는 방법을 고려할 수 있고,[38] 그 경우에도 그 거래의 전체적인 규모를 고려하여 해당 거래의 경영상 필요성 및 거래가격 등 거래조건의 공정성에 대해서 이사회에서 선관주의의무에 기하여 성실히 판단하여 결정하여야 하고, 이를 위해서는 향후 거래 실행에 있어서 거래가격 등 거래조건의 결정 기준이나 방법이 예측 가능한 수준으로 구체적으로 특정되어야 하고, 그러한 계약의 주된 내용 및 조건이 변경될 경우에는 별도의 이사회 승인을 받아야 한다고 해석하는 것이 합리적이다.

V. 계열회사 간의 겸임이사 보수 결정

지주회사 기업집단의 복수 계열회사 이사 지위를 겸임하는 이사의

68면. 이에 대한 반대 견해로는 김선광, 이사 등의 자기거래, 상법판례백선 제3판, 법문사(2014), 516면.

38) 같은 취지로 양명조 / 문화경, 2011년 개정 상법상 주식회사 이사의 자기거래에 있어서의 공정성 요건, 법조(Vol. 660, 2011), 172면.

경우 각 회사의 업무에 모두 관여하게 된다는 점에서 각 회사 입장에서 겸임이사 보수를 적정하게 결정하는 것이 상법 제382조 제2항 및 민법 제681조에 의한 이사의 선관주의의무를 부담하고, 상법 제382조의3에 의한 이사의 충실의무 관점에서 중요하다. 또한 통상적인 지주회사 기업집단 이사 겸임의 경우 아래에서 보는 바와 같이 지주회사나 모회사 등에서 해당 이사 보수를 전적으로 지급하고, 겸임을 하는 자회사등에서 해당 회사 업무 보수분을 위 지주회사나 모회사 등에 정산지급하는 방식으로 분배하는 경우가 많아서 그러한 보수 분배 약정 자체에 대해서 계열회사 간의 자기거래 혹은 이해관계자 거래 관련 쟁점이 동시에 문제된다.

1. 지주회사 기업집단 계열회사 간의 겸임이사 보수 결정 및 분배 실무

지주회사 기업집단 계열회사 이사 간의 보수 결정에 있어서는 통상적으로 지주회사 혹은 모회사가 먼저 겸직이사의 보수를 지출한 다음, 매 반기 말 혹은 사업연도 말 기준으로 그 비용을 겸직을 하는 자회사 등에게 통보하고, 자회사등이 해당 내역을 확인하여 정산금액을 확정하여 지급하는 경우가 많고, 이를 위한 별도의 겸직이사 보수 정산 계약서를 체결하는 경우도 상당히 있다.[39]

---

39) 에스케이하이닉스㈜, 2022. 8. 16. 공시 반기보고서에서도 대표이사의 계열회사 대표이사 겸직에 따른 보수 정산에 대해서 "SK하이닉스 대표이사 부회장, SK스퀘어 대표이사 부회장 및 SK텔레콤 부회장 겸직에 따라 각 사가 합의한 운영 기준에 의해 정산 예정임"이라고 공시하고 있다.

2. 지주회사 기업집단 겸직이사 보수 결정 및 정산 관련 쟁점

(1) 이사 보수 결정 규제 적용 범위

겸직이사 보수 전체를 지주회사 혹은 모회사 등에서 지급하고, 자회사등 부담분을 자회사등에서 정산하여 지주회사 혹은 모회사 등에 지급하는 경우에도 실질적으로 자회사등에서 부담하는 부분은 자회사등이 겸직이사에게 지급한 이사의 보수라고 보는 것이 합리적이다. 대법원 2020. 4. 9. 선고 2018다290436 판결에서도 이사의 직무의 대가로 회사에서 지출하는 일체의 유형 및 무형의 이익이 모두 이사의 보수에 해당한다고 판시하고 있다. 따라서 겸직이사에 대한 자회사등 보수 정산금액 결정도 이사의 보수 결정 관련 상법 및 자본시장과 금융투자업에 관한 법률(이하 "자본시장법") 규제와 회사 정관, 이사회 규정 및 인사·보상위원회 규정 등을 모두 준수하여야 하고, 이사의 보수 결정에 대한 이사의 주의의무 및 충실의무 등이 준수되어야 한다.

(2) 이사 보수 결정 관련 이사의 의무 이행 여부 판단 기준

회사의 등기임원 및 미등기임원 등 경영진에 대한 보수 결정에 대해서도 이사의 선관주의의무 및 충실의무가 적용된다. 따라서 각 계열회사의 이사들이 위 선관주의의무 및 충실의무를 위반하여 이사 보수를 결정하여 해당 회사에 손해가 발생하는 경우, 상법 제399조에 의한 이사의 회사에 대한 손해배상책임 및 상법 제622조, 형법 제355조 및 제356조 등에 의한 이사의 특별배임죄 혹은 업무상 배임죄가 문제될 수 있다.

위와 같은 이사의 의무 위반에 따른 책임이 문제되지 않기 위해서는 겸직이사 보수에 대한 각 계열회사 이사들의 의사결정에 있어 실체적 정당성과 절차적 정당성을 갖출 필요가 있다. 실체적 정당성과 관련해 서는 각 이사의 업무와 역할 및 회사에 대한 기여 정도에 상응하는 적 정한 보수가 지급되었는지 여부가 중요하다. 절차적 정당성과 관련하 여서는 후술하는 상법 상의 의사결정절차(주주총회 및 이사회 결의 등 포 함) 및 공시절차를 모두 준수하여야 한다. 이하에서는 요건별로 상세히 검토한다.

(3) 이사 보수 결정의 실체적 정당성 확보

여러 회사의 이사를 겸직하면서 해당 회사들로부터 과다한 보수를 받게 되는 경우, 임원 보수의 적정성과 관련한 문제가 제기될 수 있고, 이를 결정한 이사의 의무 위반에 따른 민·형사상 책임 문제가 발생할 수 있다. 대법원 201년 1월 28일 선고 2014다11888 판결에 의하면, 상법 이 정관 또는 주주총회의 결의로 이사의 보수를 정하도록 한 것은 이사 들의 고용계약과 관련하여 사익 도모의 폐해를 방지함으로써 회사와 주주 및 회사채권자의 이익을 보호하기 위한 것이므로, 비록 보수와 직 무의 상관관계가 상법에 명시되어 있지 않더라도 이사가 회사에 대하 여 제공하는 직무와 지급받는 보수 사이에는 합리적 비례관계가 유지 되어야 하며, 회사의 채무 상황이나 영업실적에 비추어 합리적인 수준 을 벗어나서 현저히 균형성을 잃을 정도로 과다하여서는 아니 된다.[40]

---

40) 대법원 2013. 6. 27. 선고 2012도4848 판결에서도, 회사 운영자나 대표 등이 그 내부절 차를 거쳐 고문 등을 위촉하고 급여를 지급한 행위가 업무상 횡령으로 인정되기 위해 서는 그와 같이 고문 등을 위촉할 필요성이나 정당성이 명백히 결여되거나 그 지급되 는 급여가 합리적인 수준을 현저히 벗어나는 경우이어야 한다고 하면서, 그에 해당하

참고로 국민연금기금 수탁자 책임 활동에 관한 지침(2020년 2월 5일)
은 이사 보수한도 수준이 회사의 규모, 경영성과 등에 비추어 과다한
경우에는 반대한다고 하면서, 다만 개별 등기임원에 대한 보상 내역과
보상 체계 등 객관적으로 보상 수준에 대해 판단할 수 있는 자료를 제
공하는 경우 사안별로 검토한다고 정하고 있으며, 한국기업지배구조원
의 의결권 행사 가이드라인은 "이사 보수한도 안에 대하여는 그 수준이
회사 및 이사회의 규모, 경영 성과 등을 고려하여 과도하지 않다면 찬
성한다"고 정하고 있다.

따라서 겸직이사 보수 결정과 관련해서도 겸직 대표이사가 회사에
대하여 제공하는 직무와 지급받는 보수 사이에는 합리적 비례관계가
유지되어야 하며, 회사의 영업실적 내지 임원의 업무성과에 비추어 합
리적인 수준을 벗어나지 않도록 하는 것이 중요하다. 각 회사에서 겸직
이사의 역할, 업무의 성격, 업무량, 회사에 대한 기여도 등을 종합적으
로 고려하여 합리적이고 적정한 수준의 보수를 산정하여야 한다고 해
석하는 것이 합리적이다.

(4) 이사 보수 결정의 절차적 정당성 확보

1) 주주총회 및 이사회 결의
상법 제388조에 의하여 등기이사의 보수는 정관이나 주주총회 결의

는지를 판단하기 위해서는 고문 등으로 위촉된 자의 업무수행능력뿐만 아니라, 고문
등의 위촉 경위와 동기, 고문 등으로 위촉된 자와 회사의 관계, 그가 회사 발전에
기여한 내용 및 정도, 고문 등으로 위촉되어 담당하기로 한 업무의 내용 및 중요성,
회사 규모와 당시의 경제적 상황, 고문 등의 위촉으로 인하여 회사가 얻을 것으로
예상되는 유·무형의 이익, 관련 업계의 관행 등을 종합적으로 고려하여 판단하여야
한다고 판시하였다.

로 정해야 한다.[41] '이사의 보수'에는 월급·상여금 등 명칭을 불문하고 이사의 직무수행에 대한 보상으로 지급되는 대가가 모두 포함되고, 퇴직금 또는 퇴직위로금,[42] 스톡옵션,[43] 회사가 성과급, 특별성과급 등의 명칭으로 경영성과에 따라 지급하는 금원이나 성과달성을 위한 동기를 부여할 목적으로 지급되는 금원도 마찬가지이다.[44] 따라서 겸직이사의 경우 겸직 대상 회사로부터 받는 보수 전부에 대해 각 회사의 주주총회 결의를 거쳐야 한다.

또한 대법원 2020. 6. 4. 선고 2016다241515, 241522 판결에서는 정관 또는 주주총회에서 임원의 보수 총액 내지 한도액만을 정하고 개별 이사에 대한 지급액 등 구체적인 사항을 이사회에 위임하는 것은 가능하지만, 이사의 보수에 관한 사항을 이사회에 포괄적으로 위임하는 것은 허용되지 아니한다고 판시하고 있다. 따라서 겸직이사의 경우에도 각 회사 주주총회에서 구체적 보수한도를 정하고 그러한 범위 내에서 구체적 보수 지급액 및 조건 등에 대한 사항을 이사회에 위임하여 정하도록 하는 것이 필요하다. 보수 관련 의사결정과정에서도 적정한 보수 산정을 위한 검토자료, 실제 업무 수행내역 기타 보수의 경제적 합리성을 입증할 수 있는 자료를 미리 준비하고, 보수를 결정하는 이사회 및 주주총회에서도 이러한 관련 사실 및 자료가 적법하게 제공되고 이에 대한 심의가 충분히 이루어진 상태에서 결의가 진행되도록 하는 것이 바람직할 것으로 사료된다. 특히 주주총회에서 전체 이사 보수한도를 결

---

41) 대법원 2020. 6. 4. 선고 2016다241515, 241522 판결. 서울중앙지방법원 2008. 7. 24. 선고 2006가합98304 판결에 의하면, 정관에서 보수 결정을 이사회에 위임하거나 이사회가 정하는 보수 규정에 따르도록 하는 규정은 무효임.
42) 대법원 2018. 5. 30. 선고 2015다51968 판결
43) 김건식 / 노혁준 / 천경훈, 앞의 책(각주 9), 471면
44) 대법원 2020. 4. 9. 선고 2018다290436 판결

정하고, 이사회에서 개별 이사의 구체적인 보수를 정하는 경우 이사회에서의 충분한 질의 응답 및 논의가 중요하다.

이와 관련하여 각 회사의 정관, 이사회 규정, 보상위원회 규정 및 임원 보상 규정, 임원 퇴직금 규정 등 내부규정의 준수도 필요하다.

2) 이사 보수의 공시

겸직이사 보수 결정과 관련하여 제반 법령 상의 공시절차를 준수할 필요가 있다. 특히 자본시장법 제159조 제2항 및 동법 시행령 제168조에 의하면 사업보고서 제출대상법인은 아래 임원 보수를 사업보고서에 기재하여야 한다.

가. 등기임원보수(상법, 그 밖의 법률에 따른 주식매수선택권을 포함하되, 임원 모두에게 지급된 그 사업연도의 보수 총액에 한함[45])

나. 등기임원 개인별 보수와 그 구체적인 산정 기준 및 방법(임원 개인에게 지급된 보수가 5억 원 이상인 경우에 한함)

다. 보수총액 기준 상위 5명의 임직원(등기임원 여부 불문) 개인별 보

---

45) 자본시장법 제159조 제2항 제5호, 동법 시행령 제168조 제3항 제9호, 증권의 발행 및 공시 등에 관한 규정 제4-3조 제8항, 금감원 기업공시서식 작성 기준 제9-2-1조에 의하면, 사업보고서에서 이사·감사 전체의 보수총액과 관련하여 주주총회 승인금액, 전체 보수총액 및 1인당 평균 보수액, 등기이사·사외이사·감사위원회 위원·감사의 유형별 보수지급금액 등을 기재하도록 정하고 있다. 구체적으로 개인별 보수지급금액은 (i) 공시서류작성 기준일 현재 재임 중인 이사·감사 외에 공시서류작성 기준일이 속하는 사업연도의 개시일부터 공시서류작성 기준일까지의 기간 동안 퇴직한 이사·감사를 포함하여 기재하며, (ii) 개인별 보수지급금액 중 보수총액에는 소득세법상 근로소득, 기타소득 및 퇴직소득을 합산하여 기재함. (iii) 이사·감사가 지배인 기타 사용인을 겸직하는 경우 사용인분 급여를 개인별 보수지급금액 중 보수총액에 합산하여 기재하고, 사용인분 급여의 내역을 주석으로 표시한다. (iv) 개인별 보수지급금액 중 보수총액에 포함되지 않는 보수에는 회사가 이사 감사에게 장래 지급하여야 할 보수(주식매수선택권, 스톡그랜트, 지급사유가 발생하여 지급금액이 확정되었으나 이연 지급하는 경우 등)에 관한 내용을 기재하도록 정하고 있다.

수와 그 구체적인 산정 기준 및 방법(개인에게 지급된 보수가 5억 원 이상
인 경우에 한정함)

(5) 겸직이사 보수 정산 거래 관련 자기거래 규제 검토

겸직이사 보수 정산과 관련하여 지주회사 혹은 모회사 등과 자회사
등이 겸직이사 보수 정산 및 지급에 대한 조건과 절차를 정하여 정산
계약을 체결하는 경우, 이는 상법 제398조에 의하여 양 회사 입장에서
자기거래에 해당할 수 있다. 특히 지주회사나 모회사 등이 겸직 대상
자회사등의 발행주식 총수의 100분의 10 이상의 주식을 소유한 주요주
주에 해당하는 경우가 대부분이어서 자회사등 입장에서는 상법 제398조
제1호에 따라 자기거래 관련 규제를 적용 받게 된다.

또한 정산 약정이 상법 제542조의9 제3항의 상장회사 대규모 내부거
래 기준에 해당하는 경우에는 위 규제의 준수도 필요하다. 최근 사업연
도 말 현재 자산총액이 2조 원 이상인 상장회사는 최대주주, 그의 특수
관계인 및 그 상장회사의 특수관계인과 해당 회사의 최근 사업연도 말
현재의 자산총액 또는 매출총액의 100분의 1 이상인 거래를 하는 경우
에는 이사회의 승인을 받아야 한다(상법 제542조의9 제3항 제1호, 상법 시
행령 제35조 제5항 및 제6항). 다만, 실제로 이사 보수가 위와 같이 대규모
인 경우는 많지 않아서 통상적으로는 상법 제398조의 자기거래 승인만
이 문제된다.

앞에서 살펴본 바와 같이 상법 제398조의 준수를 위해서 겸직이사
보수 정산 약정에 대해서 이사회에 그 조건 및 자기거래 승인 대상이라
는 점 등을 개시하고, 이사 2/3 찬성에 따른 승인을 받아야 한다. 이
경우 겸직이사 본인은 상법 제391조 제3항 및 제368조 제3항에 의한 특

별이해관계인에 해당하여 의결권이 배제된다. 해당 정산 약정의 내용
과 절차는 공정하여야 하고, 이를 위해서는 해당 정산 약정이 해당 개
별 회사 등 입장에서 경영상 필요성이 있고, 그 조건의 적정성이 인정
되어야 한다. 이와 관련하여 위에서 검토한 바에 따라서 겸직이사 보수
자체의 적정성이 각 회사 등 입장에서 인정된다면, 해당 비용을 직접
지급하지 않고 지주회사나 모회사 등을 통해서 지급하고 사후 정산하
는 약정이 문제가 있다고 보기는 어려울 수 있다. 다만 직접 지급을 하
지 않고 위와 같이 정산을 하여야 할 필요성, 정산과정에서 자회사등이
추가 부담하게 되는 세금 혹은 거래비용 등은 없는지 여부 등은 검토가
필요하다.

VI. 결어

지주회사의 본질적인 사업 및 업무는 자회사 지배 및 관리에 있으므
로 이를 효율적으로 수행하기 위해서 지주회사 대표이사 혹은 이사 등
임원이 자회사나 손자회사의 임원을 겸임하면서 지주회사 기업집단 전
체의 신속하고 효율적인 의사결정 및 시너지 효과 증대를 추구하는 경
우가 많다. 이러한 지주회사 기업집단 임원겸임의 경우 실무적으로는
다양한 법률적인 쟁점을 야기하고, 특히 이사 겸직 승인, 겸임이사관계
에 따른 회사 자기거래 이사회 승인 및 특별이해관계 있는 이사의 의결
권제한, 겸임이사 보수의 합리적인 결정 및 각 회사 보수 정산에 대한
실체적, 절차적 정당성 확보 등이 중요하다.

이러한 겸임이사에 대한 겸직 승인 혹은 자기거래 등 규제 적용에
있어서는 지주회사 기업집단의 실질을 고려한 합리적인 해석이 필요하

다. 특히 지주회사의 본질적인 사업 및 업무는 자회사 지배 및 경영관리, 자금 및 재무 관련 지원 등에 있으므로 자회사가 수행하고 있는 영업 역시 지주회사의 영업으로 보아서 이를 전제로 겸직 승인 등 적용 여부를 판단하여야 한다는 시각도 있을 수 있고, 자기거래 승인 및 특별이해관계 있는 이사의 의결권 제한 문제 등에 있어서도 이러한 지주회사 기업집단의 실질을 고려하여 겸임이사가 실제로 대상 거래에 대한 주요한 의사결정에 관여하는 경우에는 이해충돌의 위험이 있으므로 자기거래 승인절차를 거치고 해당 이사는 특별이해관계 있는 이사라고 보는 것이 현실적이라고 생각된다.

다만 이러한 해석은 법인격 독립론을 통해서 주주와 회사를 엄격히 구분하는 전통적인 대법원 판례의 해석론에는 부합하지 않는 측면이 있어서, 결국은 지주회사 기업집단 등의 실질을 고려하여 지배구조 규제 전반에 있어서 법인격 독립론을 극복하고 이를 합리적으로 조정하는 해석이 전제되어야 한다. 특히 위 겸직 승인 및 자기거래 규제 등의 적용 외에 기업집단 계열회사 이사의 주의의무와 경영판단 등에 대해서도 법인격 독립론의 한계를 극복하고, 개별 회사의 이익과 함께 기업집단 전체의 이익도 고려하고 그 상호관계 및 시너지 등 기업집단 구조의 장점을 극대화할 수 있도록 유연한 경영판단을 보장하는 합리적인 해석론이 필요하다.

12

지주회사 체제에서의 소액주주보호[*]
― 회사법상 수단을 중심으로 ―

정준혁[**]

I. 서론

1. 이 글의 배경과 목적

우리나라에서는 지주회사의 주식가치가 지주회사가 보유하는 자회사 주식가치에도 미치지 못하는 경우가 종종 있다. 이러한 현상을 흔히 지주사 디스카운트라 부른다. 예를 들어 2022년 10월 초 기준 삼성생명이 보유하는 삼성전자 지분 8.51%의 시장가치는 약 28.5조 원인데, 삼성생명의 시가총액은 약 13.1조 원에 불과하다.

---

[*] 이 글은 정준혁, 지주회사 체제에서의 소액주주 보호, BFL 제91호(2018)를 바탕으로 이후 등장한 법률 논점과 법령 변화 등을 추가하여 수정한 것임을 밝힌다.
[**] 서울대학교 법학전문대학원 조교수, 법학박사

2021년에는 상장회사의 물적분할 후 재상장이 사회적으로 큰 논란을 불러일으켰다. 대표적인 예로 LG화학이 핵심 성장 사업부로 평가되는 배터리사업부를 물적분할하여 설립한 LG에너지솔루션에 대한 상장이 진행되자 모회사인 LG화학의 주가가 크게 하락한 바 있다. 물적분할 후 재상장 문제는 정치적으로도 많은 관심을 끌어서 지난 20대 대통령 선거과정에서 후보들이 이에 대한 개선을 공약으로 제시하기도 하고, 금융당국도 2022년 9월 이에 대한 개선계획을 발표하기도 하였다.[1]

이처럼 지주회사의 주식가치가 상대적으로 저평가되는 원인으로는 우리나라 기업의 낮은 배당 성향과 함께 현행법상 지주회사 체제하에서의 소액주주 보호가 부족한 것을 이유로 생각해 볼 수 있겠다. 이 글은 이러한 문제의식을 바탕으로 지주회사에서의 소액주주 보호 수단들을 검토한다. 특히 일반 회사와 달리 지주회사 체제하에서 지주회사 소액주주와 자회사 소액주주의 권리에 어떠한 변화가 발생하는지를 살피고, 이들을 지배주주의 지배권 남용 등 기회주의적 행동으로부터 어떻게 보호할지에 대해 회사법상 수단을 중심으로 검토한다. 이러한 분석을 바탕으로 회사법에서 인정하는 일반적인 주주 보호수단만으로 소액주주의 부가 충분히 보호되는지, 아니면 지주회사의 특성상 보다 강화된 보호수단이나 법리가 필요한지를 살펴본다. 전체 책의 취지상 지주회사 체제하에서의 소액주주 보호 문제 논의를 중심으로 살펴보지만, 이 글의 논의가 독점규제 및 공정거래에 관한 법률(이하 "공정거래법")상 지주회사뿐만 아니라 일반 모자회사관계에서도 적용될 수 있음은 물론이다.

---

[1] 금융위원회 2022. 9. 5.자 보도자료, "물적분할 자회사 상장 관련 일반주주 권익 제고방안 — 물적분할과 상장과정에서 일반 투자자들의 권리가 충실히 고려되는 자본시장 체계를 만들겠습니다. —"

2. 지주회사 체제하에서의 책임 추궁방식: 대표소송의 체계

본격적인 논의에 앞서 지주회사나 자회사의 소액주주들이 지배주주
나 이사에 대해 어떠한 수단을 통해 책임을 물을 수 있는지를 살펴보자.
지주회사나 자회사의 경영은 지배주주나 지배주주가 선임한 이사가 담
당하므로, 소액주주들로서는 어떠한 방법을 통해 이들을 통제하고 이들
에게 책임을 물을 수 있는지가 중요하다.

이사나 업무집행지시자가 고의 또는 과실로 법령이나 정관에 위반
한 행위를 하거나 그 임무를 게을리한 경우 회사에 대해 연대하여 손
해를 배상하여야 한다(상법 제399조 및 제401조의2). 업무집행지시자에
는 회사의 지배주주가 포함될 수 있고, 자연인뿐만 아니라 법인인 지배
회사도 해당할 수 있다는 것이 판례의 입장이다.[2] 상법은 소수주주의
이사나 업무집행지시자에 대한 대표소송을 인정하고 있으므로(제403조),
(i) 지주회사의 주주는 지주회사의 이사, 업무집행지시자인 지주회사의
지배주주에 대하여 대표소송을 제기할 수 있고, (ii) 자회사의 주주는
자회사의 이사, 자회사의 업무집행지시자가 될 수 있는 지주회사의 지
배주주, 지주회사 및 지주회사의 이사를 상대로 대표소송을 제기할 수
있다.

한편 모회사의 주주가 자회사를 대신하여 자회사의 이사나 업무집
행지시자를 상대로 대표소송을 제기하는 것을 이중대표소송이라 하
고, 손자회사나 증손회사 등 이중대표소송의 범위를 아래로 확대하면
이를 다중대표소송이라 한다. 대법원은 과거 다중대표소송은 당시 상

---

2) 대법원 2006. 8. 25. 선고 2004다26119 판결: 상법 제401조의2 제1항 제1호 소정의
　'회사에 대한 자신의 영향력을 이용하여 이사에게 업무집행을 지시한 자'에는 자연인뿐
　만 아니라 법인인 지배회사도 포함된다고 판시.

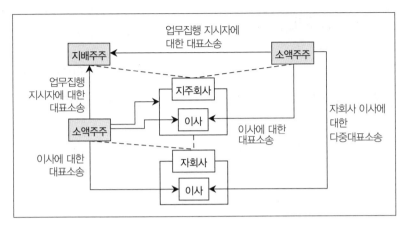

〔그림 1〕 지주회사체제하에서의 대표소송

법의 해석상 허용되지 않는다는 입장이었고,[3] 이에 따라 여러 국회의
원들이 이를 도입하는 내용의 상법 개정안을 발의하고 정부도 2006년
과 2013년에 도입을 추진하였으나[4] 오랜 기간 입법으로 이어지지 않
다가, 2020년 12월 29일 개정을 통해 상법 제406조의2가 신설되면서
마침내 도입되었다. 이상에서 논의한 내용을 그림으로 정리하면 〔그
림 1〕과 같다.[5]

---

3) 대법원 2004. 9. 23. 선고 2003다49221 판결.
4) 2006년 10월 4일 입법예고 법무부 상법(회사 편) 일부개정법률(안) : 이중대표소송 관
   련 조항이 포함되어 있었으나 국회 제출 법률안에는 빠졌다 ; 2013년 7월 17일 입법예
   고 법무부 상법 일부개정법률(안).
5) 2020년 상법 개정에 따라 업무집행지시자에 대해서도 다중대표소송을 제기할 수 있으
   므로(상법 제401조의2 제1항), 지주회사의 소액주주는 자회사 이사뿐만 아니라 업무집
   행지시자인 지주회사, 지주회사의 이사 및 지주회사의 지배주주에 대해서도 자회사에
   손해를 입혔다는 이유로 다중대표소송을 제기할 수는 있겠다. 다만 이러한 소송은 지주
   회사의 이사나 지배주주에 대한 대표소송과 상당 부분 중복될 것이므로, 위 그림에서는
   이를 표시하지 아니하였다.

3. 이 글의 전개

이 글에서는 지주회사 주주와 자회사 주주들이 각각 어떠한 상황에 처해져 있는지를 나누어 살피고, 이들에게 어떠한 보호수단이 제공될 수 있는지를 분석한다. 특히 지주회사 체제하의 주주들에게 일반적인 회사법상 보호수단 이외에 특별한 보호수단이 필요한지를 검토하고, 지주회사 운영의 특성상 기업집단 전체의 이익을 고려한 의사결정이 어떠한 범위 내에서 정당화될 수 있는지를 살펴본다.

II. 지주회사 주주의 보호

1. 지주회사 주주는 특별한 보호가 필요한가?

지주회사 소액주주 보호를 위해 현행법상 어떠한 수단들이 존재하고 입법론이나 해석론적으로 어떠한 수단들을 검토할 수 있을지를 검토하기에 앞서, 과연 지주회사 체제하에서 지주회사 주주는 독립된 회사의 주주와 달리 특별한 보호가 필요한지를 살핀다.

(1) 일반적인 주주 보호수단

회사의 주주들은 의결권 행사를 통해 회사의 경영을 담당할 이사를 선임하거나 해임할 수 있고, 재무제표의 승인과 이익배당, 정관의 개정, 합병, 분할, 중요한 영업양수도, 자본 감소와 같은 중요한 경영사항에 대해 의사결정에 참여할 수 있다. 이외에도 주주제안권(상법 제363조의2),

주주총회소집청구권(동법 제366조), 대표소송(동법 제403조), 이사·감사 해임청구권(동법 제385조 및 제415조), 유지청구권(동법 제402조), 회계장부열람권(동법 제466조) 등과 같은 소수주주권을 통해 이사의 임무 위배 행위를 문제 삼을 수 있다.

그런데 경영권에 영향을 미치기 어려운 낮은 수준의 지분만 보유하는 소액주주로서는 의결권을 행사하거나 주주제안, 주주총회 소집 청구 등을 하더라도 회사 경영에 별다른 영향을 주기 어렵다. 특히 우리나라처럼 대부분의 회사에 지배주주가 존재하는 경우에는 더욱 그러하다.[6] 이러한 상황에서는 대표소송이나 유지청구권이 소액주주 보호에 중요한 역할을 한다. 주주가 대표소송이나 유지청구권을 행사하려면 회사의 구체적인 사정을 알아야 하기 때문에, 회계장부열람권을 인정하는 것도 필요하다.

(2) 지주회사 체제하에서의 주주의 지위와 주주 보호수단의 작동

그런데 우리 상법이 제공하는 주주 보호장치들은 자회사를 설립하는 방법으로 어렵지 않게 회피할 수 있다. 예를 들어 어느 회사가 자신이 수행하는 사업의 대부분을 물적분할을 통해 100% 자회사로 이전하고 지주회사가 되면, 회사의 기존 주주들은 기존 회사에 대해서만 의결권이나 소수주주권을 행사할 수 있을 뿐 대부분의 사업이 이루어지는 자회사에 대해서는 이를 행사할 수 없게 된다. 지주회사가 보유하는 자회

---

6) 예를 들어 공정거래위원회의 2022년 공시대상기업집단 지정 현황을 보면, 자산총액이 5조 원 이상인 76개 기업집단 중 동일인이 없는 기업집단은 10개에 불과하다. 이 중에서도 지배주주가 존재하지 않는 주식 소유가 분산된 회사는 3곳(포스코, 케이티, 케이티앤지)에 불과하다.

사주식에 대한 의결권이나 소수주주권은 이사회나 대표이사가 행사하기 때문에, 지주회사의 주주들이 직접적으로 자회사 경영에 개입하거나 사업을 수행하는 자회사 이사 및 지배주주의 행위를 통제할 수 있는 여지는 현저하게 줄어든다. 특히 지배주주가 존재하는 상황에서는 대표소송·유지청구권·회계장부열람권이 소액주주 보호에 중요한 역할을 하지만, 위와 같이 핵심사업을 자회사로 이전하는 방법으로 이를 어렵지 않게 무력화할 수 있다. 자회사 이사가 형법 등을 위반한 경우 지주회사 주주는 형사 고발을 통해 그 책임을 문제 삼을 수 있지만, 자회사에 대한 회계장부열람권이 인정되지 않는 상황에서 지주회사의 소액주주가 자회사 이사들의 비위를 상세히 파악하여 수사기관에 고발하는 것은 아무래도 어려워진다.

여기에 더하여 어느 회사가 중요한 영업을 양도하거나 양수할 때 상법에 따라 주주총회 특별결의에 의한 승인을 받아야 하고 이를 반대하는 주주들은 주식매수청구권을 행사할 수 있지만, 회사가 보유하는 자회사 주식을 양도하거나 양수하는 경우 이러한 양도가 회사 영업을 폐지하는 수준에 이르지 않는 한 현행 상법 및 판례의 태도에 비추어 볼 때 주주총회 특별결의나 주식매수청구권을 인정하기는 쉽지 않다.[7]·[8]

나아가 사업을 수행하는 자회사 주식에 대한 처분권 역시 지주회사의 대표이사나 이사회가 행사하므로, 지주회사 소액주주 입장에서는 핵심 자회사 주식을 처분하여 처분이익을 얻는 것도 가능하지 않다. 지주

---

[7] 강희철, 영업양수도의 법률관계, BFL 제38호(2009), 서울대학교 금융법센터, 46면.
[8] 우리나라 하급심 판결 중에서는 자회사 주식보유 이외에 다른 사업이 없는 회사가 자회사 주식을 처분하는 것은 "회사 영업의 일부를 양도하거나 폐지하는 것과 같은 결과"를 가져오기 때문에 주주총회 승인이 필요하다고 판단한 판결이 있다(서울고등법원 2008. 1. 15. 선고 2007나35437 판결).

회사가 보유 자회사 주식을 처분하더라도, 지주회사가 해당 처분이익을 주주들에게 배당하지 않고 유보하는 것도 물론 가능하다. 이러한 점에서 보면 지주회사 주주들의 주식 처분권에도 제한이 생긴다.

　이처럼 지주회사 체제하에서는 회사법이 예정한 주주 보호장치들이 생각만큼 잘 작동하지 않는다. 경제적인 실질을 보면 사업을 A사가 직접 수행하는 경우나 100% 자회사인 B사를 통해 수행하는 경우나 별다른 차이가 없음에도 지주회사 체제하에서 A사 소액주주의 권한은 상당히 제약된다. 앞의 두 경우에서 A사 주주의 권한이 어떻게 달라지는지를 정리하면 〈표 1〉과 같다.

〈표 1〉 일반사업회사 및 지주회사 주주권한 비교

	회사가 직접 사업 수행	자회사를 통해 사업 수행
사업회사 이사의 선임	가능(주주총회에서 의결권 행사)	불가능(지주회사 이사회 / 대표이사가 의결권 행사)
사업회사에 대한 소수주주권(대표소송, 회계장부열람, 유지청구 등)	가능	2020년 상법 개정으로 다중대표 소송 허용 회계장부열람 등은 불가능
사업회사 이사의 책임	회사에 대해 선관주의의무 부담	자회사 이사는 자회사에 대해 선관주의의무 부담
사업의 양수도	영업양수도의 형태로 이루어짐 주주총회 특별결의 필요 주식매수청구권 인정	자회사 주식양수도의 형태로 이루어짐 지주회사 주주총회특별결의 불필요 주식매수청구권 불인정
사업 관련 회사 주식의 처분	가능(모회사 주식을 직접 처분)	불가능(지주회사 이사회 / 대표이사가 처분 여부 결정, 처분 대금도 지주회사에 귀속)

2. 지주회사 주주의 보호: 두 가지 접근 방법

이러한 문제점을 해결하는 방법으로는 크게 두 가지를 생각해 볼 수 있다. 먼저 지주회사 주주들이 일정한 요건하에 마치 자회사 주주인 것처럼 자회사에 대해 의결권이나 소수주주권을 행사할 수 있게 하는 방법이다. 앞에서 본 것과 같이 경제적 실질 측면에서 보면 지주회사가 직접 사업을 수행하는 것이나 자회사가 직접 사업을 수행하는 것 사이에 큰 차이가 없기 때문에, 모회사주주들이 자회사에 대해 직접 주주로서의 권한을 행사할 수 있게 하는 것이 합리적이라는 것이 그 근거이다. 모회사주주가 자회사등의 이사에 대해 대표소송을 제기할 수 있는 다중대표소송 제도가 대표적인 예이다.

다른 방법은 지주회사의 이사들에게 자회사 경영을 감독할 의무를 보다 적극적으로 인정하고, 이를 소홀히 하는 경우 지주회사의 이사들에게 대표소송 등을 통해 책임을 묻는 방법이다. 자회사 관리는 일반 소액주주보다 전문성을 갖춘 지주회사의 이사들에게 맡기는 것이 효율적이기 때문에, 지주회사의 주주들이 직접 자회사의 주주권을 행사하는 것은 바람직하지 않고 자회사를 관리하는 이사를 통제하면 된다는 것이 그 근거이다. 아래에서 구체적으로 살펴보자.

(1) 지주회사 주주로 하여금 자회사 주주로서의 권리를 행사하게 하는 방법

1) 의결권의 행사

의결권은 회사 경영권의 향방을 결정할 수 있는 주주의 핵심 권리이기 때문에, 누가 의결권을 행사할 수 있는지에 대해서는 신중한 접근이 필요하다. 지주회사의 중요한 역할이 자회사 관리에 있고, 지주회사의 경영진이 자회사 관리에 대한 전문성과 풍부한 정보를 바탕으로 많은 시간과 노력을 투입하여 자회사를 관리·감독한다는 점을 고려하면, 지주회사의 이사와 주주 사이에 특별히 이해상충이 없는 한 지주회사 주주들이 지주회사 이사회를 대신하여 직접 자회사에 대해 의결권 행사를 할 필요성은 크지 않다. 이를 인정할 경우 사실상 자회사의 법인격을 부인하는 셈이 되는데, 이렇게까지 하면서 지주회사 주주들이 얻을 수 있는 실익은 크지 않다.

다만 최근에는 물적분할 후 자회사 재상장이 사회적으로 논란을 불러일으킴에 따라 자회사가 상장을 추진하는 경우 지주회사 주주총회의 승인을 얻도록 하는 규정을 정관에 포함시키는 경우도 발견된다. 주주총회는 법령 및 정관에 정하는 사항에 한하여 결의할 수 있으므로(상법 제361조) 자회사 경영사항 중 중요한 사항을 이와 같이 정관에 규정하는 것은 물론 가능하고, 구체적 사안에 따라 지주회사 소액주주 보호 수단으로 검토할 수 있겠다.

2) 소수주주권의 행사: 다중대표소송, 다중유지청구, 다중회계장부 열람권

소수주주권 중에서도 특히 주주대표소송은 이사와 주주 간에 이해상충이 존재하여 회사의 이사가 주주의 이익을 위하여 행동하는 것을 기대하기 어렵기 때문에 인정된다. 지주회사의 경영진은 자신의 입맛에 맞는 사람을 자회사의 이사로 선임할 것이므로, 지주회사 경영진이 자회사 이사에 대해 대표소송을 제기하는 것을 기대하기는 어렵다. 특히 우리나라와 같이 대부분의 그룹에 지배주주가 존재하고, 해당 지배주주가 계열사 임원 인사 전반에 영향력을 행사하는 상황에서는 더욱 그러하다.

　이러한 문제의식 하에 앞서 살펴본 바와 같이 다중대표소송을 도입
해야 한다는 주장들이 이어져 왔고 그 결과 2020년 개정 상법에서 다중
대표소송 제도가 도입되었다는 점은 앞서 살핀 바와 같다.

　다만 지배주주 주주가 소수주주권 요건을 갖추어 자회사 이사나 감
사의 행위를 사전에 막을 수 있는 다중유지청구권이나, 자회사의 정보
를 열람할 수 있는 다중회계장부열람권은 2020년 개정 상법을 통해 도
입되지 않았다. 다중대표소송을 인정한 이상 위의 두 제도를 도입하지
않을 이유는 논리적으로 뚜렷하지 않다. 특히 다중대표소송을 효과적
으로 수행하기 위해서는 다중회계장부열람권의 도입이 필요함은 물론
이다.

(2) 지주회사의 이사를 통제하는 방법

1) 지주회사 이사의 자회사 감독의무

　지주회사의 이사들이 어느 범위 내에서 자회사 경영에 관여하고 이
를 관리·감독할 의무를 부담하는지에 대해 일치된 견해는 아직 없는
것으로 보인다.[9] 오히려 하급심 중에서는 지배회사와 종속회사는 별
개의 법인격을 갖고 있으므로 지배회사 임원들이 종속회사 임원들의
업무집행에 대해 감독할 의무가 없다고 본 판결도 존재한다.[10] 이처럼

---

9) 김신영, 지배종속회사에서의 주주 이익 보호에 관한 비교법적 연구, 서울대학교 법학
　박사 학위논문(2017), 80면; 송옥렬, 현행 상법상 이중대표소송의 허용여부, 민사
　판례연구 제28권, 민사판례연구회(2006), 541면 : "현행 상법상 모회사의 이사에게
　자회사 이사의 행위를 관리·감독할 의무를 부과하고 있다고 해석할 수 있는지는 확
　실하지 않다"고 본다.
10) 서울남부지방법원 2003. 9. 19. 선고 2003가합1749 판결. 다만 해당 판례에서 법원은
　"지배회사의 주주로서는 지배회사 이사회에 종속회사의 주주로서 대표소송을 제기하
　라는 제소청구를 할 수 있고, 지배회사의 이사회가 이를 거절하는 경우 지배회사 이사

지주회사 이사에게 자회사 운영과 관련한 책임을 부정하는 입장에서는, 지주회사는 자회사의 주주에 불과하므로 지주회사의 이사가 자회사의 경영에 개입할 여지가 없고 따라서 이와 관련한 책임도 묻기 어렵다고 본다.

그러나 이러한 주장은 지나치게 획일적이기도 하고 기업집단 운영의 현실을 잘 반영하지 못하기 때문에 받아들이기 어렵다. 이사의 선관주의의무는 워낙 다양한 상황에서 적용이 되는 것이어서 이를 형식적인 기준으로 판단하는 것 자체가 바람직하지 않다. 지주회사의 이사라고 하여 일반사업회사의 이사와 다른 내용이나 수준의 선관주의의무가 적용된다고 볼 필요는 없다. 다만 각자 "그 지위나 상황에서 통상 기대되는 정도의 주의의무"를 다하여야 한다고 보면 된다. 즉 처한 상황에 따라 자신이 행사할 수 있는 권한과 수단을 최대한 동원하여 회사의 이익을 위해 업무를 수행하면 된다.

그렇다면 지주회사의 이사는 어떤 지위나 상황에 처해 있으며, 어느 수준의 주의의무가 기대되는가? 이 문제는 지주회사의 이사가 어떠한 방법을 통해 자회사 경영에 개입하고 감독할 수 있는지의 문제로 연결된다. 이와 관련하여 상법은 감사의 자회사 조사권(제412조의5)을 규정하고 있을 뿐 이외에 특별히 모회사에게 자회사를 관리·감독할 수 있는 권한을 명시적으로 규정하고 있지 않다. 공정거래법도 지주회사나 자회사의 행위 제한 등을 규정할 뿐, 특별히 지주회사가 자회사를 감독할 수 있는 권한을 주고 있지는 않다.[11]

를 상대로 그들이 지배회사의 종속회사에 대한 투자분을 보호하는 조치를 취하지 않은 것에 대한 책임을 물을 수 있다'고 판시하여 지배회사 이사가 종속회사의 이사를 상대로 대표소송을 제기할 의무는 존재한다고 보았다.

11) 독일 주식법에서는 지배회사와 종속회사가 지배계약을 체결하는 경우 지배회사가 종

그렇지만 법령에 자회사에 개입할 수 있는 권한이 명시적으로 규정되어 있어야만 자회사의 경영에 관여할 수 있는 것은 아니다.[12] 무엇보다도 지주회사의 이사는 자회사에 대해 의결권을 행사할 수 있다. 이를 통해 지주회사의 이사는 자신이 영향력을 행사할 수 있는 사람을 자회사의 이사로 선임하고, 해당 이사를 통해 자회사의 경영사항에 대해 보고를 받으며 업무를 지시할 수 있다. 자회사의 이사는 자회사에 대해 선관주의의무를 부담하기 때문에 지주회사가 아닌 자회사의 이익을 위해 최선을 다하여야 하지만, 지주회사와 자회사 간의 이해관계가 충돌하지 않는 한 자신에 대한 선임·해임권을 갖는 지주회사의 지시를 무시하기는 어렵다. 이외에도 지주회사는 기업집단에 생기는 사업기회를 어느 자회사를 통해 수행할지, 기업집단 내에서 인력과 자금을 어느 자회사로 집중시킬지 등에 대한 영향력을 바탕으로 자회사의 경영에 영향력을 행사할 수 있다. 상장회사인 금융지주회사는 비상장회사인 자회사 임직원들에게 직접 금융지주회사의 주식매수선택권을 부여할 수 있는데,[13] 이를 통해 자회사 임직원들에게 지주회사 주식가치의 증대를 위해 업무를 수행할 인센티브를 주는 것도 가능하고, 주주총회에서 이사 및 감사의 보수한도를 결정하는 방법으로도 자회사 이사를 통제할 수 있다.[14]

속회사의 이사에 직접 업무를 지시할 수 있다. 이와 같이 지배회사에 종속회사에 대한 지시권한을 법문으로 인정하는 것은 여러 국가의 입법례를 볼 때 오히려 예외적인 경우에 속한다. 자세한 내용은 송옥렬, 기업집단에서 계열사 소액주주의 보호: 각국의 입법례를 중심으로, BFL 제59호(2013), 서울대학교 금융법센터, 24면.

12) 다양한 자회사 지배수단에 대해서는 노혁준(편) / 김현태·이승환(집필), 지주회사의 자회사 지배수단, 제3판 지주회사와 법(2023), 서울대학교 금융법센터.

13) 상법 제542조의3 제1항; 동법 시행령 제30조 제1항 제3호.

14) 천경훈, 기업집단의 법적 문제 개관, BFL 제59호(2013), 서울대학교 금융법센터, 14면도 이러한 대주주로서의 개입은 상법의 명시적인 규정에 반하지 않는 한 가능하다고

우리 법도 지주회사가 자회사의 경영사항을 파악하고 영향을 줄 수 있다는 것을 전제로 하고 있다. 상법은 이사가 아니어도 대주주나 대주주의 임원 등이 회사에 대한 영향력을 행사할 수 있다고 보고, 자회사 주주들이 이들에 대해 업무집행지시자로서 책임을 물을 수 있게 하고 있다.[15] 금융투자업과 자본시장에 관한 법률은 10% 이상의 지분율을 가진 주주가 6개월 이내에 주식을 사고파는 경우 그 차익을 회사에 반환하게 하고 있는데(단기매매차익반환의무),[16] 이는 10% 정도의 지분율을 가지면 회사의 미공개정보에 접근할 수 있다는 것을 전제로 하고 있음을 알 수 있다. 한국거래소 규정을 보면 주권상장법인인 지주회사는 사업보고서에 연결대상 종속회사의 사업 내용을 기재하여야 하고,[17] 자회사의 영업ㆍ재무ㆍ투자 등에 중요한 변화가 있는 때 이를 신속하게 공시할 것을 요구하고 있다.[18] 심지어 자회사의 사업 내용에 대해 조회공시가 들어오는 경우 이를 답변할 의무도 지주회사에 있다.[19] 지주회사가 자회사의 일반적인 경영 내용은 물론 미공개정보에 대해서까지 파악할 것을 기대하고 있는 셈이다.

따라서 지주회사 이사들의 자회사 감독의무를 좁게 볼 필요는 없다. 과반수 지분을 보유하는 자회사라면, 지주회사의 이사들은 이사의 선임을 통해 자회사에 영향력을 행사할 수 있으므로, (i) 자회사 기업가치는 물론 지주회사 기업가치를 최대한 증대할 수 있는 사람을 자회사의 경영진으로 선임하여야 하고, (ii) 이러한 경영진이 자회사를 잘 운영하는

하고, 공정거래법 등 다른 법령들도 이러한 관여를 예정하고 있다고 본다.

15) 상법 제401조의2 제1항.

16) 금융투자업과 자본시장에 관한 법률 제172조 제1항.

17) 금융감독원 기업공시서식 작성 기준 제3-1-1조 제1항 등.

18) 유가증권시장 공시규정 제8조 및 코스닥시장 공시규정 제7조.

19) 유가증권시장 공시규정 제12조 제1항 및 코스닥시장 공시규정 제10조 제1항.

지, 지주회사의 이익에 반하는 행동은 하지 않는지 자회사 경영진으로 부터 수시로 보고를 받는 등의 방법으로 감독하여야 하며, (iii) 필요하다면 기업집단의 사업기회를 자회사에 제공하고 자회사 이사에 대한 업무지시를 통해 자회사가 지주회사 기업가치 증대라는 목적에 맞게 운영될 수 있도록 개입하고, (iv) 만일 자회사의 이사가 임무를 충실하게 수행하지 못하거나 법령이나 정관을 위반할 때, 해당 이사를 해임하거나 해당 이사에 대해 대표소송을 제기하는 등 적절한 조치를 취할 의무를 부담한다. 이보다 적은 지분을 보유하여 단독으로 자회사의 경영에 관여하는 데에 제약이 있는 경우라면 자회사의 공개된 자료를 바탕으로 경영상황을 파악하고, 문제가 있다면 소수주주권을 행사하여 대표소송을 제기하거나 비슷한 의견을 가진 다른 주주들과 연합하여 회사 이사를 선임하는 등의 노력을 기울이면 된다. 지주회사의 이사는 지주회사의 경영에만 관여할 수 있지 법인격이 다른 자회사의 운영에 대해 책임이 없다고 보는 것은 현실에 맞지 않다. 각자 주어진 상황에 맞게 자신에게 부여된 권한을 충분히 행사하여 지주회사의 이익을 위해 주의의무를 하여야 한다고 해석해야 한다.[20]

2) 회사지분 인수 및 매각

앞에서 본 것처럼 지주회사가 자신의 중요한 영업을 양도하거나 양수하는 경우에는 상법에 따라 주주총회 특별결의에 의한 승인이 필요하고 반대주주에게 주식매수 청구권이 부여되지만, 지주회사가 자신이 보유하는 자회사 주식을 양도·양수하는 경우에는 지주회사 이사회 결

---

20) 노혁준, 지주회사관계에서의 이사의 의무와 겸임이사, BFL 제11호(2005), 서울대학교 금융법센터, 32면.

의만으로 이를 추진할 수 있고, 주식매수청구권도 인정되지 않는다. 그렇지만 경제적 실질이라는 측면에서 보면, 사업을 매각하나 사업을 수행하는 자회사 주식을 매각하나 큰 차이는 존재하지 않는다. 따라서 지주회사에 중요한 자회사 주식을 매각하거나 매입하는 경우에도 중요한 영업양수도의 경우와 마찬가지로 지주회사에 주주총회를 인정하고, 반대주주에게 주식매수청구권을 부여하는 것이 타당하다.[21)

III. 자회사 주주의 보호

1. 자회사 주주는 특별한 보호가 필요한가?

(1) 지배권의 사적이익과 기회주의적 행동

지배주주는 일반 소액주주가 누리지 못하는 지배권의 사적이익 (private benefit of control)을 누린다.[22) 지배주주는 전체 주주의 이익을 위하여 회사의 경영진을 감독하기 때문에 소액주주에게 도움이 되기도 하지만, 전체 주식가치보다는 지배권의 사적이익을 증가시키는 방향으로 회사의 의사결정을 할 수도 있기 때문에 소액주주에게 손해를 입힐

---

21) 정준혁, M & A에서 주주 보호에 관한 연구. 서울대학교 법학박사 학위논문, 198면 이하; 김건식 · 노혁준 · 천경훈, 회사법(제6판), 박영사(2022) 743면. 다만 어떠한 영업이 중요한지에 대해 명확한 정량적인 기준이 없다 보니, 실무상 금융투자업과 자본시장에 관한 법률상 주요사항보고서 제출대상 양수도이면 주주총회 특별결의를 하는 경향이 있다. 그렇지만 이와 같이 비교적 작은 거래에까지 주주총회 특별결의를 받을 필요는 없다. 입법이나 판례 변경을 통해 보다 높은 기준을 인정하는 것이 필요하다.
22) 정준혁, 지배권의 사적이익과 경영권 프리미엄, 기업법연구 제33권 제2호(2019).

수도 있다.[23] 우리나라는 비교적 낮은 지분만으로도 회사 전체에 대한 지배권을 행사하는 경우가 많은데, 이러한 소수지분 지배구조(controlling minority structure)하에서는 지배주주가 사적이익을 추구할 인센티브가 더욱 커지게 된다.[24]·[25]

지배주주는 회사에 대한 지배권을 유지하는 이상 지배권의 사적이익을 독점하고, 지배주주의 지분율이 높은지 낮은지 여부는 지배권의 사적이익의 크기에 별다른 영향을 미치지 못한다. 따라서 지배주주로서는 지배권을 유지할 수 있는 범위 내에서 지분율을 낮추는 것이 1주당 투자수익을 늘리는 데에 유리하다. 이처럼 회사를 지배하고 지배권의 사적이익을 누리는 데에 필요한 수준의 지분율이 낮아질수록 지배주주는 전체 주식가치를 증대시켜 전체 현금흐름을 늘리기보다는 사적이익을 추구하게 되고, 이에 따라 회사법이 소액주주를 보호할 필요성은 커지게 된다.[26]·[27] 이사의 충실의무나 상법상 자기거래 통제, 사업기회

---

23) Ronald J. Gilson / Jeffrey N. Gordon, Controlling Controlling Shareholders, 152 U. Penn. L. Rev., 785(2003) ; Ronald J. Gilson, Controlling Shareholders and Corporate Governance: Complicating the Comparative Taxonomy, 119 Harv. L. Rev., 1641 (2006); 송옥렬, 복수의결권주식 도입의 이론적 검토, 상사법연구 제34권 제2호(2015), 한국상사법학회, 264면.

24) Lucian Aye Bebchuk / Reinier Kraakman / George Triantis, Stock Pyramids, Cross-Ownership and Dual class Equity : The Mechanisms and Agency Costs of Separating Control from Cash-flow Rights, in Concentrated Corporate Ownership, Randall K. Morck, ed., p.452(2000); 정준혁, 앞의 논문(각주 21), 78면; 岩原紳作·山下友信·神田秀樹(編) / 金建植(執筆), 會社·金融·法(上卷), 商事法務(2013), 140-141면 ; 송옥렬, 앞의 논문(각주 23), 268면.

25) 예를 들어 지배주주가 30%의 지분율로 회사를 지배한다고 하면, 해당 지배주주는 전체 주식가치를 100원, 자신의 사적이익을 10원 증가시킬 수 있는 A프로젝트보다는 전체 주식가치를 50원, 사적이익을 30원 증가시킬 수 있는 B프로젝트를 선택하게 된다. 전자의 경우 지배주주가 얻는 이익은 40원이지만(100원×30%+10원), 후자의 경우에는 45원(50원×30%+30원)이 되기 때문이다.

26) 정준혁, 앞의 논문(각주 21), 80면: 지배주주의 지분율이 적을수록 가치증대형 M&A가

의 유용 금지, 경업 금지 등의 제도들은 지배권의 사적이익을 적절한 수준으로 통제하고 지배주주의 기회주의적 행동을 방지하기 위한 제도들이다.

(2) 지배권 강화수단으로서의 지주회사 제도

지주회사 체제하에서는 지배주주가 보다 낮은 수준의 지분만으로 지주회사 아래에 있는 회사들을 지배할 수 있다. 예를 들어 지배주주가 지주회사 지분의 30%를 보유하고 있고, 지주회사가 다시 자회사의 지분을 30% 보유하면, 자회사의 현금흐름 중 지주회사 지배주주에게 귀속되는 것은 9%(30%×30%)에 불과하다. 자회사가 30%의 지분율을 보유하는 손자회사 단계까지 가면 손자회사 현금흐름 중 지배주주에게 귀속되는 것은 2.7%에 불과하다. 통상적인 경우라면 2.7% 정도의 지분율만으로는 회사에 대한 지배권을 확보할 수 없고 확보하더라도 적대적 M&A를 통해 어렵지 않게 지배권을 박탈당하겠지만, 지주회사 제도를 활용하면 매우 적은 투자만으로도 회사를 지배할 수 있게 되고, 그만큼 지배주주와 소액주주 간의 이해관계 불일치는 심해진다.

이와 같이 적은 현금흐름에 대한 권리만으로 회사를 지배할 수 있게 해주는 것을 지배권 강화수단(Control Enhancing Mechanism, 이하 "CEM")

이루어지기 어렵다.

27) 위의 예에서 지배주주가 20%의 지분율만으로 회사를 지배할 수 있다고 하면, A프로젝트의 경우 지배주주는 30원(100원×20%+10원)의 이익을, B프로젝트의 경우 40원(50원×20%+30원)의 이익을 얻게 된다. 지배주주의 지분율이 30%인 경우와 비교하여 A프로젝트와 B프로젝트 간의 지배주주 부의 차이가 증가함을 확인할 수 있다. 지분율이 30%인 상황에서는 A프로젝트의 전체주식가치 증가분이 적어도 116.7원은 되어야 지배주주가 A프로젝트를 선택하지만, 지분율이 20%인 경우에는 150원은 되어야 A프로젝트를 선택하게 된다.

이라 한다.[28] 지주회사와 같은 피라미드구조(pyramid structures)가 대표적인 CEM에 해당하고 복수의결권주식, 보유기간에 따른 의결권차등제, 무의결권주식, 상호출자 등도 여기에 해당한다. 지배주주와 소액주주 간의 대리인 문제에 대한 연구들에서는 이러한 CEM은 현금흐름에 대한 권리와 지배권을 분리시키기 때문에 소액주주 보호에 바람직하지 않고 사회적으로 효율적이지 않은 것으로 보는 것이 일반적이다.[29] 따라서 이러한 CEM을 어느 범위 내에서 인정할 것인지 및 인정하더라도 어떠한 방법으로 소액주주를 보호할 것인지가 중요하다.

2. 자회사 주주의 보호

우리나라에서는 과거 지주회사 제도를 허용하지 않다가 IMF 외환위기 이후 1999년 공정거래법의 개정을 통해 이를 허용하였고, 기업집단들이 지주회사 체제로 전환하는 것을 바람직하게 보기도 하였다.[30] 순환출자를 통한 복잡한 지배구조에 비해서는 지주회사 체제가 상대적으로 그 소유구조를 파악하고 관리하기 쉽기 때문인 것으로 이해된다. 다만 지주회사를 통해 대기업이 적은 자금으로도 지배력을 쉽게 확장하

---

28) Institutional Shareholder Services (ISS), Sherman & Sterling LLP and the European Corporate Governance Institute (ECGI), Report on The Proportionality Principle in The European Union, External Study Commissioned by the European Commission, p.5(2007).
29) 다만 지배권의 사적이익이 적거나 이를 적절하게 통제할 수 있는 법제하에서는 CEM으로 인한 폐해가 크지 않고, 특히 복수의결권 주식 등 CEM을 적절하게 활용하면 창업주가 기업공개(Initial Public Offering, IPO) 이후에도 회사에 대한 지배권을 행사할 수 있게 해주어서 기업공개를 통한 자금모집과 회사의 성장을 가져오는 데에 도움이 되는 측면도 있다. 송옥렬, 앞의 논문(각주 23), 270-278면.
30) 공정거래위원회, 시장개혁 3개년 로드맵(2003), 12면.

는 것을 막기 위해 자회사나 손자회사의 지분을 일정 비율 이상 보유하게 하고, 지주회사의 부채액을 자본총액의 2배로 제한하여 차입을 통한 지배권 확장을 제한하는 등 여러 행위제한 규정을 두었다.[31]

회사법 측면에서는 앞에서 본 바와 같이 지주회사 체제하에서는 지배주주와 소액주주 간의 이해관계 불일치가 보다 심해지므로, 이를 적절하게 통제하는 것이 필요하다. 크게 보면 (i) 자회사에 대한 영향력을 통해 자회사에 손해를 입힌 지주회사나 지주회사의 지배주주 및 그 이사에 대해 책임을 묻는 방법과 (ii) 지주회사나 지배주주의 이익을 위해 자회사에 손해를 입힌 자회사 이사에 대해 책임을 묻는 방법이 있다. 이하 각각 살펴본다.

(1) 지주회사 및 지주회사 지배주주의 자회사 소액주주에 대한 책임

앞서 I. 2.에서 살핀 것처럼, 회사에 대한 자신의 영향력을 이용하여 이사에게 업무집행을 지시한 자는 상법 제401조의2 제1항에 따라 업무집행지시자로서 책임을 부담한다. 자연인뿐만 아니라 법인도 업무집행지시자에 해당할 수 있기 때문에,[32] 업무집행지시자에는 지주회사 및 지주회사의 이사, 나아가 지주회사의 지배주주도 포함될 수 있다.[33] 이들의 지시로 자회사에 손해가 발생한 경우, 자회사의 소수주주는 이들에 대해 대표소송을 제기할 수 있다.

그렇지만 실제 지배주주에게 업무집행지시자로서의 책임을 인정하기 위해서는 여러 실무적인 어려움이 있다. 이러한 업무 지시는 이사회

---

31) 공정거래법 제18조.
32) 대법원 2006. 8. 25. 선고 2004다26119 판결.
33) 천경훈, 앞의 논문(각주 14), 15면.

등 공식 기구를 통해 이루어지는 것이 아니라, 기업집단 내부에서 은밀하게 이루어지는 경우가 대부분이고,[34] 지시 내용도 지주회사 등 기업집단 상위조직에서 전체적인 방향성 등만을 제시할 뿐 구체적인 실행방법에 대해서는 개별회사에게 지시를 하지 않는 경우가 많다. 또한 지배주주로부터 아무런 지시가 없었음에도 불구하고 자회사 이사가 임의로 지배주주에게 유리한 행위를 하는 경우까지 업무집행지시자의 책임을 인정하여야 하는지와 같은 문제들도 있다.

이는 결국 지시의 존재를 어떻게 입증할 것인지에 관한 문제인데, 이는 사안별로 전체적인 정황을 보고 판단할 수밖에 없겠다. 예를 들어 기업집단 내의 어느 회사가 다른 계열회사의 신주를 인수하거나 계열회사에 자금을 대여하는 경우와 같이 계열회사 간에 거래를 하는 경우, 적어도 지주회사나 지배주주 차원의 지시 내지 승낙이 있었다고 보는 것이 자연스럽다. 계열회사들이 컨소시엄을 구성하여 M&A에 입찰하거나 공동 프로젝트를 진행하는 경우도 마찬가지이다. 지주회사는 자회사의 사업을 지배하는 것을 주된 사업으로 하므로 이러한 자회사 공동의 의사결정을 지주회사나 지배주주의 지시 없이 진행한다는 것이 기업 현실에 부합하지 않고, 만일 지주회사가 이러한 거래를 관리·감독하지 않았다면 오히려 지주회사 이사가 주의의무를 다하지 않은 것으로 볼 수도 있다. 앞에서 본 바와 같이 지주회사 체제하에서는 지배주주가 사적이익을 추구할 인센티브가 커지므로, 정책적으로도 지주회사나 지배주주의 업무집행 지시 존재 여부를 너무 엄격하게 보는 것은 바람직하지 않다.[35]

---

34) 김신영, 앞의 논문(각주 9), 263-264면.
35) 기업집단의 총수로서 중요한 회사경영에 관여하고 있었다면 개별 의사결정에 관여한 것에 대한 엄격한 입증 없이도 공동정범으로서 형사책임을 물을 수 있으므로, 상법

한편 이사가 고의 또는 중대한 과실로 그 임무를 게을리한 경우, 해당 이사는 제3자에 대해 손해배상 의무를 부담한다(상법 제401조 제1항). 우리 대법원은 주주도 위 조문의 제3자로서 이사에 대해 직접 손해배상청구를 할 수는 있지만, 회사재산의 감소로 주주의 주식가치가 감소한 것은 간접적인 손해이므로 위 조문에 따른 손해에 해당하지 않는다고 본다.[36] 상법 제401조 제1항의 손해를 이와 같이 제한적으로 해석하는 것에는 의문이 있지만,[37] 대법원 판결을 따르는 경우 이사가 주주에 대해 직접 손해를 입히는 경우가 아닌 한 주주가 회사 기업가치 감소를 이유로 이사에 대해 직접 손해배상청구를 제기하기는 어렵다.

(2) 자회사 이사의 자회사 소액주주에 대한 책: 이른바 기업집단 공동이익의 문제[38]

자회사의 이사가 지주회사, 다른 자회사나 지배주주의 이익을 위해 업무를 집행하고 그 결과 자회사에 손해를 입힌 경우, 해당 이사는 자회사에 대해 손해배상책임을 부담한다. 그런데 이러한 행위가 해당 자회사에는 손해가 되지만, 전체 기업집단 공동이익에는 도움이 되는 경우

제401조의2 제1항 업무집행지시자의 해석에 있어서도 동일한 입장에 따라 민사책임을 물을 수 있다고 보는 견해도 일맥상통한다. 천경훈, 앞의 논문(각주 14), 15면.

36) 대법원 1993. 1. 26. 선고 91다36093 판결: "대표이사가 회사재산을 횡령하여 회사재산이 감소함으로써 회사가 손해를 입고 결과적으로 주주의 경제적 이익이 침해되는 손해와 같은 간접적인 손해는 같은 법 제401조 제1항에서 말하는 손해의 개념에 포함되지 아니하므로 이에 대하여는 위 법조항에 의한 손해배상을 청구할 수 없는 것으로 봄이 상당"하다고 판시; 대법원 2003. 10. 24. 선고 2003다29661 판결.

37) 김건식, 주주의 직접손해와 간접손해, 상사판례연구 제1권(2006), 한국상사판례연구회, 662면.

38) 기업집단 공동이익에 관한 논의는 계열회사 간 거래를 통해 자회사가 손해를 입는 경우만 아니라 지주회사가 손해를 입는 경우에도 적용될 수 있겠다.

까지 자회사 이사가 선관주의의무를 위반하였다고 보아야 하는지에 대해서는 여러 논의가 있다. 이와 관련하여 우리나라 판례가 채택한 1인회사 법리에 의하면, 회사와 주주는 별개의 인격체이므로 단독주주를 위해 회사의 자금을 사용하거나 단독주주가 보유하는 여러 회사 간에 자금을 지원하는 경우에도 업무상 횡령죄가 성립한다.[39] 회사에 손해를 입혔는지에 대한 판단은 기업집단이 아니라 개별회사를 기준으로 이루어져야 한다는 것이 우리 판례의 기본 입장이다.

그렇지만 경제적 실질이라는 측면에서 보면 이와 같이 개별회사를 기준으로 회사의 손익을 판단하는 것은 타당하지 않고, 실제 우리나라 기업집단의 운영을 보더라도 그룹 차원에서의 의사결정이 이루어지는 경우가 많기 때문에, 이사의 임무 위반 여부를 판단할 때 개별회사의 손익뿐만 아니라 기업집단의 공동이익까지 고려하여야 한다는 논의가 있다.[40] 외국에서는 프랑스의 로젠블룸(Rozenblum) 판결이나 독일의 콘체른(Konzern) 제도와 같이, 부담을 지거나 손해를 입는 계열회사에 대해 적절한 보상이 이루어진다는 전제하에 기업집단 공동이익을 추구하는 행위에 대해 민형사상 책임을 문제 삼지 않고 있다.[41]

이와 관련하여 2017년에는 업무상 배임죄의 성립을 판단함에 있어서

---

39) 대법원 1983. 12. 31. 선고 83도2330 판결; 대법원 2006. 9. 22. 선고 2004도3314판결 등.
40) 상정 가능한 다양한 입장에 대해서는 천경훈, 앞의 논문(각주 14), 11-13면.
41) 위 제도들에 대한 자세한 소개와 관련하여서는 이완형, 기업집단 내 계열회사간 지원행위의 업무상배임죄 성립 여부, 사법 제43권(2018), 사법발전재단, 569-575면; 천경훈, 앞의 논문(각주 14), 12면; 김재협, 그룹에 있어 회사재산 남용죄에 관한 프랑스 법원의 태도: 로젠불룸 판결을 중심으로, 인권과 정의 제431호(2013), 대한변호사협회; 송옥렬, 앞의 논문(각주 11); Philippe Merle, Droit Commercial: Sociétés Commerciales 2017, Dalloz, p.921(2016); Maurice Cozian / Alain Viandier / Florence Deboissy, Droit des Sociétés, 29e edition, LexisNexis, p.792(2016) 참조.

기업집단 차원에서의 공동이익을 고려할 수 있다는 취지의 대법원 판결이 선고되어 많은 주목을 받은 바 있다. SPP그룹 소속 회사들이 자금대여·경상거래 등의 방법으로 계열회사를 지원한 행위에 대해 대법원은, "지원을 주고받는 계열회사들이 자본과 영업 등 실체적인 측면에서 결합되어 공동이익과 시너지효과를 추구하는 관계에 있는지, 이러한 계열회사들 사이의 지원행위가 지원하는 계열회사를 포함하여 기업집단에 속한 계열회사들의 공동이익을 도모하기 위한 것으로서 특정인 또는 특정회사만의 이익을 위한 것은 아닌지, 지원 계열회사의 선정 및 지원규모 등이 당해 계열회사의 의사나 지원능력 등을 충분히 고려하여 객관적이고 합리적으로 결정된 것인지, 구체적인 지원행위가 정상적이고 합법적인 방법으로 시행된 것인지, 지원을 하는 계열회사에 지원행위로 인한 부담이나 위험에 상응하는 적절한 보상을 객관적으로 기대할 수 있는 상황이었는지 등까지 충분히 고려하여" 해당 지원행위가 경영판단의 재량 범위 내에서 이루어진 것이라면 업무상 배임죄의 고의가 없다고 판시하였다.[42] 위 대법원 판례는 계열회사간 지원행위와 관련하여 업무상 배임죄 성립 여부에 대한 판단 기준을 제시하고, 특히 지원을 주고 받는 계열회사 간에 공동이익과 시너지를 추구하는 경우에는 외형적으로는 손해가 되는 행위라도 업무상 배임죄가 성립하지 않을 수 있다는 점을 확인하였다는 점에서 중요한 의미를 갖는다.[43]

그렇지만 기업집단의 공동이익을 추구하였다는 것에 지나치게 큰 의미를 둘 필요는 없다. 계열회사에 대한 지원행위가 아무리 기업집단의 공동이익에 도움이 된다고 하더라도 이러한 공동이익을 해당 자회사가

---

42) 대법원 2017. 11. 9. 선고 2015도12633 판결.
43) 이 판례에 대한 상세한 평석으로는 이완형, 앞의 논문(각주 41), 551면 이하 참조.

누리지 못하거나, 공동이익을 누릴 수 있더라도 이로 인한 손실이 이보다 큰 경우까지 이사의 책임이 없다고 볼 것은 아니다.[44] 프랑스 로젠블룸 판결이나 독일 콘체른 제도에서도 회사가 기업집단 공동이익을 위해 자신의 이익을 일방적으로 희생하는 것까지 허용하지는 않는다.

특히 자회사에 소액주주나 채권자 등 이해관계인이 존재하는 상황에서 전체 기업집단에 이익이 되었다는 이유만으로 이사의 책임을 면책하는 것은 바람직하지 않다.[45] 앞에서 본 것과 같이 지주회사 체제하에서는 지배주주가 사적이익을 추구할 유인이 크기 때문에 이로 인하여 소액주주가 손해를 입을 가능성도 상대적으로 크다. 우리 법률의 체계에 맞게 개별회사를 기준으로 손익을 판단하되, 다른 계열회사와의 시너지효과 등을 감안하여 보다 종합적으로 손익을 판단하여야 한다는 의미로 이해하면 된다.

간단한 예를 살펴보자. 어느 자동차 제조사가 시장가치가 100원인 조선사 지분을 120원에 인수하였다고 하자. 자동차 제조업과 조선업 간에는 별다른 사업 연관성이 없어서 자동차 제조사는 이러한 인수로 이익을 얻지 못하지만, 자동차 제조사의 50% 자회사인 철강회사는 조선사에게 제품을 대규모로 공급할 수 있게 됨에 따라 50원의 이익을 얻는다고 하자. 조선사 인수라는 행위만 보면 자동차 제조사가 계열회사인 철강회사를 지원하기 위해 20원의 손해를 입었다고 볼 수도 있다. 그렇

---

44) 송옥렬, 앞의 논문(각주 11), 37면. 종속회사에 대한 보상 없이 단지 그룹 차원의 이익을 고려하였다는 것만으로는 이사가 책임을 면하기 어렵다고 본다.

45) 대법원 2013. 9. 26. 선고 2013도5214 판결도 기본적으로 개별회사 단위로 판단할 것을 요청하고 있다 : "기업집단의 공동목표에 따른 집단이익의 추구가 사실적, 경제적으로 중요한 의미를 갖는 경우도 있을 수 있으나, 그 기업집단을 구성하는 개별 계열회사도 별도의 독립된 법인격을 가지고 있는 주체로서 그 각자의 채권자나 주주 등 다수의 이해관계인이 관여되어 있고, 사안에 따라서는 대규모 기업집단의 집단이익과 상반되는 고유이익이 있을 수 있는 점".

지만 자동차 제조사는 철강회사 지분을 50% 보유하고 있기 때문에 철강회사 지분가치 상승을 통해 25원의 이익을 얻을 수 있다. 또 철강회사가 조선사와의 대규모 거래를 통해 기술력이 높아져서 결과적으로 자동차 제조사에 공급하는 강판의 질이 좋아질 수도 있다. 이렇게 종합적으로 보면 조선사 인수는 자동차 제조사에 이익이 되는 행위로 볼 수 있다.[46]

사실 이러한 손익 판단 기준은 기업집단의 공동이익이라는 별도의 개념을 특별히 인정하지 않더라도 인정될 수 있다. 대법원은 업무상 배임죄를 이른바 위태범으로 보아 현실적인 재산상 손해가 확정될 필요까지는 없고 손해 발생의 위험만 있어도 성립한다고 본다.[47] 따라서 이사의 형사책임이 문제 된 사안에서는 회사의 손익을 종합적으로 판단하더라도 손해가 없다고 보기는 어렵고, 이러한 경우 배임의 고의가 없다는 접근방식을 택한다. 그렇지만 상법에 따른 이사의 민사책임을 판단함에 있어서는 손해를 이처럼 쉽게 인정할 것은 아니므로 앞에서 본 것처럼 회사의 손익을 종합적으로 판단하여 손해가 발생하였는지를 판단하면 된다.

IV. 결론

지주회사 체제하에서는 지주회사의 지배주주 및 소액주주, 자회사의 소액주주 등 여러 이해관계자가 등장한다. 이처럼 다층적인 지배구조

---

46) 이와 같이 M&A과정에서 계열회사 등을 통해 누릴 수 있는 시너지효과 등에 대해서는 정준혁, 앞의 논문(각주 21), 131-132면 참조.
47) 대법원 2000. 4. 11. 선고 99도334 판결 외 다수.

하에서는 개별회사에 적용되는 일반적인 주주 보호수단들이 잘 작동하지 않을 수 있다. 지주회사의 주주는 사업을 수행하는 자회사 이사의 행위를 통제하는 데에 어려움이 있고, 자회사 단계에서는 지배주주의 현금흐름에 대한 권리와 지배권 간의 괴리가 크기 때문에 지배주주가 기회주의적 행동을 할 유인이 증가한다.

주지하는 바와 같이 상법은 기업집단이 아닌 개별회사 단위로 이사의 회사에 대한 의무 위반 여부를 판단한다. 따라서 ① 지주회사 소액주주의 적절한 보호를 위해서는 지주회사 이사나 지배주주가 자회사 분할이나 지분 매각, 자회사 상장과 같은 자회사 경영과 관련한 결정을 함에 있어 지주회사에 어떠한 영향을 미치는지를 고려하게 할 필요가 있다. 한편 ② 자회사 소액주주의 적절한 보호를 위해서는 자회사 이사가 지주회사나 기업집단 차원에 이뤄진 결정을 집행하는 것이 자회사에 어떠한 영향을 미치는지를 고려하게 할 필요가 있다. 전체 기업집단의 업무집행지시자, 지주회사의 이사 및 자회사의 이사가 이러한 의무를 부담하고 위반 시 이에 따른 책임을 부담하게 하는 것은 현행법의 해석으로도 충분히 가능하다. 지주회사 등 기업집단 체제하에서 이사 의무의 내용에 대해 보다 적극적인 검토와 해석이 절실하다.

이와 함께 기업집단 정책에 대한 종합적인 검토가 필요하다. 먼저 기업집단 내 내부거래의 정당성을 판단하기 위한 명확한 기준의 수립 문제가 있다. 우리나라는 상법뿐만 아니라 공정거래법, 법인세법 등이 기업집단 내부거래에 대해 중첩적인 규율을 하고 있고,[48] 이로 인하여 정당한 내부거래의 범위에 대한 예측가능성이 낮다는 비판이 제기되고 있다. 거래 조건의 공정성을 기준으로 하되, 객관적인 거래 조건이 명

---

48) 정준혁, 일감몰아주기 법제에 대한 입법 평가, 경제법연구 제19권 제3호(2020).

확하지 않은 경우에는 미국과 같이 절차적 통제에 중점을 두는 방식을 생각해 볼 수 있다.

내부거래는 기업집단 내 시너지를 창출하기 위해 반드시 필요하다. 그러나 개별 계열회사 내에 서로 다른 소액주주가 존재하는 상황에서는 이해충돌의 가능성이 발생할 수밖에 없다. 따라서 모자회사 동시상장이나 기업집단 내 여러 계열회사들이 상장을 하는 것을 허용함에 앞서 이러한 이해충돌을 적절하게 해결할 수 있는 통제 장치가 있는지 점검할 필요가 있다. 공정거래법 상 지주회사의 자회사 및 손자회사에 대한 현행 소유지분 제한 제도가 어떠한 방향으로 자리잡아야 하는지에 대해서도 위와 같은 제도 개선을 전제로 재고할 필요가 있다. 이 글에서의 논의를 바탕으로 향후 지주회사와 모자회사 체제에서 소액주주 보호 관련 법제도들이 적절하게 수립되고 조화롭게 작동할 수 있기를 기대한다.

13

지주회사와 자회사 사이 계약의 법적 문제[*]

조현덕[**] · 이은영[***] · 김건우[****]

I. 서언

1. '지배' 관계를 매개로 하는 회사 사이 계약 규율의 문제점

'지배' 관계를 매개로 하는 회사 사이의 관계에 대하여, 우선 상법은 회사 사이의 주식보유관계에 기초하여 일정한 요건에서 모회사 및 자회사관계(제342조의2), 완전모회사 및 완전자회사관계(제360조의2 이하)를 정의하여 규율하고 있다. 독점규제 및 공정거래에 관한 법률(이하 "공정거래법")은 일정한 기업군을 '기업집단'으로 규정하고 그 소속 회사

---

[*] 이 글은 BFL 제91호(2018)에 게재된 글을 수정 · 보완한 것이다.
[**] 김 · 장 법률사무소 변호사, 경영학박사
[***] 김 · 장 법률사무소 변호사
[****] 김 · 장 법률사무소 변호사

들을 동일인의 지배를 매개로 '계열회사'로 정의하여(제2조 제11호 및 제
12호), 이른바 '기업집단 규제'를 부과하고 있다. 공정거래법은 이러한
기업집단 규제와 별도로 또는 중첩적으로 '지주회사'와 지주회사의 지
배하에 있는(즉 지주회사 체제에 속한) '자회사', '손자회사', '증손회사' 등
(이하 "자회사등")을 정의하여(제2조 제7호 내지 제9호 및 제18조) 이른바
'지주회사 규제'를 시행하고 있다.

회사와 회사 사이의 관계 또는 구체적으로 이들 사이의 계약관계가
법적으로 문제되는 경우, 지배 등의 다른 특수한 관계가 없는 제3자인
회사 사이라면, 특별한 사정이 없는 이상 순수한 사법적 계약법리나 회
사법원리로 규율하면 될 일이다. 그럼에도 불구하고 지주회사와 자회
사 사이 계약의 법적 문제를 별도로 상론하는 법 이론적 또는 실무적
실익은 무엇인가.

상법이 지배회사의 개념은 정면으로 규정하지 않지만 '지배주주' 개
념 또는 '주요주주' 개념을 인정하고(제360조의24 이하, 제542조의8 및 제
398조), 회사인 주주가 지배주주나 주요주주 개념에서 배제되지 않는 당
연한 결과로 지배회사라는 관념에 기초한 논의가 법률적·실무적으로
실익이 있다고 생각된다. 또한 공정거래법은 동일인(자연인 또는 회사)
의 다른 회사에 대한 '지배', 지주회사의 자회사등 다른 회사에 대한 '지
배'를 인정하여 회사와 회사 사이의 지배·피지배관계를 명시적으로 상
정하고 있어 다수의 회사로 구성된 기업집단 규제 차원에서도 논의의
실익이 있음은 물론이다. 그럼에도 불구하고, 지배관계에 기초하는 이
러한 회사들 사이의 계약에 대해 (i) 독립적인 제3자인 회사 사이의 관
계를 전제로 하는 시장원리 내지 사법상의 계약법원리나 회사법원리를
예외 없이 그대로 적용할 것인지, (ii) 계약 당사자인 회사들 사이에 본
질적으로 내재된, 법이 허용하는 지배·피지배관계의 실질을 반영하여

계약의 동기, 내용, 절차, 효과(지배·피지배관계에 따른 거래에 대한 영향력과 거래손익의 간접적 귀속 등) 등에 있어 순수한 제3자 회사 사이와 다른 일정한 예외를 허용할 것인지 등에 대해, 회사를 규율하는 기본법인 상법은 특별한 규정을 두고 있지 않고 기업집단과 지주회사 및 그 자회사등을 규율하는 공정거래법도 "지주회사 등의 행위제한 등"(제18조)으로 지주회사·자회사·손자회사 등이 각각 독립적으로 준수해야 하는 지주회사 체제 관련 일정한 작위의무(예를 들어 지주회사의 자회사에 대한 일정한 지분율 이상의 주식보유의무, 공정거래법 제18조 제2항 제2호)와 부작위의무(예를 들어 지주회사의 자회사 아닌 다른 계열회사 주식소유금지, 공정거래법 제18조 제2항 제3호)를 부과할 뿐 지주회사와 자회사등 사이의 거래 등 당사자 사이에 존재하는 지배·피지배관계의 특수성으로 인하여 제기될 수 있는 다양한 계약 내지 법률 문제들을 어떻게 규율할 것인지에 대한 명확하고 충분한 규정을 두고 있지는 않은 것으로 생각된다. 그 배경을 생각해 보면, 공정거래법이 지주회사를 다른 회사의 사업 내용 지배를 목적으로 하는 회사로 정의하고 있으나, 종래 법규로 금지한 지주회사를 허용하게 된 실질적인 입법취지는 대기업집단 규제 관련 오래된 현안으로 지적되어 온 순환출자 등 불투명한 출자구조 개선과 금산복합그룹의 금산분리 강화, 과도한 소유·지배 괴리 완화에 초점을 둔 것이라 지주회사 등의 행위제한 또한 이러한 점들에 집중한 측면이 있다고 생각된다.

　그런데 기업집단의 지주회사 체제로의 전환이 확대되고 지주회사와 자회사등의 거래가 필요하고 빈번한 상황에서 실무나 법 집행 측면을 고려한다면, 우리 공정거래법이 지주회사를 다른 회사의 "사업 내용을 지배하는 것을 주된 사업으로 하는 회사"로 정의하여 허용한 이상(제2조 제7호), 지주회사와 자회사등 사이의 거래 내지 계약을 지주회사의 자회사등의 사업 내용에 대한 지배의 일환으로 보아 거래절차 및 내용에 대한 지주회사의 개입을 허용할 것인지, 아니면 지주회사의 특성에도 불구하고 이들 사이의 거래 내지 계약을 독립된 당사자 사이의 거래로 보아 계약법 일반원칙에 따라 규율할 것인지, 아니면 반대로 지주회사의 자회사등에 대한 지배관계를 거래의 정당성 또는 공정성을 훼손할 중대한 위험인자로 보아 가중된 규제를 가할 것인지 (이 경우 다른 회사에 대한 사업 내용 지배를 지주회사의 주된 사업으로 허용한 취지와는 부합하지 않는 측면이 있다) 등에 대한 방향성은 거래 당사자의 경영판단의 합리성과 정당성 측면에서 매우 중요한 쟁점으로 생각된다. 이러한 쟁점 관련 규범이나 실무적 가이드라인이 명확히 정립되지 않은 상황에서 거래 현실은 일반적인 규제 위험 회피라는 차원에서 지주회사와 자회사 등 사이의 계약에서 제기될 수 있는 법적 쟁점에 대하여 매우 보수적이고 방어적인 입장을 취하는 경향이 있는 것으로 보인다. 즉 지주회사와 자회사등 사이의 계약을 이른바 '특수관계인 사이의 거래'라는 기존 관념에 더하여 '지배관계에 따른 계약 당사자 간 이해상충 우려가 큰 거래'로 취급한 결과, 관련 회사들은 오히려 제3자 회사 사이의 계약보다 훨씬 엄격하게 계약의 동기·내용·절차·효과 등을 심사하여 가중된 거래 요건을 구비하도록 하는 것이 실무인 것으로 보인다.

상법과 공정거래법이 비록 회사 '지배' 개념을 명시적으로 정의하고 있지 않지만, 관련 법규를 살펴볼 때, 회사에 의한 회사의 지배가 "다른 회사에 대한 의결권 행사", "임원의 구성이나 사업운용 등에 대하여 지배적인 영향력", "사실상 그 사업 내용을 지배", "회사의 경영에 대하여 지배적인 영향력", 또는 "사회통념상 경제적 동일체로 인정되는 회사" 관계 등을 본질로 하는 것이라면(상법 제342조의2 및 공정거래법 제2조 제7호 내지 제9호, 동법 시행령 제3조 및 제4조 참조), 이 회사들 사이의 계약을 순수한 제3자 사이의 계약과 동일하게 의제하는 것은 당사자관계의 실질에 반하는 측면이 있음은 현실적으로 부인하기 어렵다고 생각된다. 나아가 본문에서 살펴보겠으나 독일 주식법상 '지배계약'의 허용 여부에 대한 국내의 부정적 견해가 다수인 상황에서 우리 공정거래법령이 표현하는 바와 같이 "사회통념상 경제적 동일체로 인정되는 회사"로서 지배·피지배관계에 따른 이해관계의 공유 내지 중첩이 인정되는 당사자관계는 고려하지 않고, 오히려 '이해상충' 가능성에만 집중하여 엄격한 거래절차나 요건을 부과하여 거래의 효력을 제한하고 경영진의 책임 위험을 가중하는 것은 거래비용의 증대는 물론이고 거래의 필요성에도 불구하고 거래의 안정성을 훼손하여 거래에 중요한 장애가 될 수 있다고 생각된다.

　물론 이는 국내의 경우 지주회사와 자회사등이 또는 모회사와 자회사등이 동시에 상장(Dual Listing)되는 등의 사유로 지주회사(모회사)·완전자회사 체제로 지배되는 경우에 비하여 지주회사(모회사)와 자회사등 사이에 이해상충 가능성이 상대적으로 크다는 점에서 불가피한 측면이 있으나, 지주회사(모회사)·자회사관계가 가지는 이해공유 측면과 이해상충 측면에 대한 균형적인 규율과 법 해석 및 집행이 필요한 사안으로 사료된다.

　본 검토는 지주회사와 자회사등 사이의 계약관계 관련 실무와 법리를 살펴보는 데 국한될 것이나, 논의의 쟁점은 모회사·자회사 사이의 계약관계, 계열회사 사이의 계약관계에서도 유사하게 또는 중첩적으로 문제될 수 있음은 물론이다.

2. 지주회사와 자회사 사이 계약에 대한 법적 규율

공정거래법이 규정하는 지주회사(금융지주회사법이 규정하는 금융지주
회사가 아닌 공정거래법상 지주회사. 이하 "일반지주회사")는 주식(지분 포함)
의 소유를 통하여 국내 회사의 사업 내용을 지배하는 것을 주된 사업으
로 하는 회사로서, 자산총액이 5,000억 원 이상이고 자회사 주식가액의
합계액이 자산총액의 50% 이상인 회사를 말한다(공정거래법 제2조 제7호
및 하위규정). 금융지주회사법상 금융지주회사도 별도의 인가를 받아야
한다는 점 외에는 일반지주회사와 그 개념과 요건은 거의 유사하다. 즉
금융지주회사란 주식(지분 포함)의 소유를 통하여 금융업을 영위하는 회
사 또는 금융업의 영위와 밀접한 관련이 있는 회사를 지배하는 것을 주
된 사업으로 하는 회사로서 (i) 1 이상의 금융기관을 지배하고, (ii) 자산
총액이 5,000억 원 이상이며, (iii) 금융지주회사법에 따라 금융위원회의
인가를 받은 회사를 의미한다(금융지주회사법 제2조 제1항 제1호 및 하위
규정).

공정거래법은 제18조에서 지주회사와 그 자회사[1] 및 손자회사 등에
대한 지분 보유에 대하여는 엄격히 규제를 하고 있으나, 지주회사와 자
회사등 사이의 계약에 한정하여 적용되는 별도의 규정을 두고 있지 않
다.[2] 금융지주회사법은 금융지주회사의 자회사등의 금융지주회사에

---

1) 공정거래법상 자회사 및 손자회사는 지주회사(손자회사의 경우 자회사)에 의하여 그
   사업 내용을 지배받는 국내 회사를 의미한다(제2조 제8호 및 제9호).
2) 우리 공정거래법의 규율범위를 크게 보면, 전통적인 공정거래법 규제대상으로 반독점
   규제에 해당되는 시장지배적 지위의 남용 금지(제2장)와 기업결합의 제한(제3장), 경제
   력 집중의 억제(제4장), 부당한 공동행위의 제한(제5장), 그리고 불공정거래행위, 재판
   매가격유지행위 및 특수관계인에 대한 부당한 이익제공의 금지(제6장) 등으로 구성된
   다. 우리 공정거래법의 규제대상과 편제에 대해서는 이른바 대기업 출자 규제와 대기업
   의 경제력 집중 억제라는 한국적 특수성과 관련하여 여러 논란이 있으나, 지주회사

대한 신용공여를 금지하는 등의 일정한 거래 관련 규정을 두고 있지만 (제48조), 공정거래법과 마찬가지로 금융지주회사와 자회사등 사이의 계약을 규율하는 별도의 규정을 두고 있지는 않다.

공정거래법 및 금융지주회사법 모두 지주회사와 자회사등 사이의 계약에 대한 일반적인 규정을 두고 있지 않은 만큼 지주회사와 자회사 간의 계약은 사적 자치의 원리, 개별 회사의 독립경영이라는 회사법의 원리 및 지주회사 또한 영리법인이라는 특성 등에 따라 개별적·구체적으로 체결되고 해석될 필요가 있다.

이하에서는 주로 지주회사와 자회사등 사이의 계약에 대하여 제기될 수 있는 법률 쟁점을 검토하기로 한다. 이하의 검토는 (i) 자회사를 지배하거나 지원하는 주체로서 지주회사와 자회사등 사이에 체결한 계약, (ii) 영리법인인 지주회사의 수익성 측면에서 지주회사가 자회사등과 체결한 계약 및 (iii) 지주회사와 자회사등 사이에 이루어지는 합병 등 기업집단 내 구조 개편을 위한 계약 관련 쟁점 등을 구분하여 검토하기로 한다.

규제는 대기업 출자구조 제한을 포함하는 기업결합 제한과 경제력 집중 억제에 포함되어 있다. 그리고 이른바 계열회사에 대한 부당지원행위 금지(공정거래법 제45조)나 특수관계인에 대한 부당한 이익제공 금지(동법 제47조) 등은 지주회사 체제 여부와 무관하게 모든 사업자에 대하여 적용되거나(동법 제45조), 공시대상 기업집단(동일인이 자연인인 기업집단으로 한정)에 대하여만 적용된다(동법 제47조). 이와 같이 공정거래법 체계상 지주회사 규제와 부당지원행위 금지 또는 특수관계인에 대한 부당한 이익제공 금지 등은 그 규제목적, 규제대상 내지 편제를 달리하고 있어 공정거래법이 지주회사와 자회사 간 계약관계의 특수성이나 실질을 고려한 별도의 규정 또는 일반규정을 두고 있다고 보기는 어렵다.

II. 지주회사와 자회사등 사이의 계약 현황

최근까지 지주회사와 자회사등 사이에 이루어지는 계약 현황은 지주회사 또는 자회사등의 공시자료를 통해 개별적으로 확인할 수밖에 없으나, 그러한 공시자료 또한 각 지주회사 및 자회사등의 재량에 따라 거래를 공시하는 범위가 달라서 지주회사와 자회사가 체결하는 계약의 현황을 통일적인 기준으로 파악하기 어려운 것이 현실이다.

공정거래위원회는 2021년 12월 21일 「2021년 공정거래법상 지주회사 소유·출자현황 및 수익구조 분석」라는 보도자료를 배포하였다. 이는 2021년 9월 말을 기준으로 하여 공정거래위원회가 공정거래법상 일반지주회사의 일반·재무현황, 계열회사 현황, 내부거래 현황 그리고 수익구조를 분석한 자료이다. 해당 자료는 일반지주회사 체제로 전환한 총 수 있는 27개 대기업집단 소속 32개 지주회사를 대상으로 하였다. 위 보도자료에 의하면 주요 일반지주회사와 자회사 사이에는 (i) 브랜드 사용계약, (ii) 부동산 임대차계약, (iii) 경영컨설팅계약(경영 관리 및 자문 계약) 등이 이루어지는 점을 확인할 수 있다.

한편 공시자료에 의하면 주요 지주회사들은 자회사등과 사이에 다음과 같은 거래를 하는 것으로 이해된다.

〈표 1〉

구분	공시된 자회사와의 거래[3]
A금융지주회사	자회사 발행 신종 자본증권 인수, 자회사 발행 후순위채권 인수, 자회사에 대한 대출

---

3) 2021년 말 사업보고서 참고. 다만 계약명이 구체적으로 기재되지 않는 경우 매입·매출 거래 기재 등을 참고하여 추정하였다.

B금융지주사	자회사 발행 신종 자본증권 인수, 자회사와 사이의 주식의 포괄적 교환, 주식 및 권리 양수도 거래, 부동산 임대차 계약
C금융지주사	자회사에 대한 대출, 브랜드 사용계약
E일반지주사	자회사에 대한 담보제공, 자회사와 사이의 주식 및 상표권 양수도거래, 브랜드 사용계약, 경영 자문 및 지원경영지원(재무, 전산 등) 서비스 계약, 부동산 임대차계약
F일반지주사	자회사에 대한 대출, 담보제공, 채무보증, 계약이행보증, 자회사와 사이의 주식 인수거래, 브랜드 사용계약, 부동산 임대차계약
G일반지주사	자회사에 대한 대출, 지급보증, 계약이행보증, 자회사와 사이의 주식 및 자산양수도계약, 브랜드 사용계약, 부동산 임대차계약, 공동경비 분담계약
H일반지주사	자회사에 대한 대출, 담보제공, 채무보증, 자회사와 사이의 지분 및 자산 양수도계약, 브랜드 사용계약, 부동산 임대차계약, 경영 관리 및 자문 계약, 사무 지원 서비스 계약, IT서비스계약

금융지주회사의 경우 주로 자회사에 대한 자금지원(대출·증권 인수)을 위한 계약을 주로 체결하는 것으로 보이고, 일반지주회사는 브랜드 사용계약이 가장 일반적이고, 각 지주회사 자산구성에 따라 부동산 임대차계약을 체결하는 경우도 있는 것으로 보인다. 금융지주회사의 경우도 자회사에 대하여 브랜드 수수료를 받는 것으로 알려져 있으나, 이들 수수료의 구체적인 내용은 공시된 자료만으로는 확인되지 않는다.

III. 지주회사와 자회사등 사이의 계약 관련 절차적 문제와 실무 일반

1. 상법 제398조에 따른 주요주주와의 거래 승인

지주회사는 그 정의상 자회사의 사업 내용을 지배하는 회사이고, 공정거래법 및 금융지주회사법 관련 규제상 상장 자회사의 경우 30%, 비상장 자회사의 경우 50% 이상 지분을 보유하여야 하므로 지주회사는 자회사의 상법상 주요주주에 해당함이 명백하다. 따라서 자회사가 지주회사와 계약을 체결하기 위해서는 자회사 이사회에서 상법 제398조에 따른 승인을 받아야 한다. 지주회사의 경우에는 자회사와 사이에 이사 겸직 등의 특별한 사정이 없다면, 지주회사가 자회사와 거래를 함에 있어서 상법 제398조에 따른 승인이 필수적으로 요구되지는 않을 것으로 보인다.

2. 상법 제542조의9에 따른 신용공여 제한

상장회사에 대하여는 상법 제542조의9가 적용된다. 상법 제542조의9 제1항에 따르면 상장회사는 주요주주 및 그의 특수관계인에 대하여 신용공여를 하는 것이 원칙적으로 금지되고, 예외적으로 법인인 주요주주 등을 위하여 신용공여를 하면서 그러한 신용공여로 인하여 해당 상장회사의 경영건전성을 해칠 우려가 없고 상장회사의 경영상 목적을 달성하기 위하여 필요하며, 적법한 절차에 따라 이행되는 경우에 허용된다(제542조의9 제2항 제3호 및 동법 시행령 제35조 제3항). 그리고 상법 제542조의9 제3항 및 제4항에 의하면 최근 사업연도 말 현재의 자산총액이 2조 원 이상인 상장회사가 특수관계인과 사이에 일정 규모 이상의 거래를 하는 경우 이사회 승인을 거쳐야 하고, 이사회의 승인 결의 후 처음으로 소집되는 정기주주총회에서 거래의 목적·상대방 등을 보고하여야 한다.

먼저 자회사가 상장회사인 때 자회사는 지주회사에 대하여 신용공여를 하는 것이 법인인 주요주주에 대한 예외로서 허용될 여지가 있을 것으로 보인다(상법 시행령 제35조 제3항 제1호). 다만 이러한 소위 지배회사를 위한 신용보강(upstream guarantee) 유형의 경우에는 자회사의 재무건전성에 부정적 영향을 미칠 수 있으므로 상법 제542조의9 제1항에 따른 예외에 해당하는지 여부에서 더 나아가 그러한 신용공여를 제공할 자회사 입장에서의 경영상 필요성이 있는지, 신용공여에 따른 적절한 수수료를 받는 것인지 등 아래 언급되는 피지배회사를 위한 신용보강(downstream guarantee) 유형에 비하여 거래의 동기 및 목적이나 거래조건 등에 대하여도 보다 엄격하고 가중된 정당화 요건을 구비할 필요가 있다고 사료되고, 실무 또한 이러한 사정을 고려하여 외부 전문가의 검토 및 의견을 통하여 거래의 필요성과 거래조건의 공정성과 객관성을 증빙하는 자료를 구비하는 절차를 거치는 것이 일반적인 것으로 이해된다.

다음으로 지주회사가 상장회사인 경우에는 자회사에 대한 지주회사 및 특수관계인 전체 지분 중 지주회사가 차지하는 지분이 50%를 넘는 등 일정한 조건을 갖춘 때에 지주회사의 자회사에 대한 신용공여가 상법 제542조의9 제2항 제3호에 따른 예외로서 허용될 것으로 보인다(동법 시행령 제35조 제3항 제2호 및 제3호). 지주회사의 자회사에 대한 신용공여인 소위 피지배회사를 위한 신용보강의 경우 자회사의 사업 내용을 지배하는 지주회사의 본래 속성상 지배회사를 위한 신용보강에 비하여 경영상 필요성이나 정당성이 상대적으로 용이하게 소명될 수 있겠으나, 여전히 거래조건의 공정성 문제는 실무상 엄격한 심사의 대상이므로 마찬가지로 거래조건의 객관성을 증빙할 수 있는 자료를 구비하는 것이 바람직하다고 사료된다.

참고로 금융지주회사의 경우 자회사등에 대한 자금대여가 경영관리에 부수하는 업무로 포함되는 데 반해(금융지주회사법 제15조 및 동법 시행령 제11조 제1항 제2호 가목), 일반지주회사가 자회사등에 대하여 그 업무로서 자금대여를 할 수 있는지가 문제된다. 이에 대한 명시적 제한은 확인되지 않으나, 실무상으로는 지주회사가 자회사에 대한 자금대여를 업으로 영위하는 경우는 흔치 않은 것으로 보인다. 지주회사가 자회사 등에 대하여 자금대여를 업으로 할 정도로 유동성이 풍부하지 않은 점 또는 지주회사가 자회사등에 대하여 자금대여업을 하고자 하는 때, 대부업 등의 등록 및 금융 이용자 보호에 관한 법률(이하 "대부업법")에 따른 등록을 거쳐야 하고 대부업법상 그 상호에 원칙적으로 '대부'라는 문자를 사용해야 하는 규제(제5조의2) 등이 그 원인이 될 수 있다고 생각된다.

3. 공정거래법 제26조에 따른 절차 준수

자산총액 5조 원 이상인 공시대상기업집단에 속한 지주회사의 경우, 자회사와 사이에 거래를 함에 있어서 공정거래법 제26조에 따른 대규모 내부거래의 이사회 의결 및 공시절차를 준수해야 한다. 즉 지주회사와 자회사 사이에 각 회사의 자본총계 또는 자본금 중 큰 금액의 100분의 5 이상이거나 50억 원 이상인 (i) 가지급금 또는 대여금 등의 자금을 제공 또는 거래하는 행위, (ii) 주식 또는 회사채 등의 유가증권을 제공 또는 거래하는 행위, (iii) 부동산 또는 무체재산권 등의 자산을 제공 또는 거래하는 행위, (iv) 자연인인 동일인 단독으로 또는 동일인의 친족과 합하여 발행주식 총수의 100분의 20 이상을 소유하고 있는 계열회사 또는 그 계열회사의 상법 제342조의2에 따른 자회사인 계열회사를 상대방으로 하거나 해당 계열회사를 위하여 상품 또는 용역을 제공 또는 거래하는 행위를 하기 위해서는 미리 이사회 의결을 거친 후 이를 공시하여야 한다.

IV. 지배회사 또는 지원회사로서 지주회사가 자회사등과 사이에 체결하는 계약

1. 지주회사의 권한 및 역할에 관한 일반규정 부재[4]

공정거래법상 지주회사는 자회사의 사업 내용을 지배하는 것을 주된 업으로 하는 회사이고, 금융지주회사법상 금융지주회사는 금융자회사의 사업 내용을 지배하는 것을 주된 업으로 하는 회사이다. 그럼에도 불구하고 공정거래법이나 금융지주회사법은 지주회사가 자회사등에 대하여 어느 정도까지 사업의 지배나 경영에 개입 또는 관여할 수 있는지, 이를 위하여 어떠한 계약관계를 형성할 수 있는지, 그러한 지배 또는 지원관계를 유지 및 관철하기 위하여 어느 정도까지 자회사를 통제하거나 자회사의 경영정보를 수취할 수 있는지 등에 대하여 명확한 규정이나 기준을 두고 있지 않다. 즉 지주회사가 주주로서 자회사에 행사할 수 있는 권한 이외에 공정거래법 또는 금융지주회사법상 '사업 내용을 지배하는 것을 주된 업으로 하는 회사'로서 어떠한 지배권한 혹은 관여권한을 행사할 수 있는지 등에 대해서는 오로지 지주회사의 본래 속성 및 자회사의 독립경영이라는 원칙에 따른 법해석에 맡겨진 상황이다.

2. 개별 법령에서 인정되는 지주회사 혹은 지배회사의 권한

지주회사는 자회사의 주주로서 주주권을 행사하는 이외에 해당 요건

---

4) 지주회사의 자회사에 대한 지배권 행사 및 한계, 지주회사의 자회사에 대한 지배로 인하여 문제될 수 있는 법적 책임 등에 대하여는 송옥렬, 계열사 경영과 지주회사 이사의 역할—모회사 이사의 자회사 경영에 대한 권한과 의무—, 경제법연구 제18권

을 갖춘 경우, 다음과 같은 법령상 권한을 행사할 수 있다.

(1) 상법상 모회사의 자회사 조사권

지주회사와 자회사 사이에 상법상 모자회사관계가 성립하는 경우, 모회사인 지주회사의 감사는 그 직무를 수행하기 위하여 필요한 때에는 자회사에게 영업의 보고를 요구할 수 있다(제412조의5 제1항). 모회사인 지주회사의 감사는 영업의 보고를 요구하였음에도 자회사가 지체없이 보고를 하지 아니할 때 또는 그 보고의 내용을 확인할 필요가 있는 때에는 자회사의 업무와 재산상태를 조사할 수 있다(상법 제412조의5 제2항). 자회사는 정당한 이유가 없는 한 제1항의 규정에 의한 보고 또는 제2항의 규정에 의한 조사를 거부하지 못한다(상법 제412조의5 제3항).

이와 관련해서는 지주회사의 감사가 손자회사에 대하여는 이러한 조사권을 행사할 수 없는지 문제된다. 이는 상법상 자회사와 공정거래법상 자회사, 손자회사의 규정 사이에 일관된 규제가 부재하는 것에서 초래되는 해석상의 문제이다. 상법상 모자회사관계는 다른 회사의 발행주식 총수의 50%를 초과하는 주식을 가진 회사(모회사)와 그 다른 회사(자회사) 사이에 성립한다(제342조의2 제1항). 또한 다른 회사의 발행주식 총수의 50%를 초과하는 주식을 모회사 및 자회사 또는 자회사가 가지고 있는 경우, 그 다른 회사는 상법 적용에 있어서 모회사의 자회사로 본다(제342조의2 제3항). 즉 공정거래법상 지주회사가 특정 자회사지분을 50% 초과하여 소유하고, 해당 자회사가 특정 손자회사지분을 50%

3호(2019), 김상곤, 지주회사의 운영상의 법적 문제, 상장협연구 제56호(2007), 한국상장회사협의회; 김현태 / 김학훈, 지주회사에 의한 자회사 지배의 법적 수단, BFL 제11호(2005), 서울대학교 금융법센터 등 참조.

초과하여 소유하는 경우에 해당 손자회사는 공정거래법상으로는 지주
회사의 손자회사이지만, 상법상으로는 모회사인 지주회사의 자회사로
간주되므로, 위와 같은 지분관계에서는 지주회사(상법상 모회사)의 감사
가 손자회사(상법상 자회사 간주)에 대하여 조사권한을 행사할 수 있을
것이다.

다만 (i) 상법상 모회사 감사의 자회사에 대한 조사권은 모든 지주회
사·자회사관계에서 인정되는 것이 아닌 점, (ii) 지주회사 자체나 그 이
사의 권한이 아니라 감사의 권한에 해당한다는 점, (iii) 지주회사 감사
직무 수행과 무관한 일상 경영 등에 대하여는 자회사에 대한 지배·관
여의 수단으로 활용하기 어려운 점, (iv) 지주회사가 상시적으로 사용할
수 있는 권한이 아닌 점 등에서 지주회사의 자회사에 대한 일반적인 지
배·관여의 수단으로 활용하는 데에는 한계가 있다.[5]

(2) 주식회사의 외부감사에 관한 법률상 지배회사의 종속회사에 대한 자료제출 요구권

주식회사 등의 외부감사에 관한 법률(이하 "외부감사법")에 의하면 지
배회사는 연결재무제표 작성을 위하여 필요한 범위에서 종속회사의 회
계에 관한 장부와 서류를 열람 또는 복사하거나 회계에 관한 자료의 제

---

5) 여기에서 자회사에 대한 영업보고 요구권은 모회사의 감사로서 직무를 수행하기 위하
여 필요한 경우(예를 들면 모회사·자회사 간의 거래관계의 조사에 필요한 사항, 자회
사의 주식가치에 대한 평가에 필요한 범위에서의 자회사의 자산 현황 등)에 한하여
인정되며, 모회사에 대한 감사에서와 같이 일반적이고도 포괄적인 영업상태의 보고를
요구하는 것은 허용되지 않는다고 본다. 또한 모회사의 감사가 직접적으로 조사할 수
있는 자회사의 업무 또는 재산상태의 범위는 먼저 자회사에 대하여 보고를 요구한 사항
에 한한다고 본다. 권순일, 주석상법, 한국사법행정학회(2021), 880-881면.

출을 요구할 수 있다(제7조 제1항). 지배회사는 제1항에 따르더라도 연결재무제표 작성을 위하여 필요한 자료를 입수할 수 없거나 그 자료의 내용을 확인할 필요가 있을 때에는 종속회사의 업무와 재산상태를 조사할 수 있다(외부감사법 제7조 제2항).

지주회사와 자회사 사이에는 일반적으로 외부감사법상 지배회사·종속회사관계가 성립하므로 위 자료제출 요구권 및 조사권은 지주회사가 자회사에 대한 지배, 관여 등을 위하여 일반적으로 활용할 수 있는 수단이기는 하다. 다만 그 권한 자체가 "연결재무제표 작성을 위하여 필요한 범위"에서만 인정되는 것이므로 연결재무제표와 무관한 일상 경영 등에 관하여는 지주회사가 위 권한을 행사하는 데 한계가 있다.

(3) 공시대상 기업집단에 속하는 경우 대표신고회사의 소속 계열회사에 대한 자료제출 요구권

공정거래위원회는 회사 또는 해당 회사의 특수관계인에게 공시대상 기업집단 및 상호출자제한 기업집단 지정을 위하여 회사의 일반 현황, 회사의 주주 및 임원구성, 특수관계인 현황, 주식소유 현황 등의 자료의 제출을 요청할 수 있다(공정거래법 제31조 제4항). 기업집단 대표회사는 공시대상 기업집단의 대표로 해당 공시대상 기업집단 소속회사의 공시사항을 취합·공시하고, 개별회사가 작성하기 곤란한 사항에 대하여 작성할 책임이 있는 회사를 말하고(공시대상 기업집단 소속회사의 중요사항 공시 등에 관한 규정 제2조 제3항), 지주회사가 소속된 공시대상 기업집단의 대표회사는 일반적으로 지주회사가 담당하는 것으로 이해된다. 그리고 개별회사는 기업집단 대표회사가 소속 공시대상 기업집단의 공시사항을 취합하여 해당 공시대상 기업집단 전체의 진실한 정보가 공시

될 수 있도록 기업집단 대표회사를 성실하게 지원하여야 한다(공시대상 기업집단 소속회사의 중요사항 공시 등에 관한 규정 제3조 제4항).

이와 같은 권한은 공시대상 기업집단 소속이 아닌 지주회사는 활용하기 어렵고, 그 정보 자체가 공시대상 기업집단 지정을 위한 사항에 한정되며, 상시적으로 활용하기 어렵다는 점에서 지주회사의 자회사에 대한 일반적인 지배·관여수단으로 활용하기는 어렵다.

(4) 자회사의 주요경영사항 공시를 위한 상장지주회사의 자회사에 대한 정보 접근권한

상장회사인 지주회사는 자회사의 일정한 사항에 대하여 지주회사로서의 공시의무를 부담한다(유가증권시장 공시규정 제8조 및 코스닥시장 공시규정 제7조). 비록 각 공시규정은 지주회사의 자회사에 대한 공시 관련 정보 요구권한 및 절차 등을 명시적으로 규정하고 있지는 않지만, 지주회사의 공시의무를 고려하면 지주회사는 자회사에 대하여 공시대상에 해당하는 정보를 요청할 수 있다고 보는 것이 합리적이다. 거래소 공시규정에 따라 각 상장회사가 제정·공표하는 공시정보 관리규정의 표준이 되는 한국상장회사협의회 상장회사 표준공시정보관리규정에서도 다음에 보는 바와 같이 지주회사나 지배회사가 정보를 요청할 수 있는 근거를 규정하려는 것으로 이해된다.

※ 지주회사이며 지배회사인 경우에는 아래의 조항을 추가하여 규정한다(신설 2013. 12. 27).

제45조의2(자회사 및 종속회사 공시정보의 당사로의 통지)

① 회사는 자회사 및 종속회사로 하여금 공시정보가 발생하거나 발생이 예상되는 경우 그 내용을 당사의 공시담당부서에 즉시 통지하도록 하여야 한다.
② 회사는 자회사 및 종속회사로 하여금 효율적인 공시통제를 위하여 공시정보관리규정을 제정토록 하는 등 조치를 취하여야 한다. 이 경우 자회사 및 종속회사로 하여금 공시업무를 담당하는 공시담당자를 두도록 하며, 공시담당자를 지정하거나 변경하는 경우 당사에 즉시 통보하도록 하여야 한다.
③ 회사는 자회사 및 종속회사에게 공시업무에 필요한 범위에서 관련 자료의 제출을 요구할 수 있다. 회사는 필요한 자료를 입수할 수 없거나 종속회사가 제출한 자료의 내용을 확인할 필요가 있는 때에는 자회사 및 종속회사의 업무와 재산상태를 조사할 수 있다.
(본조신설 2013. 12. 27)

다만 이러한 권한도 상장회사가 아닌 지주회사는 활용할 수 없는 점, 공시사항이 아닌 사항에 대하여는 자회사에 관련 정보를 요구할 수 없다는 점에서 지주회사의 자회사에 대한 일반적인 지배·관여수단으로 활용하는 것에는 한계가 있다.

3. 원활한 지주회사업 수행을 위한 계약의 필요성 및 실태

지주회사의 자회사에 대한 주주로서의 권리 혹은 위에서 검토한 개별 법령상의 권한이 있기는 하지만, 앞에서 검토한 것과 같이 이러한 권한만으로는 지주회사의 자회사에 대한 일반적인 지배·관여를 위한 수단으로 활용하기에 충분하지 않다. 예를 들어 지주회사 입장에서는 자회사로부터 수시로 사업계획·실적·자금수지 등을 취합할 경영상 필요가 있음에도 앞에서 검토한 법상 권한만으로는 충분한 정보를 수집하기가 어려울 수 있다.

이와 관련하여 회사가 자신의 경영을 다른 기업에게 전적으로 복종

시키는 것을 내용으로 하는 독일 주식법상 '지배계약(Beherrschungsver-
trag)'을 지주회사와 자회사가 체결하는 방안을 생각해 볼 수 있다. 독일
주식법상 지배계약이 체결되는 경우 지배회사는 종속회사의 이사회에
대하여 경영에 관한 합법적인 지시권을 갖고, 종속회사는 이 지시에 따
라야 할 의무를 지며, 이때 종속회사의 이사회는 자신의 독자적 판단에
따른 경영을 할 수 없게 됨은 물론, 경영의 목표도 종속회사의 고유이
익이 아니라 지배회사의 이익으로 변경된다.[6] 또한 종속회사의 이사는
비록 지배회사의 지시가 종속회사에 불이익한 지시이더라도 이를 거부
할 수 없고, 종속회사 이사가 지배회사 이사의 지시를 따른 경우 종속
회사에 대한 의무 위반책임은 발생하지 않는 것으로 이해된다.[7] 이러
한 경영지배계약이 우리 법제하에서도 유효하게 체결될 수 있다면 지
주회사는 지배회사로서 자회사의 이사회에 대하여 지시권을 갖고, 자회
사는 지주회사의 지시에 따라야 할 계약상 의무를 부담하는 관계를 설
정할 수 있을 것이다. 그러나 위와 같은 경영지배계약이 그에 관한 특
별한 규정을 두고 있지 않은 현행 한국법 체계 아래에서 허용되는지에
대해서는 별도의 입법이 없는 이상 허용되지 않는다는 견해가 일반적
인 것으로 보인다.[8] · [9]

---

[6] 권기범, 기업구조조정법, 삼영사(2019), 685-687면.

[7] 김신영, 지배·종속회사에서의 주주이익 보호에 관한 비교법적 연구, 서울대학교 법학
박사 학위논문(2017), 87면.

[8] 김현태 / 김학훈, 앞의 논문(각주 4); 김상곤, 앞의 논문(각주 4); 권기범, 앞의 책(각주
6), 686면.

[9] 이와 관련하여, 반드시 입법이 수반되지 않더라도 지배회사와 종속회사 간의 경영관리
계약 또는 이 회사들의 정관이나 이사회규정으로 적절한 내용(종속회사 경영진으로부
터의 정기적인 정보수령권, 종속회사 경영진 선임에 대한 동의권과 해임요구권, 주요
경영사항에 대한 승인권 등)을 정함으로써 해결책을 모색할 수 있다는 견해도 존재한
다. 천경훈, 기업집단법제에 관한 연구, 기업법연구 제29권 제3호(2015), 한국기업법학
회, 47면.

한편 상법은 영업 전부의 임대 또는 경영위임, 타인과 영업의 손익 전부를 같이하는 계약, 그 밖에 이에 준하는 계약의 체결 등에 대하여 주주총회의 특별결의를 요한다고 규정함으로써(제374조 제1항 제2호), 회사의 영업에 관한 경영을 제3자에 위임하는 것이 가능함을 전제로 한다. 일반적으로 경영위임계약이라 함은 수임자인 제3의 경영자가 위임 회사의 수권하에 위임회사 명의로 그 영업을 수행하는 것을 내용으로 하는 채권계약을 의미한다고 보는데,[10] 지주회사가 이러한 경영위임계 약에 의하여 자회사로부터 자회사의 영업에 관한 경영권을 위임받아 그 영업을 수행한다면 자회사의 경영에 대한 주요의사결정을 지주회사 가 상당한 수준에서 통제하는 것이 가능해질 것으로 보인다. 그러나 지 주회사의 목적인 자회사 지배·관리의 의미는 일반적으로 기업집단 내 지 지주회사 체제에 속한 자회사등을 포함하는 일련의 다수 기업 전체 의 경영에 있어서 중·장기적 전략을 세우고 이것을 개개의 자회사에 검토 및 실시하도록 하고, 총괄하는 것으로 이해되고 있으며, 통상 지주 회사의 업무 집행이 자회사의 개별적 업무에 대한 직접적 관여까지 의미 하는 것은 아니라고 이해된다. 따라서 지주회사가 구체적인 특정 자회사 등의 일상적인 경영을 위임받아 운영하는 것은 지주회사 제도의 취지에 부합한다고 보기 어렵고 그와 같은 선례 역시 잘 확인되지 않는다.

이에 따라 지주회사의 자회사등에 대한 사업 내용 지배를 원활하게 하고, 자회사등 입장에서도 지주회사로부터 경영 관련 자문 및 지원을

---

10) 권기범, 앞의 책(각주 6), 590면. 위 견해의 경우 경영위임계약은 제3의 경영자가 계산 의 주체가 된다는 점에서 계산의 주체가 당사 회사가 되는 경영관리계약과 구분된다 고 보고 있으나, 영업활동의 명의와 손익계산은 모두 위임회사에 귀속되고, 통상 수임 인에게 보수를 지급한다고 해석하는 견해도 있다. 이철송, 회사법강의, 박영사(2022), 597면. 이하에서는 손익계산이 누구에게 귀속되는지 여부에 대해서는 별도로 논하지 않기로 한다.

용이하게 받을 수 있도록 하기 위하여 지주회사와 자회사등 사이에는 경영 지원·자문 또는 참여에 관하여 일정한 계약이나 협약을 체결하는 사례들이 있는 것으로 이해된다. 공정거래법 제28조에 따라 매년 공시되는 「대규모기업집단현황공시」의 내용 중에는 "지주회사와 자·손자·증손회사 간 경영관리 및 자문 용역거래 현황"이 포함되어 있고, 해당 부분에서 다음과 같은 사항(〈표 2〉)들이 확인된다.

〈표 2〉

회사명	계약명	용역대금 산정방식
A지주회사	경영자문 및 경영지원 용역계약서	소속회사 원가 기준 및 소속회사 매출액 기준
B지주회사	경영자문 및 경영지원 용역계약서	용역회사 원가 기준
C지주회사	경영자문 및 경영지원 용역계약서	업무 수행 인건비 및 실비 정산

이러한 계약의 내용은 개별 사례별로 차이가 있을 수 있으나, 관련 계약의 필요성 및 법률상 제한(이에 대하여는 뒤의 5.에서 설명) 등을 고려하면 다음(〈표 3〉)과 같은 요소들이 일반적으로 포함될 것으로 보인다.

〈표 3〉

구분	내용 및 취지
목적	지주회사와 자회사등 사이에 체결하는 경영지원·자문 등에 관한 계약은 일방적으로 지주회사의 지배·관여를 위한 것이 아니라 자회사등의 경영 효율성을 제고하기 위한 목적이라는 내용
지주회사의 권한	지주회사는 해당 계약에 의하여 자회사등에 대한 경영지원·자문을 위하여 일정한 권한을 행사할 수 있다는 내용 지주회사가 어떤 업무에 대하여 권한을 행사할 수 있는지 해당 대상업무를 규정
자회사의 협조	자회사등은 해당 계약에 의거하여 지주회사에 경영지원·자문을 요청하는 경우 지주회사의 자료요청, 인력요청 등에 대하여 협조할 의무 규정

경영지원·자문의 절차	지주회사가 자회사등에 대하여 제공하는 경영지원·자문업무의 개시부터 종결까지의 절차에 관한 사항을 규정
수수료 및 비용	경영지원·자문업무로 인하여 자회사등이 지주회사로부터 용역을 받은 경우 해당 용역에 대한 수수료 규정 경영지원·자문업무과정에서 비용이 발생한 경우 그 비용 분담에 관한 규정
비밀유지의무	경영지원·자문과정에서 공유된 경영정보, 비밀정보(주로 자회사의 정보)에 대한 비밀유지의무 규정 해당 경영정보, 비밀정보 등을 활용한 주식거래 금지 및 소속 임직원에 대한 감독조치의무 규정
법률준수의무	경영지원·자문과정에서 상법, 자본시장과 금융투자업에 관한 법률(이하 "자본시장법") 및 공정거래법 등 제반 법령을 준수한다는 내용 규정
기타 조항	손해배상, 분쟁해결, 계약해지 등에 관한 일반 조항 규정 자회사등 추가 편입 등을 대비하여 당사자를 추가할 수 있다는 취지의 내용 포함

이 중 지주회사의 경영자문·지원과 관련하여 지주회사가 자회사등으로부터 경영자문·지원에 따른 수수료를 지급받을 수 있는지 문제된다. 지주회사가 주주로서 본인의 이익을 위해서 수행하는 업무에 대하여는 수수료를 받을 수 없겠지만, 지주회사가 그 인력을 통하여 자회사등에 대하여 경영 관련 일정한 서비스를 제공한 경우에는 수수료를 징수하는 것이 법리상 타당하다. 다만 구체적으로 어떠한 업무에 대하여 수수료를 받을 수 있는지 여부는 업무의 성격 및 내용, 업무가 수행된 배경 및 맥락 등에 따라 달라질 수 있으므로 개별 업무에 대한 구체적인 수수료 징수 가부는 본 검토의 범위를 넘어서는 것으로 이해된다.

4. 후선업무지원계약

앞의 3.에서 검토한 경영지원 및 자문계약의 연장선상에서 혹은 그와 별도로 후선업무지원계약(소위 shared service[11] 계약)이 이루어지는 실무례도 있는 것으로 이해된다. 해당 계약은 회계·재무·세무·법무 등 소위 후선업무를 지주회사가 통합하여 수행하여 그 전문성과 효율성을 높이고, 지주회사의 후선업무 수행조직이 자회사에 대하여 회계·재무·세무·법무 등 관련 자문을 제공하는 것으로 이해된다. 이러한 계약과 관련해서는 수수료의 적정성 및 법률상 한계가 문제될 수 있다.

먼저 지주회사가 자회사등을 위하여 지주회사 인력을 통해 일정한 업무를 수행하였음에도 아무런 수수료를 지급받지 않을 경우, 지주회사 경영진의 업무상 배임, 자회사등에 대한 공정거래법상 부당지원, 세법상 부당행위계산 부인 등이 문제될 수 있다. 그런데 수수료를 지급받는 것으로 결정한다고 하더라도 어느 기준에 따라 수수료를 결정할 것인지가 문제된다. 실무에서는 지주회사와 자회사등 사이에 후선업무지원계약을 체결하는 경우 회계법인 등으로부터 대상업무별로 수수료 지급 가부, 수수료율 등에 대한 면밀한 검토를 받은 후에 해당 계약을 체결하는 것으로 이해된다.

다음으로 후선업무지원계약의 법리상 한계가 문제된다. 특히 후선업무지원계약의 대상으로 많이 포함되는 법률, 회계 및 세무업무에 관하여는 다음 사항이 문제될 수 있다.

변호사법, 공인회계사법, 세무사법 등은 일정한 자격을 갖춘 자로 하여금 법률사무, 회계 관련 업무, 세무 관련 업무를 수행하도록 하여 그러한 용역의 제공을 받는 자의 이익을 보호하고자 일종의 자격제한 규

---

11) 후선업무지원센터(Shared Service Center)란 기업 내 혹은 그룹 내 복수의 사업부서에서 독립적으로 운영되는 재무, 인사, 전산 등 기능 중 유사한 기능을 모아 하나의 통합된 조직에서 운영하는 제도를 의미한다. 조성일, Shared Service Center의 트렌드와 시사점, 포스코경영연구소(2011), 1면.

정을 두고 있다.[12] 아직까지 이에 대한 명확한 판례가 존재하지 않는 것으로 이해되나, (i) 관련 법령의 문언상 변호사·공인회계사·세무사 등 일정한 자격이 없는 자가 제3자를 위하여 관련 업무를 수행하고 대가를 수수하는 행위를 금지하고 있고, (ii) 특히 법률사무와 관련해서는 대한변호사협회가 "모회사가 자회사로부터 대가를 받고 자회사에 대하여 변호사가 아니면 수행할 수 없는 법률사무를 처리하여 주는 것은 변호사법에 위반된다"는 취지로 의견을 제시[13]한 바 있으므로, 지주회사가 자회사등을 위하여 수행하는 업무에 법률·회계·세무 관련 사항이 포함되는 경우 향후 관련 법률의 위반 여부가 문제될 가능성을 배제할 수 없을 것으로 보인다.

다만 위와 같은 법령 및 대한변호사협회의 질의·회신에도 불구하고, 지주회사의 법률사무 등 관련 용역 제공행위의 변호사법 등 위반 여부 및 구체적으로 어떤 업무를 수행해야 관련 법령 위반이 되는지 등에 대한 명확한 판례나 기준이 없고, 소규모 자회사등의 경우 지주회사로부터 법률·회계 및 세무 등 업무를 제공받아야 할 현실적 필요성이 있는 바, 앞으로 지주회사의 구체적인 지원업무의 허용범위에 대한 충분한 논의 및 입법론 측면에서의 검토가 이루어지기를 희망한다.

5. 지주회사와 자회사등 사이의 경영지원·자문 제공 과정에서의 법리상 한계

지주회사가 자회사의 사업 내용을 지배하는 것을 주된 업으로 한다

---

12) 변호사법 제109조, 공인회계사법 제50조 및 세무사법 제20조 등 참조.
13) 대한변호사협회, 모회사 사내변호사의 자회사 법률자문 가부, 변호사법 질의／회신 (2013. 8. 9.)

고 하더라도, 자회사 또한 별도의 법인으로서 자회사의 이사를 비롯한 경영진은 자회사에 대하여 선량한 관리자의 주의의무를 부담한다. 따라서 지주회사의 자회사에 대한 경영지원·자문의 범위 및 실제 역할이 어떠하든, 자회사의 경영판단은 최종적으로 자회사의 이사회를 비롯한 경영진의 권한과 책임에 속한다. 따라서 법령 및 관련 계약에 따라 인정되는 지주회사의 권한은 자회사 고유의 경영판단을 무력화하거나 형해화하는 수준에 이르러서는 안 된다.

또한 지주회사가 자회사에 대하여 경영지원·자문을 제공하는 경우, 지주회사가 자회사에 대하여 상법 제401조의2 제1항 제1호(회사에 대한 자신의 영향력을 이용하여 이사에게 업무집행을 지시한 자)의 업무집행 지시자의 책임을 부담하게 되는지 여부가 문제된다.

이에 대하여 상법상 법인이 회사의 이사는 될 수 없으나 손해배상책임의 주체는 될 수 있으므로 지주회사도 업무집행 지시자로서의 책임을 부담한다는 견해(긍정설)[14]와 상법상 법인은 이사가 될 수 없고, 지주회사 소수주주 보호 등에 비추어 지주회사 자체로의 책임 확장은 신중하게 판단하여야 한다는 점을 근거로 지주회사의 업무집행 지시자로서의 책임을 부정하는 견해(부정설)[15]가 있는 것으로 보인다. 생각건대 회사에 대한 영향력을 이용하여 이사의 업무집행을 지시하거나 경영권을 사실상 행사하는 지배주주 등을 이사로 보아 회사 및 제3자에 대하여 이사와 연대배상책임을 부담하도록 함으로써 주식회사의 건전한 경영을 도모하고자 하는 상법 제401조의2의 입법취지에 비추어 볼 때 긍

14) 김신영, 기업집단에서 지배회사 이사의 의무와 책임 — 지주회사 이사의 의무와 책임을 중심으로 —, 상사법연구 제37권 제3호(2018), 207면.
15) 김건식·노혁준(편저) / 노혁준(집필), 지주회사와 법, 소화(2008), 361-362면.

정설이 타당하다고 할 것이다.[16] 긍정설에 따르면 지주회사가 자회사
에 대하여 경영지원·자문을 제공하는 경우 지주회사가 상법 제401조
의2 제1항 제1호의 업무집행 지시자의 책임을 부담하게 될 위험이 상존
하게 된다. 한편 실제로는 지주회사의 업무집행 지시자로서의 책임 여
부가 문제될 경우 지주회사의 경영진 및 업무집행 지시자 개인의 책임
여부 또한 문제가 될 것으로 사료된다.

이외에도 지주회사의 경영지원·자문 제공과정에서 (i) 자회사의 이
사가 법령 또는 계약상 근거 없이 회사의 경영 관련 정보를 지주회사
임직원 등에게 제공하는 경우 자회사 이사의 비밀유지의무 위반이 문
제될 수 있고(상법 제382조의4), (ii) 지주회사의 임직원들이 상장회사인
자회사들로부터 장래 사업계획, 경영계획, 재무계획 등에 대한 사전검
토 자료와 같이 회사의 주가 및 자산·부채에 중대한 영향을 줄 수 있
는 내부정보로서 미공개 중요정보를 제공받게 된 경우 향후 지주회사
소속 임직원들의 주식 거래행위에 대해 자본시장법상 미공개 중요정보
이용행위가 문제될 수 있으며(자본시장법 제174조), (iii) 상장회사인 자회
사가 지주회사의 임직원들에게 위 같은 주요 경영사항에 관한 정보를
제공하면서 사전에 공정공시를 하지 않았을 경우 공시불이행, 공시번
복, 공시변경 등에 해당하여 불성실공시법인 지정 등의 제재가 부과될
수 있다(유가증권시장 공시규정 제29조, 제12조 제1항, 제4항).

---

16) 업무집행 지시자의 범위에는 자연인뿐만 아니라 모회사나 지배적 지분을 가진 법인도
  포함된다는 취지로는 대법원 2006. 8. 25. 선고 2004다26119 판결; 한국상사법학회
  (편) / 권윤구(집필), 주식회사법대계 II, 법문사(2022), 1267-1268면; 권순일, 앞의 책
  (각주 5), 576면 등 참조.

V. 지주회사가 영리법인으로서의 수익모델 확보를 위해 자회사등과 체결하는 계약

1. 지주회사의 수익사업과 관련하여 문제될 수 있는 법적 책임 및 사례

앞에서 검토한 것과 같이 국내 지주회사들은 수익성 확보를 위하여 자회사등과 사이에 브랜드 사용계약, 컨설팅계약,[17] 부동산 임대차계약 등을 체결하고 있는 것으로 이해된다. 이러한 계약이 자회사등의 입장에서의 경영상 필요성을 갖추고 있지 못하거나 시장조건에 비하여 어느 일방에게 유리하게 거래조건이 결정된 경우에는 부당지원행위(공정거래법 제45조), 특수관계인에 대한 부당한 이익제공 등 금지(공정거래법 제47조), 형법상 업무상 배임 또는 세법상 부당행위계산 부인 등이 문제될 수 있다. 이하에서는 공정거래위원회 실태조사에서 공개된 지주회사의 수익사업 중 상표·브랜드 사용계약 및 일부 지주회사가 영위하는 IT서비스계약에 관하여 검토하기로 한다. 부동산 임대차계약의 경우 지주회사 고유의 쟁점사항이 될 만한 내용이 많지 않을 것으로 보이고, 경영컨설팅계약의 경우 그 구체적인 내용에 따라 달라지겠지만, 앞에서 검토한 경영지원·자문계약이나 후선업무지원 관련 계약과 주로 유사한 쟁점이 문제될 것으로 보인다.

---

17) 구체적인 내용이 확인되지 않으나, 해당 계약은 앞에서 검토한 경영자문·지원계약 및 후선업무지원계약에 해당하거나 해당 계약과 일부 중첩되는 내용이 있을 것으로 추정된다.

2. 상표·브랜드 사용계약

지주회사는 자회사 지배를 주된 사업으로 하므로 별도의 사업이 없는 순수지주회사 형태를 취하거나, 사업이 있더라도 지주사업에 비하여 종된 사업을 영위하는 것이 일반적인 것으로 이해된다. 지주회사 및 그 소속 기업은 단일한 상표·브랜드를 사용하여 영업활동에서 도움을 얻고 다시 상표·브랜드 가치를 제고하게 된다. 한편 공동상표·브랜드는 기업집단의 징표가 된다는 점에서 통일적으로 관리될 필요가 있다.[18] 이러한 사정을 고려하면 지주회사 체제를 취하는 기업집단의 경우, 지주회사가 기업집단 차원의 공동상표·브랜드를 관리하는 것이 지주회사의 본래 취지에 부합하는 것으로 이해된다.

지주회사가 스스로의 비용으로 상표·브랜드를 관리하고, 자회사들은 이러한 상표·브랜드를 활용하여 영업활동에서 이점을 누림에도 불구하고 아무런 상표·브랜드 사용료를 받지 않을 경우 앞에서 언급한 부당지원행위 등의 법적인 문제가 발생할 수 있다. 또한 그 수수료율이 적정하지 않은 경우에도 역시 유사한 법적인 문제가 발생할 수 있다.

II에서 검토한 것과 같이 지주회사는 자회사와 사이에 브랜드 사용계약을 체결하는 것이 일반적인 것으로 보인다. 구체적인 수수료율은 일정한 범위에서 기업집단별로 차이가 있는 것으로 이해된다. 공시된 내용에 의하면 (i) 자회사 매출액 대비 일정 비율에 따른 브랜드 사용료를 수취하고, (ii) 자회사가 스스로 지출한 광고선전비는 지주회사가 기여한 부분이 아니므로 브랜드 수수료산정을 위한 기준매출액에서 공제하

---

18) 박혜림, 브랜드 사용료에 관한 형사법적 대응에 대한 고찰, 숭실대학교 법학논총 제50집(2021), 76-78면.

는 것이 일반적인 것으로 이해된다.[19)]

상표·브랜드마다 그 가치는 다를 수밖에 없으므로 상표·브랜드 사용계약에 대하여 법령에서 단일한 수수료율을 적용할 수는 없을 것이다. 그런데 그 수수료율이 자의적으로 결정될 경우에는 앞에서 언급한 공정거래법상 부당지원행위와 같은 법적인 문제점이 발생할 수 있다. 따라서 지주회사와 자회사는 상표·브랜드 사용계약을 체결하기 전에 일반적으로 회계법인 등으로부터 상표·브랜드 수수료율 결정을 위한 가치평가 등을 거쳐 구체적인 수수료율을 결정하는 것으로 이해된다. 이 과정에서는 시장에서 형성된 해당 상표·브랜드의 가치 및 주지성, 저명성, 상표·브랜드를 사용하는 회사의 특성 (예를 들어 대규모 소비자를 상대로 하는 기업과 주로 기업고객을 상대로 하는 기업), 각 상표·브랜드가 특정 자회사의 영업에 기여하는 정도 등이 종합적으로 고려되어야 할 것으로 보인다.

공정거래법상 대규모 내부거래규제와 관련하여 지주회사와 자회사 사이의 상표·브랜드 사용계약의 성질은 상표·브랜드 사용계약의 구체적인 내용에 따라 달라질 가능성은 있겠지만, 해당 계약의 주된 취지는 무체재산권인 상표·브랜드의 사용 및 그에 대한 대가지급이라는 점에서 이는 자산거래행위에 해당한다고 보는 것이 합리적이라고 생각된다. 다수의 지주회사 및 자회사 또한 상표·브랜드 사용계약을 자산거래로서 공시하고 있는 것으로 이해된다. 이와 관련하여 공정거래위원회에서도 "계열사와 CI로고(무체재산권)에 대한 사용권을 부여하는 거래

---

19) 공정거래위원회가 2021년 12월 30일 배포한 "2021년 공시대상기업집단 공시이행 점검 결과 및 2020년 상표권 사용거래 현황 공개"에 따르면 공시대상기업집단 내 상표권 사용료는 주로 계열회사의 순매출액(총매출액에서 집단내 매출액, 광고선전비 등을 차감한 금액)을 기준으로 산정되는 것으로 파악된다.

또는 행위는 자산거래에 해당"하여 대규모 내부거래의 대상이 된다는 입장을 밝히고 있다.[20]

3. IT서비스계약

지주회사가 자회사들에 대하여 IT서비스를 제공하는 경우도 상당수 있는 것으로 이해된다. 지주회사를 정점으로 하는 기업집단의 경우 사업실적 취합, 재무정보 공유 등을 위하여 IT시스템을 통합적으로 운용할 필요가 있고, 통합적인 IT시스템을 활용하는 과정에서는 기업집단의 내밀한 정보에 접근하게 될 가능성이 있어서 이를 만연히 외부인에게 맡기기도 어려우므로 이를 기업집단의 최정점에 있는 지주회사가 담당하는 경우가 있는 것으로 이해된다. 이와 관련하여 공정거래법 제47조는 거래의 목적 달성을 위해 불가피한 경우에 대하여는 일정한 예외를 인정해 주고 있다. 그중 보안성의 예외가 인정되는데(공정거래법 제47조 제2항, 동법 시행령 제54조 및 〔별표 4〕 제2호), (일반적으로 대주주의 지분이 많은) 지주회사가 자회사에 대하여 IT서비스를 제공하더라도 이 부분에 대하여는 보안성의 예외를 주장할 여지가 있을 것으로 보인다. 다만 공정거래위원회는 외부 IT업체에 정보시스템 운영이나 유지·관리업무를 위탁하더라도 일정한 보안장치(물리적 보안장치 구축, 보안서약서 체결, 보안사고 발생 시 피해보상규정 등)를 마련함으로써 정보보안을 유지할 수 있다면 보안성의 예외사유로 인정되기 어렵다는 입장을 취하여[21] 계열 IT회사라는 이유 자체만으로 보안성의 예외를 쉽게 인정하지는 않는 것

---

20) 공정거래위원회 공시점검과, 2021년도 대규모 내부거래 공시 업무 매뉴얼(2021), 122면 참조.
21) 공정거래위원회 시장감시총괄과, 총수 일가 사익편취 가이드라인(2017), 24면.

으로 이해된다.

지주회사와 자회사 사이에 체결된 IT서비스계약의 거래조건이 시장조건에 비하여 특정 당사자에게 상당히 유리한 경우 앞에서 언급한 부당지원 등의 법적 문제점이 발생할 수 있다는 점은 지주회사와 자회사 사이의 다른 상업적 계약과 동일하다.

VI. 지주회사와 자회사 사이에 체결하는 기업재편계약 관련 쟁점

1. 지주회사와 자회사 사이의 기업재편계약

지주회사와 자회사 사이에는 앞에서 언급한 지배·지원 관련 계약 및 상업적 계약 이외에 기업집단 내 구조개편을 위한 계약이 체결되기도 한다. 대표적으로 (i) 지주회사와 자회사 사이에 사업 내용 조정을 위한 합병(분할합병)계약 또는 영업양수도계약, (ii) 지주회사의 자회사이지만 완전자회사가 아닌 회사를 지주회사의 완전자회사로 전환하기 위한 포괄적 주식교환계약 등이 실무상 이루어지는 경우가 있는 것으로 보인다.

2. 지주회사와 자회사 사이의 기업재편계약에 대하여 자기거래 승인 및 대규모 내부거래 승인이 필요한지 여부

상법 제398조는 회사와 주요주주의 사이의 거래를 일반적으로 규제하고 그에 대하여 소규모로 인한 예외나 기업재편계약에 대한 면제 등을 규정하고 있지 않은바, 지주회사와 자회사 사이의 합병이나 포괄적 주식교환계약에 대하여 특히 자회사 입장에서 상법 제398조에 따른 승인을 얻어야 하는지 문제된다.

이에 대하여 학설은 (i) 2012년 4월 15일 시행 개정상법이 자기거래의 상대방을 이사 이외에도 주요주주와 그 자회사·손자회사까지 확대한 점, 개시의무와 공정성이 상법 제398조의 요건으로 추가된 점, 자본거래에 의하여 회사와 그 소수주주의 이익을 해할 가능성이 있다는 점 등을 근거로 상법 제398조가 합병, 주식 발행과 같은 자본거래에도 적용된다고 하는 적용긍정설[22]과 (ii) 법률관계의 안정과 획일적 확정을 위하여 단체성이 강조되는 자본거래는 일반거래와 근본적인 성질이 다른 점, 상법이 신주 발행, 합병 등의 절차에 대한 별도의 규정을 두고 있는 점 등을 근거로 합병, 신주 발행 등의 자본거래에는 상법 제398조가 적용되지 않는다는 적용부정설[23] 등의 견해가 있는 것으로 보인다. 상법 제398조 문언상 합병, 포괄적 주식교환계약 등에 대하여 예외를 인정할 명시적 근거가 없는 점, 합병·포괄적 주식교환계약에 대한 이사회 승인의 요건과 상법 제398조에 따른 승인 요건이 다른 점, (주로는 주주의 이해관계가 문제되는 점이지만) 지주회사와 자회사 사이의 합병비율·주식교환비율 등에 대하여는 일정한 이해상충이 문제될 수 있다는 점에서 이에 대하여도 상법 제398조에 따른 승인을 거치는 것이 바람직

---

22) 천경훈, 신세계 대표소송의 몇 가지 쟁점 — 경업, 회사기회유용, 자기거래, 상사법연구 제33권 제1호(2014), 167면; 한국상사법학회(편) / 권윤구(집필), 앞의 책(각주 16), 848면; 송옥렬, 상법강의(제11판), 홍문사(2021), 1063-1064면.
23) 서의경, 이사 등의 자기거래에 관한 연구, 이사회 제도의 재조명, 법문사(2018), 494면; 권재열, 모회사의 이사에 대한 자회사의 실권주 배정에 관련된 몇 가지 쟁점의 검토, 선진상사법률연구 제65호(2014), 32면; 정동윤, 주석상법, 한국사법행정학회(2014), 338-339면.

할 것으로 사료된다.

지주회사와 자회사 사이의 합병, 포괄적 주식교환계약 등에 대하여 공정거래법상 대규모 내부거래 승인을 거치고 이를 공시해야 하는지도 문제된다. 이에 대하여는 활발한 논의가 이루어지고 있지는 않은 것으로 보인다. 다만 공정거래법 제26조에서 규정하고 있는 거래는 대부분 계약법상 특정 거래대상을 목적물로 한 거래로 이해되는 점, 합병·포괄적 주식교환계약에 대한 이사회 승인 요건과 대규모 내부거래에 대한 이사회 승인 요건에 대하여는 차이가 없는 점 및 (공시대상 기업집단에 속하는 회사 혹은 사업보고서 제출대상 법인의 경우) 합병, 포괄적 주식교환 등은 대규모 내부거래인지 여부와 무관하게 별도의 공정거래법 또는 자본시장법상 공시사항에 해당하여 충분한 정보 제공이 이루어진다는 점에서 법리적으로만 보면 지주회사와 자회사 사이의 합병, 포괄적 주식교환계약에 대하여 반드시 대규모 내부거래 승인을 받지는 않아도 될 것으로 보인다. 다만 실무적으로는 합병, 포괄적 주식교환계약 승인에 부대하여 상법 제398조에 따른 승인 및 공정거래법상 대규모 내부거래 승인을 동시에 거치는 경우도 있는 것으로 보인다.

3. 포괄적 주식교환과정에서의 자회사 주주의 주식매수청구권 행사 관련 쟁점

지주회사와 자회사가 포괄적 주식교환을 진행하는 과정에서 자회사 주주 중 일부가 이에 반대하여 주식매수청구권을 행사한 경우 자회사는 이에 응하여 자기주식을 취득해야 하고(거래 완료 전 주식매수대금 지급 시. 거래 완료 후 주식매수대금 지급 시에는 자회사가 반대주주로부터 지주회사 주식매수), 해당 자기주식은 지주회사 겸 완전모회사 주식으로 변경된다.[24] 이는 상법 제342조의2에 위반되는 지분취득이다. 다만 이에 대하여 상법은 예외를 허용하고 있다(제342조의2 제1항 제1호).

그러나 공정거래법상 지주회사 행위제한 측면에서는 자회사의 이와 같은 모회사지분 취득에 대한 명시적인 유예조항이 없다. 이에 따라 상법상으로는 허용되더라도 공정거래법 행위제한에 따라 금지되므로, 포괄적 주식교환계약서 작성 및 준비과정에서 자회사의 모회사주식을 즉시 처분하기 위한 방안을 충분히 고려할 필요가 있다. 참고로 지주회사 관련 고유 쟁점은 아니지만, 포괄적 주식교환 거래과정에서의 자회사 주주의 주식매수청구권 행사에 따라 상호출자제한 기업집단의 상호출자가 발생하는 경우가 있을 수 있다. 그럼에도 불구하고 순환출자에 대한 일시적인 유예사유에는 포괄적 주식교환이 포함되어 있으나(공정거래법 제22조 제1항 제1호), 상호출자에 대한 일시적인 유예사유에는 포괄적 주식교환이 명시적으로 포함되어 있지 않다(공정거래법 제21조 제1항 제1호. 회사의 합병 또는 영업 전부의 양수만 규정하고 있다). 이에 대하여는 상호출자와 순환출자를 달리 취급할 합리적인 이유가 없는 만큼 일시적으로 발생한 상호출자에 대한 유예사유에도 합병, 영업 전부의 양수에 더하여 분할, 포괄적 주식교환 및 이전을 명시적으로 포함하는 것이 입법적으로 바람직할 것으로 사료된다.

4. 지주회사와 자회사 사이의 사업부 조정 관련 쟁점 검토

지주회사와 자회사 사이의 사업부 조정과정에서 인력의 계열회사 전

---

24) 합병의 경우에는 이러한 주식이 모두 존속회사의 자기주식으로 변경되므로 자회사의 모회사주식 소유와 같은 문제는 발생하지 않는다.

출 및 관련 사무용 기기의 이전 등의 방식으로 진행하면서 별도의 기업 재편계약이나 절차 등은 거치지 않는 경우가 있는 것으로 보인다. 일반적으로 이러한 사업부 조정이 영업양수도에 이르지 않을 정도라면 이와 같이 하는 것이 무방하나, 지주회사나 자회사의 특정 사업부를 이전하고, 그로 인한 재무적·비재무적 영향이 상당한 경우라면 이러한 사업부의 이전이 영업양수도에 해당하는지 여부에 대하여 면밀한 검토를 거쳐야 한다. 그에 따라 주주총회 특별결의 승인 요부 및 반대주주의 주식매수청구권 인정 여부가 달라지는 등 주주의 이해관계에 영향을 미치기 때문이다. 따라서 지주회사와 자회사 사이의 사업부 조정을 위한 조치가 주주총회 특별결의를 거쳐야 하고 반대주주의 주식매수청구권이 인정되는 중요한 일부 영업의 양수도에 해당하는지 여부를 면밀히 점검한 후 관련 조치를 실행해야 한다.

VII. 결어

지주회사 및 자회사 체제에서 문제되는 주된 경영상 쟁점을 그 사업구조, 지배구조(혹은 출자구조), 경영구조(혹은 의사결정구조)라는 측면에서 보았을 때 우리 공정거래법 및 금융지주회사법은 특히 지배구조(혹은 출자구조)에 대하여 집중적으로 규제하고 있다. 즉 공정거래법 제18조 또는 금융지주회사법 제6조의3, 제6조의4 및 제43조의2 등은 대부분의 내용이 지주회사의 자회사주식 소유 관련 제한 및 의무로 구성되어 있다. 이에 반해 지주회사 및 자회사 체제의 사업구조나 경영구조에 대하여는 일반적인 규정을 두고 있지 않다.

지주회사와 자회사 체제의 사업구조·경영구조에 대하여 이를 반드시 지배구조와 유사하게 법에서 일반적인 기준을 규정할 것인지, 아니면 지금과 같이 여러 법원칙 및 법리의 해석에 기초하여 맡겨 둘 것인지에 대하여는 각각의 장단점이 있으므로 어느 방법이 우월하다고 일의적으로 말하기 어렵다. 예를 들어 지주회사 및 자회사의 사업구조·경영구조를 일반적으로 법규화할 경우 행위의 예측 가능성이 높아진다는 장점은 있지만, 기업집단별로 처한 상황이 다르다는 점에서 특정한 기업집단에 대하여는 적절한 운영방안이 되지 못할 수 있다.

한편 지금까지 지주회사와 자회사 사이의 관계에 대한 논의는 그 지배권을 어떻게 행사하고 그 한계는 어디인지 등에 집중하여 이루어진 것으로 보인다. 지주회사의 수익모델 또는 지주회사와 자회사 사이의 거래에 대하여도 감독 당국 및 시장의 관심이 커지는 상황에서 향후 지주회사와 자회사 사이의 사업구조, 지배구조 및 경영구조에 관한 계약 및 거래에 대한 논의가 보다 활발해지기를 희망한다.

14

지주회사의 자회사 지원에 관한 법적 문제[*]
—공정거래법과 형법의 관점—

김수련[**] · 이미지[***]

I. 서설

지주회사의 사업목적 및 기업집단 경영의 효율성 창출이라는 지주회사 체제의 순기능을 고려하면 지주회사와 자회사 간 거래는 매우 자연스러운 모습이다. 거래에 따라서는 지주회사가 자회사를 지원하거나 반대로 자회사가 지주회사를 지원하는 모습이 나타나기도 한다. 다만 이러한 내부거래가 부당한 경우 독점규제 및 공정거래에 관한 법률(이하 "공정거래법"), 회사법, 형법, 세법 등은 다양한 측면에서 접근한 규제를 한다. 본고에서는 이 중 '지주회사의 자회사에 대한 지원행위'에 대

---

[*] 이 글은 BFL 제91호(2018)에 게재된 글을 수정·보완한 것이다.
[**] 법무법인(유한) 광장 변호사
[***] 법무법인(유한) 광장 변호사

하여 현행 공정거래법과 형법이 어떠한 규제를 하고 있는지, 지주회사 체제의 장점과 조화를 이룰 수 있는 합리적인 대안이 있는지를 모색해 보고자 한다.

II. 지주회사 개관

1. 지주회사의 개념

지주회사(holding company)란 주식이나 지분의 소유를 통하여 다른 회사의 사업 내용을 지배하는 것을 주된 사업으로 하는 회사이다. 여기에서 지배란 소유하고 있는 다른 회사 주식의 의결권을 행사하여 그 회사의 경영에 영향력을 행사할 수 있는 것을 의미한다.[1] 그러나 '자회사 지배'를 주된 '사업'으로 영위한다는 것은, 단순히 주주로서 자회사 주주총회에 참석하는 것을 넘어 실질적으로 경영에 관여를 예정하고 있다고 봄이 자연스러우므로[2] 지주회사가 자회사의 사업 전반에 대한 중요한 결정을 관여·지시하는 것이 그 본질적인 역할이라 할 것이다.

지주회사는 자회사의 사업영역에 따라 일반지주회사와 금융지주회사로 구분된다. 또한 일반지주회사는 지주회사의 독자적 사업 수행 여부에 따라 주식 소유를 통한 사업 지배 이외에 자체 사업을 영위하는 회사인 '사업지주회사(operating holding company)', 그렇지 않은 경우인 '순수지주회사(pure holding company)'로 구분된다. 다만 이는 이론상 개념일

---

1) 대법원 2006. 11. 23. 선고 2004두8583 판결 참조.
2) 천경훈, 기업집단의 법적 문제 개관, BFL 제59호(2013), 서울대학교 금융법센터, 13면.

뿐 공정거래법은 이를 구분하거나 달리 취급하지 않는다.

2. 공정거래법상 지주회사에 대한 행위제한

지주회사는 당초 경제력 집중 우려에 따라 설립 자체가 금지되었으나, 외환위기 당시 기업구조조정 촉진과 대기업집단의 소유지배구조 투명성 제고를 위하여 설립이 허용된 후 점차 확대되어 왔다. 공정거래법은 지주회사를 허용하는 대신 지주회사 체제가 지배력 확장수단으로 악용되는 것을 방지하고, 소유구조가 왜곡되어 소수주주의 권익이 침해되는 것을 최소화하기 위해 지주회사 및 (손)자회사에게 다양한 행위규제(행위제한)를 하고 있다. 대표적인 규제가 자회사에 대한 '의무지분보유비율' 등 지분율을 규제하는 것이다. 공정거래법은 지주회사가 자회사 발행주식 총수의 50%(상장회사 등 30%) 미만으로 소유하는 것을 금지하고, 자회사 외의 계열회사 주식을 소유하는 것을 금지한다.[3] 이처럼 상당히 높은 지분율을 요구하는 이유는 적은 지분으로 계열회사 간 출자를 통해 그룹 전체를 지배하는 왜곡된 소유구조의 폐해를 완화시키고, 비주력 사업부문의 자연스러운 매각을 유도하여 기업의 핵심역량이 주력업종에 집중되도록 하는 효과도 간접적으로 기대할 수 있기 때문이다.[4]

3. 지주회사의 긍정적 기능

지주회사의 장단점을 논의할 때 '경제력 집중 우려'가 꾸준히 단점으

---

3) 공정거래법 제18조 제2항 제2호 및 제3호.
4) 김건식 / 노혁준 편저, 지주회사와 법, 소화(2005), 21-24면 참조.

로 제기되고 있으나, 지주회사의 장점으로 주로 거론되는 것은 통일적인 지배관계 형성에 의한 '소유지배구조의 안정화 및 투명성 제고'이다. 또한 경영성과 및 관리 측면에서 높은 효율성이 기대된다는 점도 지주회사의 긍정적 기능 중 하나이다. 즉 지주회사와 자회사 간 명확한 역할 분담으로 경영효율성이 증대되고, 신규산업이나 시장에 진출 시 탄력적으로 대응할 수 있다. 예를 들어 사업영역 확대에 수반되는 자금을 지주회사와 자회사 양자를 통해 조달할 수 있고, 사업부문이 자회사별로 분리되어 있어 기업의 경영전략에 따라 자회사 매각·인수 등이 비교적 수월해 기업구조조정이 용이하며, 신규사업 실패 시 해당 자회사만 처분하면 되기 때문에 신규사업 진출에 따른 위험성도 상대적으로 낮아 투자활성화를 가능하게 한다는 장점이 있다.[5]

III. 지주회사의 자회사 지원행위에 대한 공정거래법상 규제

1. 지주회사와 자회사 사이의 주요 거래유형

공정위가 2018년 7월 3일 발표한 「지주회사 수익구조 및 출자 현황 분석결과」에 의하면, 기업집단 전체가 지주회사 체제로 전환된 18개 대기업집단(이하 "전환집단")의 지주회사의 총매출액 중 자·손자·증손회사 등 소속회사들과 거래한 금액의 비중(이하 "내부거래 비중")은 2017년 기준 평균 55.4%로, 지주회사와 자회사등의 거래가 많이 이루어진다는

---

5) 지주회사의 장점에 대해서는 이재형, 지주회사의 본질과 정책과제, 한국개발연구원(2000), 50-51면; 홍명수, 「공정거래법」상 지주회사 규제와 관련한 입법적 개선방안, 국회입법조사처(2015), 11-12면 참조

것을 알 수 있다. 흔히 볼 수 있는 거래로 지주회사가 소속 자회사들의 경영관리, 리스크관리, 인사, 법무, 기업설명회(Investor Relation, IR) 등 기능을 총괄적으로 수행하는 용역거래를 들 수 있다. 지주회사가 조직 전체의 경영전략을 수립하고 자회사는 이에 따라 개별 사업을 수행하는 명확한 역할 분담이 이루어지면 효율성이 증대되고 기업집단 전체의 공동비용을 절감할 수 있는 장점이 있기 때문에 지주회사와 자회사 간에는 이러한 용역거래를 하게 된다.

또한 지주회사도 안정적으로 회사를 운영하기 위해서는 재원을 확보해야 하는데, 특히 순수지주회사의 경우 그 방법은 제한적일 수밖에 없다. 따라서 배당수익 이외에 배당 외 수익으로 브랜드 사용료(로열티)나 부동산 임대료와 같이 기본적으로 계열회사와의 거래를 통하여 재원을 마련하고 있는 것으로 파악된다.[6] 앞 2018년 7월 3일자 공정위의 분석 결과에서도 전환집단 지주회사의 매출액에서 배당수익이 차지하는 비중은 평균 40.8%, 브랜드 수수료·부동산 임대료·경영 컨설팅 수수료 등 배당 외 수익의 비중은 43.4%인 것으로 나타났다(2017년 12월 31일 기준). 2021년에는 지주회사의 매출액 중 배당수익과 배당 외 수익이 차지하는 비중이 평균 44.6%, 47.9%로 나타났다(2020년 12월 말 기준).[7]

한편 사업지주회사는 자신이 영위하는 사업과 업무 연관성이 있는 자회사와 거래하는 경우가 있다. 이때 수직계열화된 주력사업에서의 전문성 및 시너지를 강화할 수 있고, 자회사와 안정적인 사업제휴가 가능하며, 계약 상대방의 기회주의적 행동(hold-up problem)을 방지함으로써 거

---

6) 윤성주, 현행 지주회사 법제의 실무상 쟁점, BFL 제59호(2013), 서울대학교 금융법센터, 86면.
7) 공정위, 2021. 12. 21.자 보도자료, 2021년 지주회사 소유출자 현황 및 수익구조 분석결과 발표.

래비용을 절감하여 효율성을 제고할 수 있는 상당한 이점이 있다.

위와 같은 전형적 거래는 지주회사의 특성상 나타나는 것이지만, 거래방식과 내부거래 비중에 있어 문제가 제기될 수 있다. 대부분 거래는 특수관계인 간 수의계약방식으로 이루어지므로 거래조건의 공정성이 쟁점이 된다. 또한 평균 55.4%에 달하는 지주회사의 자·손자·증손 등 소속회사와의 내부거래 비중은 '일감 몰아주기' 의혹을 받을 수 있다.

기업집단 소속 계열회사 간 거래의 불공정성은 회사법적 측면에서는 불리한 조건으로 거래하는 회사의 주주이익에 반한다는 점에서, 세법적 측면에서는 부당한 조세회피 측면에서, 공정거래법적 측면에서는 공정경쟁을 저해할 우려가 있다는 점에서 관심의 대상이 되는데 이 중 가장 실효성 있는 규제는 공정거래법상 규제라고 평가된다.[8]

2. 부당한 내부거래에 대한 공정거래법상 규제

(1) 서설

앞에서 본 바와 같이 공정거래법 제18조에서 '지주회사의 행위제한'을 열거하고 있는데, '자회사와의 거래'에 대해서는 특별한 행위제한 규정이 없다. 따라서 '지주회사의 자회사에 대한 지원행위'는 일반적인 기업집단 내부거래에 적용되는 '부당한 지원행위', '특수관계인에 대한 부당한 이익제공'(이하 "사익편취행위")을 통해 규제된다.[9]

---

8) 강상덕, 공정거래법상 부당한 지원행위의 위법성 판단 기준, 원광법학 제29권 제4호 (2013), 원광대학교 법학연구소, 140면.
9) 지주회사인 웅진홀딩스가 웅진폴리실리콘에 대하여 무상담보를 제공한 행위(서울고등

(2) 부당한 지원행위

공정거래법은 부당하게 특수관계인 또는 다른 회사에 대하여 가지급금, 대여금, 인력, 부동산, 유가증권, 상품, 용역, 무체재산권 등을 제공하거나 상당히 유리한 조건으로 거래하는 행위를 '부당한 지원행위'로 금지한다(제45조 제1항 제9호).

'부당한 지원행위'가 성립하기 위해서는 (i) '지원행위'의 존재와 그 (ii) '부당성'이 인정되어야 한다. '지원행위'란 지원객체에게 정상가격[10]에 비해 상당히 유리한 조건으로 거래하는 것을 의미하고, '부당성'은 지원행위로 인하여 지원객체의 관련 시장에서 경쟁이 저해되거나 경제력 집중이 야기되는 등으로 공정한 거래를 저해할 우려가 있는지 여부에 따라 판단된다.[11] 대법원은 단순한 사업경영상 필요성, 거래의 합리성만으로 부당한 지원행위의 성립 요건인 부당성 및 공정거래저해성이 부정되지 않는다는 입장이다.[12] 그러나 자회사의 지배·관리가 사업목적인 지주회사의 지원행위, 특히 상품·용역거래는 거래의 내용이 지원주체의 사업목적을 달성하기 위한 것으로 사업경영과 밀접한 관련이

법원 2013. 1. 24. 선고 2012누10293 판결), 지주회사인 동원엔터프라이즈가 자산유동화증권 고가매입의 방법으로 이스텔시스템즈를 지원한 행위(공정위 의결 제2005-062호)는 모두 부당한 지원행위로 판단되었는데, 법 위반 여부를 판단함에 있어 지주회사라는 점은 고려되지 않았다.

10) '정상가격'이란 지원주체와 지원객체 간에 이루어진 경제적 급부와 동일한 경제적 급부가 시기, 종류, 규모, 기간, 신용상태 등이 유사한 상황에서 특수관계가 없는 독립된 자 간에 이루어진 경우 형성되었을 거래가격 등을 의미한다. 대법원 2012. 10. 25. 선고 2009두15494 판결.

11) 공정위의 「부당한 지원행위의 심사지침」 IV. 1.; 대법원 2004. 3. 12. 선고 2001두7220 판결 등.

12) 대법원 2005. 9. 15. 선고 2003두12059 판결; 대법원 2006. 10. 27. 선고 2004두3274 판결.

있기 마련이고, 사업경영상 필요성은 부당성 판단에 있어 중요한 영향을 줄 수 있다.[13]

부당한 지원행위의 유형으로는 (i) 정상가격보다 상당히 유리한 대가를 제공하는 지원행위, (ii) 상당한 규모의 거래를 통해 상당한 경제상 이익을 제공하는 지원행위(소위 일감몰아주기), (iii) 거래단계 중간에서 실질적 역할 없이 수수료만 챙기도록 해주는 '통행세' 형태의 지원행위가 있다.

(3) 사익편취행위

사익편취행위에 대한 금지규정은 2013년 8월 13일 공정거래법 개정을 통해 신설되었다. 삼성 SDS판결에서 대법원이 계열회사와 특수관계인의 직접적 거래는 부당한 지원행위 규제대상에서 제외하자,[14] 재벌 총수 일가 개인에 대한 특혜성 거래를 구법으로 규제하기 어렵게 되었다. 이에 규제의 공백을 메우고, '사업기회 유용'이라는 새로운 유형을 규제하기 위하여 공정거래법 제47조(사익편취행위)를 신설한 것이다.[15] 사익편취행위란 ① 동일인(총수)이 자연인인 공시대상 기업집단(소위 '재벌'인 기업집단으로 한정)에 속하는 국내 회사가 ② (i) 특수관계인(동일인 및 그 친족에 한정) 또는 (ii) 동일인이 단독으로 또는 다른 특수관계인과

---

13) 상품·용역거래를 통한 지원행위와 같이 지원주체의 의도가 복합적으로 파악될 수 있는 경우와 현저한 규모에 의한 거래의 경우에는 사업경영상 필요성이 부당성 판단에서 중요한 고려사항이 될 수 있다는 주장은 홍대식, 부당한 지원행위의 부당성 판단에서의 사업경영상 필요성의 지위와 역할, 경쟁법연구 제24권(2012), 한국경쟁법학회, 53-60면 참조.

14) 대법원 2004. 9. 24. 선고 2001두6364 판결.

15) 보다 상세한 입법경위는 김윤정, 특수관계인에 대한 부당한 이익제공행위 규제의 법적 쟁점 및 개선과제, 경쟁법연구 제29권(2014), 한국경쟁법학회, 81-88면 참조.

합하여 발행주식 총수의 20% 이상을 소유한 국내 계열회사 또는 그 계열회사가 단독으로 발행주식 총수의 50%를 초과하는 주식을 소유한 국내 계열회사와 ③ 일정한 거래를 통하여 특수관계인에게 부당한 이익을 귀속시키는 행위를 말한다. 모든 회사를 지원객체로 하는 부당한 지원행위에 비해 적용대상을 좁게 한정하고, 부당한 지원행위와 달리 공정거래 저해성을 요건으로 규정하지 않은 특징이 있다.[16]

사익편취행위의 유형은 (i) 정상적인 거래에서 적용되거나 적용될 것으로 판단되는 조건보다 상당히 유리한 조건으로 거래하는 행위(공정거래법 제47조 제1항 제1호), (ii) 회사가 직접 또는 자신이 지배하고 있는 회사를 통하여 수행할 경우 회사에 상당한 이익이 될 사업기회를 제공하는 행위(동법 동조 동항 제2호), (iii) 특수관계인과 현금, 그 밖의 금융상품을 상당히 유리한 조건으로 거래하는 행위(동법 동조 동항 제3호), (iv) 사업능력·재무상태·신용도·기술력·품질·가격 또는 거래조건 등에 대한 합리적 고려나 다른 사업자와의 비교 없이 상당한

---

16) 다만 '한진그룹의 내부거래 사건'에서 서울고등법원 및 대법원은 공정거래법 제23조의2 제1항의 규정 내용, 입법경위 및 입법취지, 입법목적, 입법과정, 최종적인 법률의 문언 내용 등을 고려하면 '부당성'도 독립된 별도의 규범적 요건이라고 판단하였고, 제1호 행위에 해당하는지 여부와는 별도로 그 행위를 통하여 특수관계인에게 귀속된 이익이 '부당'한지에 대한 규범적 평가가 아울러 이루어져야 하며, 여기서 말하는 부당성이란 이익제공행위를 통하여 그 행위객체가 속한 시장에서 경쟁이 제한되거나 경제력이 집중되는 등으로 공정한 거래를 저해할 우려가 있을 것까지 요구하는 것은 아니고, 행위주체와 행위객체 및 특수관계인의 관계, 행위의 목적과 의도, 행위의 경위와 그 당시 행위객체가 처한 경제적 상황, 거래의 규모, 특수관계인에게 귀속되는 이익의 규모, 이익제공행위의 기간 등을 종합적으로 고려하여, 변칙적인 부의 이전 등을 통하여 대기업집단의 특수관계인을 중심으로 경제력 집중이 유지·심화될 우려가 있는지 여부에 따라 판단하여야 하고, 공정위에게 부당성에 대한 증명책임이 있다고 판단하였다(서울고등법원 2017. 9. 1. 선고 2017누36153 판결, 대법원 2022. 5. 12. 선고 2017두63993 판결 참조). 그러나 이에 대해서는 입법취지를 고려하지 않은 판단이라는 비판도 있다.

규모로 거래하는 행위(동법 동조 동항 제4호)이다. 위 제1호 및 제3호는
부당한 지원행위와 유사하나, 나머지는 규제가 더 강화되었다. 제2호의
경우, 내부거래 시 해당 거래가 특수관계인 등에게 사업기회를 제공하
는 것으로 평가될 수 있을지에 대한 사전적 판단을 해야 하고, 제4호(일
감 몰아주기)는 거래조건이 통상의 제3자 간 거래(arm's length transaction)
와 유사한 수준인 경우에도 상당한 규모로 거래하기만 하면 그 거래에
관한 합리적 고려나 다른 사업자와의 비교절차를 거치도록 규정하고
있다.[17] 여기에서 지원객체에게 금지된 사업기회를 제공한 것인지,
단순한 거래를 한 것인지를 구분 짓는 기준이 모호하고, 어느 정도 합
리적 고려나 비교를 할 때 적법성을 인정받는지가 명확하지 않다. 그
럼에도 불구하고 해당 거래를 지시하거나 관여한 사실이 있는 특수관
계인 개인에 대한 형사처벌까지 가능하도록 하는 강력한 규제를 하고
있다.

---

17) 부당한 지원행위와의 비교에 대한 상세한 내용은 서 정, 재벌의 내부거래를 둘러싸고
    나타난 규범의 지체현상과 그 극복, 법조 제64권 제5호(2015), 법조협회, 225-226면
    참조. 공정거래법 및 동법 시행령은 기업의 효율성 증대, 보안성, 긴급성 등 거래의
    목적을 달성하기 위하여 불가피한 경우에는 일감 몰아주기 규정의 적용을 제외하는
    적용제외 사유를 규정하고 있으나, 공정위의 특수관계인에 대한 부당한 이익제공행
    위 심사지침에서 적용제외 사유로 규정한 예시를 살펴보면, 공정위는 적용제외 사유
    를 매우 좁게 해석하는 것으로 보인다.

IV. 부당한 내부거래인지 여부의 판단에서 지주회사의 특수성 고려

1. 브랜드 라이선스, 컨설팅서비스 등 지주회사의 재원확보 행위 관련

앞에서 본 바와 같이 지주회사는 비용절감이나 효율성 측면에서 자신이 소유·지배하는 회사들을 위하여 경영관리, 리스크관리, 인사, 법무, IR 기능을 수행하는 경우가 많다. 또한 순수지주회사는 재원을 확보하는 방안으로 자회사로부터 배당금을 받는 것 외에 자신이 지배하는 회사들과 브랜드사용계약을 체결하거나 부동산을 임대하여 이에 대한 대가를 수령하는 경우가 있다.

이러한 거래에서 자회사가 지주회사에게 지급하는 대가가 적절한 수준인지가 문제될 수 있고, 그 대가가 정상가격에 비하여 상당히 유리하거나 불리한 수준인 때에는 공정거래법 제45조 제1항 제9호의 부당한 지원행위나 공정거래법 제47조의 사익편취행위에 해당할 수 있을 것이다. 그런데 지주회사가 자회사 간에 제공하는 컨설팅서비스나 브랜드 라이선스거래의 경우, 그룹 내부에서만 거래가 발생하고 지주회사가 그룹 외의 회사와는 거래를 하지 않는다는 점에서 정상가격을 산정함에 있어 어려움이 발생한다. 또한 상표권이나 컨설팅업무의 경우, 유형(有形)의 토지나 상품에 비하여 객관적 가치를 산정하기 어려운 성질을 가지고 있다. 나아가 동일한 그룹 내에서도 회사마다 브랜드가치에 기여하는 정도, 브랜드의 사용처나 사용횟수 등이 천차만별일 것이므로 이러한 점을 종합적으로 고려하여 회사별 브랜드 사용료를 정하는 것은 용이한 작업이 아닐 것이다. 따라서 지주회사가 독립적인 평가기관으로부터 브랜드가치나 컨설팅서비스가치에 대한 평가를 받고, 객관적이고 합리적인 기준에 따라 회사별 대가를 산정하고 있다면 이를 섣불리 정상가격을 일탈한 가격으로 판단하여서는 안 될 것이다.

부당한 지원행위의 경우 정상가격보다 상당히 유리한 조건 외에 부당성을 요건으로 하므로 지주회사와 자회사 간 거래가 부당한 지원행위에 해당하기 위하여는 부당성 요건 역시 충족하여야 한다. 지주회사가 정상가격보다 상당히 낮은 가격에 브랜드 라이선스료 등의 대가를 책정한다면 자회사가 효율과는 무관한 경쟁상의 우위를 점하게 되어 관련 시장에서 경쟁제한 효과가 발생하거나 경제력 집중 효과가 발생할 가능성이 있으므로 부당성이 인정될 수 있을 것이다. 다만 지주회사는 다른 회사를 지배하고 그 다른 회사의 사업에서 발생하는 수익을 배당의 형태로 지급받는 것이 지주회사 사업의 본질이라고 본다면, 지주회사가 컨설팅서비스나 브랜드를 저렴한 가격에 공급하고 대신 자회사 등 소속회사의 사업을 육성시켜 배당수익을 보다 많이 지급받는 것이 지주회사에게는 이익이 될 수 있고, 이러한 지주회사의 사업상 판단은 합리적인 경영판단이라고 볼 수 있을 것이다. 따라서 지주회사가 자회사로부터 지급받는 대가가 정상가격보다 낮더라도 이를 일률적으로 지주회사가 자회사를 부당하게 지원한다고 보기 어렵고, 그 부당성을 판단함에 있어 지주회사와 자회사 간 관계의 특수성이 고려될 필요가 있다.

한편 지주회사가 정상가격보다 상당히 높은 가격에 라이선스료 등을 책정할 경우, 이로 인하여 공정거래 저해의 우려가 발생하는지가 문제될 수 있다. 사업지주회사의 경우, 라이선스료를 정상가격보다 높은 가격에 수취함으로써 지주회사가 영위하는 사업에서 경쟁상 우위를 점할 수 있을 것이므로 공정거래 저해성이 발생할 가능성이 있을 것이다. 그런데 순수지주회사는 영위하고 있는 고유의 사업이 없어 지주회사가 활동하는 관련 시장을 상정하기 어려워서, 지원행위로 인하여 관련 시장에서의 경쟁이 저해될 우려가 있다고 보기는 어려울 것이다. 다만 지주회사가 지원행위를 통하여 얻은 재원으로 다른 회사에 투자함으로써 경제력 집중이 보다 강화될 가능성이 있다.

그러나 기존에 대법원이 비사업자인 자연인에 대한 부당한 지원행위와 관련해서, 원칙적으로 부당성이 인정되지 않고 자연인이 지원받은 자산을 계열회사에 투자하는 등으로 관련 시장에서 공정거래저해의 우려가 있다는 점에 대한 추가적 입증이 있는 경우에 한하여 위법성을 인정할 수 있다고 판시한 점을 고려할 때, 사업을 영위하지 않는 순수지주회사의 경우에도 경제력 집중의 기반이나 여건이 조성될 여지가 있다는 것만으로 공정거래 저해성이 인정되기는 쉽지 않을 것으로 생각된다. 보다 근본적으로 공정거래법은 지주회사 제도가 지배력 확장의 수단으로 사용될 수 있음에도 불구하고 지배구조의 투명성이 가지는 가치가 보다 크다고 판단하여 지주회사 제도를 허용한 것이다. 따라서 이러한 입법상의 결단을 고려하지 않은 채 지주회사의 재원확보행위를 경제력 집중이 발생할 우려만으로 부당한 지원행위로 쉽게 단정 짓는다면 사업자들은 지주회사구조를 채택하는 데 소극적이 될 것이고, 이는 지주회사 제도의 도입 목적에 부합하지 않는다고 볼 수 있다.[18]

사익편취행위의 경우, 현재 전환집단들은 총수 일가가 지주회사를 지배하는 방식으로 그룹을 지배하고 있는 경우가 많으므로 총수 일가의 지주회사에 대한 지분률에 따라 자회사의 지주회사에 대한 지원행위가 사익편취행위 규제 대상에 해당할 수 있다. 한편 공정거래법

---

18) 실제로 공정위도 「부당한 지원행위의 심사지침」에서 지주회사의 재원확보 필요성을 인정하여 금융지주회사법에 의한 완전지주회사가 완전자회사에게 자신의 조달금리 이상으로 자금지원을 하는 것을 허용하고 있다(동 지침 IV. 3. 마).

에 의하면, 이러한 지주회사가 50%를 초과하여 지분을 소유한 자회사도 사익편취 규정의 객체 회사가 된다는 점에서 지주회사의 자회사에 대한 지원행위도 사익편취가 문제될 수 있을 것이다. 다만 공정거래법 제47조에 대해서는 성립 요건으로 부당성이 요구되는지에 대해 다양한 견해가 존재하고, 최근 한진그룹 내부거래 사건에서 대법원은 부당성이 독자적 요건으로서 요구된다는 것을 명확히 하였다. 다만 여기서 부당성은 시장에서 경쟁이 제한되거나 경제력이 집중되는 등으로 공정한 거래를 저해할 우려가 있을 것까지 요하지는 않는다고 하여 부당한 지원행위와는 차이를 두었다. 그리고 '변칙적인 부의 이전' 등을 통해 '대기업집단의 특수관계인을 중심으로 경제력 집중이 유지·심화될 우려가 있는지'를 기준으로 부당성을 판단해야 한다는 판단 기준을 제시하였다.[19]

그런데 지주회사와 자회사의 실질적인 총수 일가 지분율을 비교하면 완전자회사가 아닌 이상 지주회사의 총수 일가 지분율이 더 클 것이다. 총수 일가 지분율이 더 큰 지주회사가 자회사를 지원하는 행위로 특수관계인에 대한 부의 이전, 경제력 집중 등이 이루어진다고 볼 수 있을지 의문이다. 양사의 지분을 직·간접적으로 소유한 특수관계인이 동일하고 다른 특수관계인이 자회사의 지분을 직접 보유하지 않는다면 더욱 그러할 것이다. 만일 이러한 경우까지 사익편취행위로 규제한다면 상향된 지주회사의 자회사에 대한 의무지분율을 고려할 때 지주회사에게 유독 불리한 불합리한 규제가 될 것이고, 지주회사 제도 도입 취지에도 부합하지 않는다고 생각된다.

---

19) 대법원 2022. 5. 12. 선고 2017두63993 판결.

2. 지주회사와 자회사 간 상품 · 용역거래 관련

지주회사 제도는 특정 사업분야에 활동하는 회사들을 지주회사 산하에 두고 지주회사가 이들의 지분을 관리 · 지배하고, 나아가 지주회사 자신도 관련 사업을 영위함으로써 특정 사업분야에서의 전문화를 도모할 수 있는 긍정적인 기능이 있다. 배당금수익만으로 재원을 확보하기 충분하지 않아 순수지주회사들이 자체사업을 가진 사업지주회사로 전환하거나, 처음부터 사업지주회사를 설립하는 경우도 많이 있다.[20]

자회사와 사업 관련성이 있는 지주회사의 경우에는 자회사와 상품용역거래가 발생하게 된다. 특히 지주회사와 자회사 간에 수직계열화가 이루어져 있거나, 원래 하나의 회사에 속한 사업부문들이 지주회사 설립으로 지주회사와 자회사로 분할된 때에는 지주회사와 자회사 간에 상품용역거래가 다수 발생하게 되고 경우에 따라서는 지주회사의 거래가 전적으로 자회사등 소속회사 사이에서만 발생하거나, 그 반대의 경우가 발생할 수 있다.[21] 이 경우에 자회사들이 지주회사에 일감을 몰아주거나 지주회사가 자회사들에게 일감을 몰아주어 공정거래법 제45조의 부당한 지원행위나 제47조의 사익편취행위에 해당하는지가 문제될 수 있다.

그러나 지주회사 제도의 목적 중 하나가 사업 관련성이 있는 회사들이 하나의 지주회사 산하에 속하도록 기업의 지배구조를 재편함으로써

---

[20] 한국경제매거진 2016. 10. 26.자 "순수 지주사는 정답 아니다 … 사업 지주사가 대안으로"(http://magazine.hankyung.com/business/apps/news?popup=0&nid=01&nkey=2016102401091000071&mode=sub_view, 최종검색 2022. 12. 9.)

[21] 우리나라의 경우 인적 분할과 주식교환방식을 통해 지주회사로 전환하는 경우가 많으므로 지주회사 설립으로 하나의 회사에 속한 사업부가 분할되면서 지주회사와 자회사 간에 거래가 발생하는 경우가 많을 것으로 생각된다.

효율성을 도모하려는 것이므로 자회사 간, 혹은 자회사 및 그 하위회사와 지주회사 간 거래가 필연적으로 발생할 수밖에 없다. 또한 이러한 내부거래에는 안정적인 공급처를 확보하고 협상 등 거래비용을 줄이며, 시장의 변화에 대응할 시간을 확보할 수 있는 경제적 효율성이 존재한다. 따라서 지주회사와 자회사 간 거래 비중이 높다는 이유로 이를 일감 몰아주기로 속단하는 것은 피하여야 하고, 지주회사와 자회사 간 혹은 자회사 간 거래라는 특수성을 감안하여 효율성이 발생하는 거래인지를 면밀하게 검토할 필요가 있다. 공정거래법은 계열회사 간 거래에서 발생하는 효율성을 고려하여 공정거래법 제47조 제1항 제4호가 적용되지 않는 예외적인 사유로 '효율성 증대효과가 있는 거래'를 규정하고 있는데, 그 내용이 추상적이어서 공정위의 사후적 판단에 따라 특정 거래의 예외 해당 여부가 달라질 가능성이 높다. 따라서 공정위가 실제 사례에서 어떤 거래를 효율성이 발생하는 거래로 판단하는지가 기업 입장에서는 중요하고 향후 거래의 지표로 삼을 수밖에 없으므로 공정위의 신중한 판단이 요구된다고 할 것이다.

3. 부당한 지원행위의 부당성 판단 관련

한국 지주회사들은 자회사에 대한 지분율이 100%에 미달하는 경우가 많지만, 외국의 경우에는 상위에 있는 지배회사만 상장회사이고 그 하위의 회사들은 지배회사의 완전자회사이거나 지배회사가 100%에 가까운 지분을 보유한 자회사가 대부분이라고 한다. 이와 같이 지주회사가 자회사의 지분을 전부 보유하고 있거나 사실상 하나의 경제적 단위로 평가될 수 있을 정도로 지주회사와 자회사가 상호 독립적으로 운영되지 않는다면, 이들 간의 거래를 부당한 지원행위나 사익편취행위로 규제하는 것이 적절한지 의문이 제기될 수 있다.

대법원은 100% 모자회사관계라 하더라도 법률적으로는 별개의 독립한 거래주체이므로 모회사와 자회사 간의 거래는 부당한 지원행위에 해당할 수 있다고 판시하였다.[22] 이에 대하여 경제적 단일체 개념을 수용하고 있는 공정거래법의 체계에 비추어 위 판결은 논리적 정합성이 떨어지고, 기업 내 사업부서 간의 거래와 모회사·완전자회사의 거래를 달리 취급함으로써 기업조직에 관한 선택의 자유를 제한한다고 비판하는 견해가 존재한다.[23] 이에 더하여 완전모자회사는 경제적 이해관계를 같이한다는 점에서 완전모자회사의 지원행위를 일반적인 계열회사 간 지원행위와 동일한 기준에 따라 평가할 수 있을지 의문이다. 예를 들어 50%를 하회하는 지분관계로 서로 간에 계열회사가 된 회사들의 경우 지원주체에 불리하지만 지원객체에게는 명백히 유리한 거래가 존재할 수 있지만, 완전모자회사의 경우 거래조건이 모회사에 불리한 거래라고 하더라도 지원행위를 통하여 자회사의 사업이 활성화될 때 궁극적으로 모회사에 이익이 되므로 지원행위가 존재한다고 보기 어려울 것이다. 또한 비용적 요소보다 거래에 있어 전략적 제휴, 공동브랜드 사용, 신뢰와 협동 등 계량화할 수 없는 요소들이 더 중요한 판단 기준이 될 수 있음을 고려할 필요가 있다. 그러나 현행 공정거래법은 지원행위의 존부는 정상가격의 일탈 여부에 따라 판단하도록 규정하고 있으므로 완전모자회사 간 거래라 하더라도 지원행위의 존재를 부정하기는 어려울 것이고, 결국 부당성의 영역에서 이를 달리 판단할 필요가

---

22) 대법원 2004. 11. 12. 선고 2001두2034 판결.
23) 권오승 / 서 정, 독점규제법 이론과 실무, 법문사(2022), 602-603면; 주진열, 공정거래법상 부당지원행위 규제에 대한 비판적 고찰, 서울대학교 법학 제53권 제1호(2012), 648면.

있을 것이다.

앞에서 살펴본 바와 같이 대법원은 지원행위의 부당성을 판단함에 있어 지원주체와 지원객체의 관계, 지원행위의 목적과 의도 등 여러 요소를 종합적으로 고려하여 부당성을 판단한다. 다만 대법원은 지원행위에 단순한 사업경영상의 필요가 있다는 사유만으로 부당성이 부정되지 않는다는 입장이다. 완전모자회사 간 지원행위의 경우, 지원주체와 지원객체의 관계나 지원행위의 목적과 의도를 고려하여 부당성을 조각하는 것을 고려하여 볼 수 있을 것이다. 실제로 웅진씽크빅 등 6개사의 부당한 지원행위에 대한 건 등에서 법원은 부당한 지원행위를 인정한 공정위 의결을 취소하면서 지원의도가 존재하지 않는다는 점을 여러 요소 중 하나로 고려하였다.[24]

이외에도 대법원은 단순한 사업경영상의 필요가 있다는 사유만으로 부당성이 부정되지 않는다고 판단하였으나, 사업경영상 필요성이 단순한 것이 아니라 행위의 원인이 된 것으로 행위에 특유한 성격을 가지는 것이라면 이 역시 부당성을 판단함에 있어 고려할 필요가 있을 것이다.[25] 예를 들어 2001두2034 판결에서 모회사인 엘지칼텍스가 100% 자회사인 원전에너지에 일반 정상금리보다 낮은 금리로 대여한 행위는, 원전에너지가 엘지칼텍스의 LPG 유통망으로서 엘지칼텍스 전체 매출액의 29%를 차지하고 있었으므로 원전에너지가 LPG 판매소시장에서 일시에 퇴출될 때 엘지칼텍스가 사업상 큰 피해를 입을 수 있었고, 그에 따라 엘지칼텍스가 이와 같이 지원할 사업경영상의 필요가 있었던 것으로 보인다.[26] 따라서 이러한 행위 특유적인 사업경영상 필요는 부

---

24) 대법원 2014. 6. 12. 선고 2013두4255 판결.
25) 홍대식, 앞의 논문(각주 13), 55면.
26) 경제법판례연구회(편) / 윤성운(집필), 경제법판례연구 제2권, 법문사(2005), 38면.

당성 판단 시 고려될 필요가 있고, 특히 완전모자회사의 경우 모회사는 자회사와 경제적 이해관계가 일치하므로 자회사를 지원할 사업경영상의 필요가 인정될 가능성이 높다고 볼 수 있다.

결론적으로 경제적 이해관계가 완전히 일치하는 지주회사와 완전자회사 간 지원행위는 부당성을 판단함에 있어 일반적인 계열회사 간 부당한 지원행위와 달리 보아야 하는 측면이 다수 존재하고, 이를 적극적으로 고려할 필요가 있다.

한편 사익편취행위는 앞에서 살펴보았듯이 주로 자회사가 지주회사를 지원하는 행위와 관련하여 문제가 될 것인데, 사익편취행위의 경우 총수 일가에 부가 이전되면 공정거래 저해성이 요구되지 않더라도 성립한다는 견해 및 판례의 태도에 따르면 자회사의 지원행위로 총수 일가가 이익을 취할 때 사익편취행위가 성립될 수 있을 것이다. 그러나 공정거래 저해성이 요구된다는 견해에 따르면 자회사의 지원의도가 인정되지 않거나 행위 특유적인 사업경영상 필요성이 존재한다면 사익편취행위 역시 인정되지 않을 가능성이 높다.

4. 사익편취 규제 적용대상 확대가 지주회사 제도에 미칠 영향

앞에서 살펴본 바와 같이 공정위는 2020년 12월 29일 공정거래법 전부 개정을 통해 총수 일가 지분율을 상장회사와 비상장회사 모두 20%로 일원화하고, 또한 이들이 단독으로 지분을 50% 초과보유하고 있는 회사도 규제대상에 포함시켰다. 또한 지주회사의 자회사에 대한 의무지분율을 상장 30%, 비상장 50%로 상향 조정하였다.

위와 같은 개정으로, 총수 일가 회사에 해당하는 지주회사 산하의 비상장회사인 자회사들은 대부분 사익편취 규제대상에 해당하게 되었다.

그리고 지주회사의 자회사 지분율이 상향 조정되면서 사익편취 규제대상에 해당하는 자회사의 범위는 더욱 늘어났다. 그에 따라 지주회사의 자회사에 대한 지원행위뿐만 아니라 손자회사·증손회사와 자회사 간의 거래 또한 사익편취행위에 해당할 가능성이 발생한다.

앞에서 살펴본 바와 같이 지주회사와 자회사 간, 자회사와 손자회사 간에는 사업 관련성이나 지주회사의 재원확보 동기 등의 이유로 거래가 필연적으로 발생하는데, 이와 같이 지주회사 체제 하에서 내부거래가 광범위하게 사익편취 규제대상에 해당한다면 지주회사 제도에서 발생할 수 있는 효율성이 현저히 저해되고, 사업자들 역시 지주회사 제도 도입에 소극적이 될 것이다. 특히 사익편취행위의 경우 공정위 및 법원의 입장은 공정거래저해성이 요구되지 않는다는 입장이어서 부당한 지원행위보다 쉽게 인정될 가능성이 있고, 공정거래법이 규정하는 예외적 사유들도 추상적이어서 예외 해당 여부가 불확실하다는 점에서 더욱 그러할 것이다.

이와 같이 최근 공정거래법 개정을 통해 법적용 대상이 늘어났음에도 지주회사와 자회사 간 거래의 특수성을 고려하지 않는다면 사업자들의 지주회사 도입을 위축시키는 효과를 발생시킬 수 있으므로 법을 적용·집행함에 있어 신중할 필요가 있고, 특히 사익편취행위인지 여부를 판단함에 있어 지주회사의 자회사 간 거래의 특수성이 충분히 고려되어 지주회사 체제 내에서의 효율성 있는 내부거래가 위축되지 않도록 할 필요가 있다. 예를 들어 총수가 20% 이상의 지분을 보유한 지주회사가 100% 자회사 또는 그보다 지분율이 낮은 자회사와 내부거래를 하는 경우, 양사에 대한 총수의 지분율을 고려할 때 총수 입장에서 자회사를 지원할 유인이 없고, 부의 이전이나 경제력 집중이 이루어진다고 보기도 어려울 것이다. 따라서 지주회사 제도의 장점을 살리며, 부당한 내부거래의 실효적 규제를 위해서는 지주회사 제도 하에서는 회사들 간 거래행위의 부당성을 판단함에 있어 지주회사 제도의 특성을 고려한 합목적적 해석이 필요할 것이다.

V. 지주회사의 자회사 지원에 대한 형법상 판단

1. 형법상 배임죄의 성립 요건

형법상 배임죄는 타인의 사무를 처리하는 자가 그 임무에 위배하는 행위로써 재산상 이익을 취득하거나 제3자로 하여금 이를 취득하게 하여 본인에게 손해를 가하는 경우에 성립한다. 따라서 계열회사에 대한 지원행위는 지원주체가 계열회사를 지원함으로써 자신이 사무를 처리하는 회사에게 손해를 가하는 경우에 형법상 배임죄에 해당할 수 있다. 공정거래법이 부당성·공정거래 저해성 내지 총수 일가에 대한 편법적 부의 이전 금지의 관점에서 부당한 지원행위 및 사익편취행위를 금지하는 것이라면, 형법은 재산권 보호의 관점에서 배임죄를 규정하고 있다. 따라서 지원주체에게 재산상 손해가 발생하였는지와 무관하게 경쟁제한성 또는 경제력 집중 우려만으로 계열회사 간 거래를 공정거래법으로 규제할 수 있는 반면, 배임죄의 경우에는 본인에게 손해가 발생하고 형사벌의 특성상 배임죄의 고의를 필요로 한다는 점에서 차이가 있다.[27]

---

27) 다만 판례는 배임죄를 침해범이 아닌 위험범으로 보고 있다(대법원 선고 2004. 4. 11. 99도334 판결).

2. 계열회사에 대한 지원행위 관련 판례의 입장

우리 대법원은 지금까지 계열회사에 대한 대여행위도 일반적인 대여행위와 동일한 기준에 따라 배임죄의 성립 여부를 판단하였다.[28] 다만 대법원은 배임죄의 고의를 판단함에 있어 경영판단원칙을 고려하여야 한다는 입장인데, 이는 기업의 경영에는 원천적으로 위험이 내재되어 있어 경영자가 신중하게 결정을 내렸다 하더라도 그 예측이 빗나가 기업에 손해가 발생하는 경우가 있을 수 있는데, 이러한 경우에까지 배임죄의 형사책임을 묻는다면 죄형법정주의의 원칙에 위배되고 정책적인 차원에서 볼 때에도 기업가정신을 위축시켜 해당 기업뿐만 아니라 사회적으로도 큰 손실이 되기 때문이라는 점을 근거로 하고 있다.[29]

한편 최근에 대법원은 기업집단 내 계열회사 간 지원행위가 배임에 해당하는지에 대하여 구체적인 판단 기준을 제시하는 판결을 사실상 처음으로 선고하였다.[30] 즉 동일한 기업집단에 속한 계열회사 사이의 지원행위가 합리적인 경영판단의 재량범위 내에서 행하여진 것인지 여부를 판단하기 위해서는 경영판단원칙 외에, (i) 지원을 주고받는 계열회사들이 자본과 영업 등 실체적인 측면에서 결합되어 공동이익과 시

---

28) 즉 대법원은 "회사의 이사 등이 타인에게 회사자금을 대여하거나 타인의 채무를 회사 이름으로 지급보증함에 있어 그 타인이 이미 채무변제능력을 상실하여 그를 위하여 자금을 대여하거나 지급보증을 할 경우 회사에 손해가 발생하리라는 점을 충분히 알면서 이에 나아갔거나, 충분한 담보를 제공받는 등 상당하고도 합리적인 채권회수조치를 취하지 아니한 채 만연히 대여해 주었다면, 그와 같은 자금대여나 지급보증은 타인에게 이익을 얻게 하고 회사에 손해를 가하는 행위로서 회사에 대하여 배임행위가 되고 이러한 이치는 그 타인이 자금지원 회사의 계열회사라 하여 달라지지 않는다"고 판시하였다(대법원 2009. 9. 7. 선고 2007도3373 판결 등).
29) 대법원 2007. 9. 7. 선고 2007도3373 판결 등.
30) 대법원 2017. 11. 9. 선고 2015도12633 판결.

너지효과를 추구하는 관계에 있는지 여부, (ii) 이러한 계열회사 사이의 지원행위가 지원하는 계열회사를 포함하여 기업집단에 속한 계열회사들의 공동이익을 도모하기 위한 것으로서 특정인 또는 특정회사만의 이익을 위한 것은 아닌지 여부, (iii) 지원 계열회사의 선정 및 지원규모 등이 해당 계열회사의 의사나 지원능력 등을 충분히 고려하여 객관적이고 합리적으로 결정된 것인지 여부, (iv) 구체적인 지원행위가 정상적이고 합법적인 방법으로 시행된 것인지 여부, (v) 지원하는 계열회사에게 지원행위로 인한 부담이나 위험에 상응하는 적절한 보상을 객관적으로 기대할 수 있는 상황이었는지 여부 등까지 충분히 고려되어야 한다고 대법원이 판시하였다.

이 사건에서 대법원은 조선업 관련 계열사들로 이루어진 SPP그룹 사주 및 자금 담당 책임자인 피고인들이 그룹차원에서 전략적으로 운영하던 계열사가 자금난에 빠지자 다른 계열회사들을 통해 여러 방법의 지원행위를 한 것과 관련하여, 일부 지원행위는 "기업집단 내 계열회사들의 공동이익을 위한 지원행위로서 합리적인 경영판단의 재량범위 내에서 행하여진 것으로 배임의 고의를 인정하기 어렵다"고 판시하였다.

3. 지주회사와 자회사 간 거래의 배임죄 성립 여부 판단 시 고려사항

기업집단 내 계열회사 간 지원행위가 배임에 해당하는지에 대하여 최근 대법원이 제시한 구체적인 판단 기준은 지주회사와 자회사 간 거래에 대하여도 동일하게 적용될 수 있다. 지분관계로 연결된 계열회사는 상대 계열회사의 손익이 자신의 손익에도 영향을 미칠 수 있고, 보다 높은 지분율로 연결되어 있는 지주회사와 자회사관계에서는 그 영향이 더욱 커질 것이다. 또한 지주회사의 경우 대체로 업무 연관성이 있는 회사끼리 지주회사 체제를 갖추고 있으므로 지분관계를 통한 영향뿐만 아니라 사업적 측면에서도 서로 간에 상당한 영향을 주고받을 것이다. 따라서 지주회사가 자회사를 지원하는 것이 자회사의 이익만을 위한 것이 아니라 자회사로 인하여 영향을 받을 수 있는 그룹 전체를 위한 것인지를 면밀히 살펴볼 필요가 있다. 예를 들어 자회사가 주된 사업을 영위하고 있고 다른 자회사들은 이 사업을 위한 원재료를 자회사에 공급하고 있는 경우, 자회사의 재무상황이 시장상황 악화로 인해 좋지 않다면 지주회사가 자금대여를 통하여 다른 자회사들의 주요 공급처가 되는 자회사를 지원하는 것이 장기적인 관점에서 그룹의 생존 및 발전을 위하여 필요한 것일 수 있다.

위 대법원 사례에서도 여러 지원행위를 그룹의 공동이익을 추구하기 위한 목적에서 이루어진 것으로 판단된 행위와 단순히 지원객체 또는 지원객체의 지배주주를 지원하기 위한 의도에서 비롯된 행위로 구분하여 배임죄의 성립 여부를 달리 판단하고 있다. 예를 들어 특정 계열회사가 다른 계열회사들과 통합구매약정을 맺고 먼저 철강재를 구입하여 위 계열사들에게 외상으로 공급하는 방법으로 장기간 지원을 한 행위의 경우 위 지원은 동종, 유사업종에 종사하는 계열회사들의 공동이익을 위한 것인 점, 통합구매를 통해 그룹차원의 사업영역 확장과 시너지 효과를 객관적으로 기대할 수 있었다는 점을 들어 배임의 고의를 인정하기 어렵다고 보았다. 또한 계열회사 간 자금을 대여한 행위에 대하여는 자금을 대여한 회사가 순차적인 출자를 통해 자금을 대여받은 회사와 모자회사관계에 있었고, 그룹 차원에서 차세대 성장동력으로 육성하는 자회사에 대한 모회사의 자금대여는 자본적으로 연결된 그룹에 속한 계열회사들이 공동이익을 위한 것으로 보기에 충분하다고 판단하였다.

반면에 특정 계열회사가 다른 회사에 선박용 크레인을 선발주하고 그 대금을 미리 지급한 행위는 자율협약으로 인해 직접적 지원이 불가능하자, 이를 회피할 목적으로 우회적으로 은밀하게 이루어진 것으로서 지원주체는 이에 따른 아무런 보상이나 이익을 기대하기 어려웠다는 점에서 배임의 고의가 인정된다고 보았다.[31]

따라서 지주회사와 자회사 간 거래에 대하여 배임죄가 성립하는지 여부를 판단함에 있어서도 위 대법원이 판시한 요소들을 종합적으로 고려하되 각 요소의 존재 여부를 판단할 때에 지주회사 체제의 특성을 반영할 필요가 있을 것이다. 다만 위 대법원의 판단 기준은 앞에서 설명한 바와 같이 기업집단 내 지원행위가 배임에 해당하는지에 대하여 사실상 처음으로 제시된 기준이므로, 개별 사안에서 위 대법원 판례의 기준이 구체적으로 어떻게 적용될 것인지를 검토하기 위하여는 보다 많은 사례가 축적될 필요가 있을 것이다. 예를 들어 대법원은 위 다섯 가지 기준이 동시에 충족되어야 하는 요건이 아니라 종합적인 고려요소인 것으로 판시하였는데, 정상적이고 합법적인 방법은 아니지만 그 의도가 특정 회사의 이익이 아닌 전체 그룹의 이익을 위한 것일 경우 배임의 고의가 인정될 것인지 등이 문제될 수 있다. 또한 앞의 (v) 고려요소인 '지원하는 계열회사에게 지원행위로 인한 부담이나 위험에 상응하는 적절한 보상을 객관적으로 기대할 수 있는 상황이었는지 여부'를 판단함에 있어 지주회사의 경우 향후 배당이익을 기대할 수 있다는 것만으로 이 요소가 충족되는지가 문제될 수도 있을 것이다.

---

31) 대법원 2017. 11. 9. 선고 2015도12633 판결에 대한 요약 및 평석은 노혁준, 2017년 회사법 중요 판례, 인권과 정의 제472호(2018), 대한변호사협회, 139-142면 참조.

VI. 맺음말

지주회사 제도는 복잡했던 우리나라 대기업집단의 소유지배구조를 개선하는 데 기여하였고, 정부도 이러한 점을 높이 사 기업집단의 지주회사 전환을 적극 권장해 왔으며, 실제 상당수의 기업집단이 지주회사로 전환하였다. 지주회사는 사업목적·재원확보를 위해 내부거래가 필연적인데, 현행 공정거래법과 형법은 부당한 지원행위·사익편취행위·배임 등 내부거래를 규제함에 있어 지주회사라는 특수성을 충분히 고려하고 있지는 않은 것으로 보인다. 부당한 내부거래의 규제도 중요하지만, 지주회사 제도의 장점을 훼손하지 않고, 효율성 있는 내부거래가 위축되지 않도록 하는 것도 간과해서는 안 될 중요한 요소이다.

아직까지 양자를 조화롭게 해석한 선례가 충분히 축적되지 않은 상태이고, 본고에서도 명쾌한 해법을 제시하지는 못하였다. 다만 배임죄를 불인정한 최근 대법원 판례 법리와 공정거래법상 '부당성' 개념을 지주회사 제도 특성을 고려하여 합목적적으로 해석한다면 문제점을 다소 완화시킬 수 있지 않을까 하는 제언을 하였다. 향후 관계기관이 법을 집행함에 있어 이러한 문제의식을 토대로 부당한 내부거래 규제와 지주회사 제도를 조화롭게 해석할 수 있도록 노력할 필요가 있을 것이다.

제4부

관련 문제:
노동법, 세법, 도산법

15

지주회사에서 발생하는 근로관계에 관한 문제

기영석[*]

I. 서론

지주회사는 다른 회사의 주식을 소유하여 사업 내용을 지배하는 것을 주요 사업으로 한다. 그러므로 지주회사는 자회사의 경영상 주요 의사결정에 직접 또는 간접적으로 영향을 미친다. 지주회사가 설립되거나 자회사를 편입하는 과정에서 인력의 포괄적 승계가 수반되기도 하고 지주회사와 자회사 또는 자회사 사이의 인력교류도 자주 발생한다. 지주회사를 중심으로 한 기업집단을 구성하는 기업의 변동은 상법이나 공정거래법의 영역에 속하는 문제이지만, 인사와 관련한 사항은 노동법에 의해 규율된다. 그러나 노동법 영역에서 지주회사와 자회사의 근로관계와 관련하여 특별한 규율을 별도로 두고 있지는 않고 일반적인 근로관

* 법무법인(유한) 세종 변호사

계에 관한 규율이 동일하게 적용된다. 이하에서는 지주회사의 근로관계와 관련하여 몇 가지 주목할 만한 문제를 중심으로 살펴보기로 한다.

II. 지주회사의 설립 및 편입과정에서 근로관계의 승계

지주회사의 설립 또는 자회사의 지주회사 편입은 주식의 포괄적 교환 또는 이전, 자회사 주식의 대량 매수, 회사의 물적분할 또는 영업의 양도 등 다양한 방법으로 이루어질 수 있다. 그런데 주식의 포괄적 교환이나 이전 또는 자회사 주식의 대량 매수는 지주회사가 자회사의 주식을 취득하는 것에 불과하여 이로 인해 지주회사 및 자회사 직원의 기존의 근로관계는 직접적으로 영향을 받지 않는다.

반면 지주회사가 영업의 일부를 자회사에게 양도하는 경우, 그 영업에 속한 근로자의 근로관계는 원칙적으로 양수회사에 승계된다. 다만 영업양도에 의한 근로관계의 승계에 근로자의 개별 동의를 요하므로,[1] 근로자가 근로관계의 승계에 반대하는 경우에는 양도인의 사업장에 남게 되고 양도인은 근로자가 근무하던 영업부문이 양도로 인하여 폐지되었다는 것만을 이유로 하여 근로자를 해고할 수 없다. 영업양도가 유효할 경우 영업양도인과 근로자 사이의 근로관계는 양수인 사이에 그대로 승계되므로, 근로조건은 양도 전과 동일한 내용으로 유지되고 양도인과 근로자 사이의 근로조건을 정하는 양도인의 취업규칙의 내용도 영업양도 이후의 근로조건으로 승계된다. 또한 승계 근로자 집단의 동

---

1) 민법 제657조 제1항에 의하면, "사용자는 노무자의 동의 없이 그 권리를 제3자에게 양도하지 못한다."고 규정하고 있는데, 영업양도에 따른 근로관계의 승계에 있어서도 위 민법규정이 적용된다는 것이 일반적인 견해이다.

의에 의한 취업규칙의 개정이나 단체협약의 체결 등을 통하여 근로조건의 내용을 변경하기로 하는 새로운 합의가 없는 한, 영업 양수 이후에 사용자가 종전 취업규칙의 내용보다 근로조건을 근로자에게 불리하게 일방적으로 변경하는 것은 원칙적으로 효력이 없다.[2]

회사분할의 경우 분할계획서(분할합병의 경우에는 분할합병계약서)에 정한 바에 따라 분할되는 회사(이하 "분할회사")의 적극·소극 재산이 분할로 인해 설립되는 회사(이하 "분할신설회사"), 분할승계회사 또는 분할합병신설회사에 승계된다(상법 제530조의10). 회사분할에 의한 권리의무의 이전은 법률상 포괄승계로 해석되고[3] 분할회사의 근로관계도 위 규정에 따른 승계의 대상에 포함될 수 있다. 그런데 근로자의 근로관계가 분할계획서 또는 분할합병계약서에 승계대상으로 포함된 경우, 해당 근로자의 개별적인 동의를 받지 않고서도 그 근로관계가 분할신설회사, 분할승계회사 또는 분할합병신설회사로 승계되는지 논란이 되고 있다.

이에 관해 영업양도의 경우에 준하여 근로자의 개별적 동의가 요구된다는 견해가 있는가 하면, 회사분할의 경우 상법에 의하여 권리의무가 포괄승계된다는 점에 착안하여 개별 근로자의 동의는 필요하지 않다는 견해도 있다. 대법원은 회사분할에 따른 근로관계의 승계에 관하여 근로자의 이해와 협력을 구하는 절차를 거치는 등 절차적 정당성을 갖춘 경우에는 해당 근로자의 동의를 받지 않더라도 신설회사에 승계

---

2) 대법원 1995. 12. 26. 선고 95다41659 판결 참조.

3) 대법원 2011. 8. 25. 선고 2010다44002 판결. 대법원은 위 판결에서 "상법 제530조의10은 분할 또는 분할합병으로 인하여 설립되는 회사 또는 존속하는 회사는 분할하는 회사의 권리와 의무를 분할계획서 또는 분할합병계약서가 정하는 바에 따라서 승계한다고 규정하고 있다. 즉 회사의 분할합병이 있는 경우에는 분할합병계약서에 정한 바에 따라 피분할회사의 권리의무는 사법상의 관계나 공법상의 관계를 불문하고 그 성질상 이전을 허용하지 않는 것을 제외하고는 분할합병으로 인하여 존속하는 회사에게 포괄승계된다."라고 판시하였다.

되는 것이 원칙이고 다만 해고의 제한 등 근로자 보호를 위한 법령 규정을 잠탈하기 위한 방편으로 이용되는 등 특별한 사정이 있는 경우라면 해당 근로자가 승계를 거부할 수 있다는 입장이다.[4] 근로자들의 근로조건은 분할 전과 동일하게 유지된다.

III. 지주회사와 자회사 사이의 인사이동

1. 총론

지주회사는 자회사에 대한 경영지배를 그 본연의 사업으로 하므로 지주회사와 그 산하 자회사 사이 또는 자회사들 사이의 인사이동을 통

---

4) 대법원 2013. 12. 12. 선고 2012다102124, 판결; 대법원 2013. 12. 12., 선고 2011두4282 판결. 대법원은 "헌법이 직업선택의 자유를 보장하고 있고 근로기준법이 근로자의 보호를 위하여 근로조건에 관한 근로자의 자기결정권(제4조), 강제근로의 금지(제7조), 사용자의 근로조건 명시의무(제17조), 부당해고 등의 금지(제23조) 또는 경영상 이유에 의한 해고의 제한(제24조) 등을 규정한 취지에 비추어 볼 때, 회사 분할에 따른 근로관계의 승계는 근로자의 이해와 협력을 구하는 절차를 거치는 등 절차적 정당성을 갖춘 경우에 한하여 허용되고, 해고의 제한 등 근로자 보호를 위한 법령 규정을 잠탈하기 위한 방편으로 이용되는 경우라면 그 승계가 거부될 수 있다고 보아야 한다. 따라서 둘 이상의 사업을 영위하던 회사의 분할에 따라 일부 사업부문이 신설회사에 승계되는 경우, 분할하는 회사가 분할계획서에 대한 주주총회의 승인을 얻기 전에 미리 노동조합과 근로자들에게 회사 분할의 배경, 목적 및 시기, 승계되는 근로관계의 범위와 내용, 신설회사의 개요 및 업무 내용 등을 설명하고 이해와 협력을 구하는 절차를 거쳤다면 그 승계되는 사업에 관한 근로관계는 해당 근로자의 동의를 받지 못한 경우라도 신설회사에 승계되는 것이 원칙이다. 다만 회사의 분할이 근로기준법상 해고의 제한을 회피하면서 해당 근로자를 해고하기 위한 방편으로 이용되는 등의 특별한 사정이 있는 경우에는, 해당 근로자는 근로관계의 승계를 통지받거나 이를 알게 된 때부터 사회통념상 상당한 기간 내에 반대 의사를 표시함으로써 근로관계의 승계를 거부하고 분할하는 회사에 잔류할 수 있다."라고 판시하였다.

해 인력을 효율적으로 운영하여 기업집단의 전체적인 비용 절감과 조직의 효율성 증대를 도모하고자 하는 유인이 크다. 이러한 기업 사이의 인사이동은 전적, 전출, 파견, 겸직 등 다양한 형태로 나타난다. 전적은 근로자를 고용한 원래의 기업(이하 "원기업")으로부터 다른 기업(이하 편의상 "전적기업")으로 적을 옮겨 전적기업의 업무에 종사하게 하는 것을 의미한다.[5] 전출은 근로자가 원기업에 소속해 있으면서 다른 기업(이하 편의상 "전출기업")으로 옮겨 전출기업의 지휘·감독 아래 업무에 종사하는 것을 말한다. 전출은 기업 사이의 근로관계이동이라는 점에서 전적과 유사하지만, 전출의 경우에는 전출근로자가 원기업에 소속하여 원기업과의 근로계약이 그대로 존속하는 반면 전적의 경우에는 근로자가 원기업으로부터 퇴사하고 전적기업으로 그 소속이 완전히 달라진다는 점에서 양자가 구별된다. 또한 전출은 기업 사이의 근로관계이동이라는 점에서 동일한 기업 내에서 근로자가 담당할 직무의 종류와 내용 또는 근무 장소 등을 변경하는 인사이동인 전보 또는 전근과 구별된다.

이와 같은 기업 사이의 인사이동은 사업주(사용자)의 변경을 수반하거나 근로를 제공받는 상대방이 달라지고 근로자의 근로조건도 영향을 받게 되므로 근로자를 보호하기 위하여 일정한 법적 제약이 따른다.[6]

2. 전적

지주회사에 속해 있던 직원이 인사명령에 따라 지주회사에서 퇴사하

---

5) 대법원 1996. 4. 26. 선고 95누1972 판결.
6) 전적, 전출 등과 같은 기업 사이의 인사이동은 지주회사에만 특유하게 발생하는 문제는 아니고 계열회사, 협력회사와 사이에서 자주 발생하는 문제이고 이에 대해서는 노동법의 규율을 받는다.

고 자회사로 옮겨 자회사와 사이에 새로운 고용계약이 성립하는 경우
이는 전적에 해당한다.

전적의 경우 원기업과의 근로관계가 종료되고, 전적기업과 새로운
근로관계가 형성됨으로써 근로계약의 당사자인 사업주(사용자)의 변경
을 초래하게 된다. 판례는 "근로자를 그가 고용된 기업으로부터 다른
기업으로 적을 옮겨 다른 기업의 업무에 종사하게 하는 이른바 전적은,
종래에 종사하던 기업과의 근로계약을 합의해지하고 이적하게 될 기업
과 사이에 새로운 근로계약을 체결하는 것이거나 근로계약상의 사용자
의 지위를 양도하는 것이므로, 동일 기업 내의 인사이동인 전근이나 전
보와 달라, 특별한 사정이 없는 한 근로자의 동의를 얻어야 효력이 생
긴다."라고 판시하고 있다.[7]

사용자와 근로계약을 체결한 근로자는 근로계약의 일신전속성으로
인해 근로계약을 체결한 사용자의 지휘·감독을 받으며 그 사용자에게
근로를 제공하는 것이 원칙이다. 그러므로 근로제공의 상대방의 변경
을 수반하는 전적에는 근로자의 개별 동의가 필요하다. 사용자는 노무
자의 동의 없이 그 권리를 제3자에게 양도하지 못한다고 규정하는 민법
제657조 제1항이 적용되기 때문일 뿐만 아니라 근로관계에 있어서 업
무지휘권의 주체가 변경됨으로 인하여 근로자가 받을 불이익을 방지하
기 위함이다.[8] 전적에 대한 동의는 명시적인 동의뿐만 아니라 묵시적
인 동의도 효력이 있다.

한편 근로자가 전적 당시 사용자에게 개별적으로 동의를 하지 않더
라도 입사할 때 또는 근무하는 동안 기업그룹 내부의 전적에 대하여 사

---

7) 대법원 1993. 1. 26. 선고 92누8200 판결, 대법원 1997. 12. 26. 선고 97다17575
판결.
8) 대법원 1993. 1. 26. 선고 92누8200 판결.

전에 포괄적으로 동의를 하는 경우 법원은 그 효력을 제한적으로 인정하고 있다. 대법원은 "다양한 업종과 업태를 가진 계열기업들이 기업그룹을 형성하여 자본·임원의 구성·근로조건 및 영업 등에 관하여 일체성을 가지고 경제활동을 전개하고, 그 그룹 내부에서 계열기업 간의 인사교류가 동일 기업 내의 인사이동인 전보나 전근 등과 다름없이 일상적·관행적으로 빈번하게 행하여져 온 경우, 그 그룹 내의 기업에 고용된 근로자를 다른 계열기업으로 전적시키는 것은, 비록 형식적으로는 사용자의 법인격이 달라지게 된다고 하더라도, 실질적으로 업무지휘권의 주체가 변동된 것으로 보기 어려운 면이 있으므로, 사용자가 기업그룹 내부의 이와 같은 전적에 관하여 미리(근로자가 입사할 때 또는 근무하는 동안) 근로자의 포괄적인 동의를 얻어 두면 그때마다 근로자의 동의를 얻지 아니하더라도 근로자를 다른 계열기업으로 유효하게 전적시킬 수 있다."라고 판시하였다.[9]

그러나 근로기준법[10]에 의하면 사용자는 근로계약 체결 시에 근로자에 대하여 임금·근로시간·취업의 장소와 종사하여야 할 업무에 관한 사항 등의 근로조건을 명시하여야 하고, 근로자의 보호를 도모하고 있는 위 규정의 취지에 비추어 볼 때, 사용자가 기업그룹 내의 전적에 관하여 근로자의 포괄적인 사전동의를 받는 경우에는 전적할 기업을 특정하고(복수기업이라도 좋다) 그 기업에서 종사하여야 할 업무에 관한 사항 등의 기본적인 근로조건을 명시하여 근로자의 동의를 얻어야 한다.[11] 위 대법원 판결에서는 회사가 사원을 일괄 채용하여 신입사원 연수를 마친 뒤 각 계열회사의 인원수급사정과 본인의 희망을 고려하여

9) 대법원 1993. 1. 26. 선고 92누8200 판결.
10) 근로기준법 제17조, 동법시행령 제8조.
11) 대법원 1993. 1. 26. 선고 92누8200 판결.

각 계열회사로 배정하고, 직원도 회사에 채용되기 전에 계열회사간의 인사이동에 대한 설명을 들어서 이를 알고 입사하였으며, 회사가 취업규칙과 단체협약에서 근로자를 계열회사에 인사이동시킬 수 있는 규정을 두고 있더라도, 그와 같은 사유만으로는 회사가 전적에 관한 사항을 명시하여 직원의 포괄적인 사전동의를 얻은 것이라고 보기는 어렵다고 하였다.

지주회사와 산하 자회사 사이의 인사이동에 대해서도 위 판례의 법리는 동일하게 적용될 수 있을 것으로 보인다. 지주회사와 자회사의 근로조건에 차이가 있는 경우가 많고 또한 기업의 인수합병으로 인하여 자회사의 기업집단 편입과 이탈이 발생한다는 점을 고려하면 지주회사와 자회사 또는 자회사 사이의 전적에 대한 포괄적 사전 동의의 효력을 인정하는 것은 신중할 필요가 있다.

한편 전적이 유효한 경우 근로자는 원기업에서 퇴직하고 전적기업의 근로자가 된다. 전적기업에서의 근로조건은 원칙적으로 근로자를 포함한 당사자의 합의에 의하여 결정된다. 원기업에서 재직한 근속기간을 전적기업에서 승계하여 통산할 것인지 아니면 단절할 것인지, 전적을 할 당시에 퇴직금을 정산하여 지급할 것인지 여부 등에 대해서 합의하는 것이 바람직할 것이다. 대법원은 종전 기업과의 근로관계를 합의 해지하고 이적하게 될 기업과 사이에 새로운 근로계약을 체결하는 전적이 이루어진 경우에 있어서는 당해 근로자의 종전 기업과의 근로관계는 단절되고, 이적하게 될 기업이 당해 근로자의 종전 기업과의 근로관계를 승계하는 것은 아님이 원칙이나, 당사자 사이에 종전 기업과의 근로관계를 승계하기로 하는 특약이 있거나 이적하게 될 기업의 취업규칙 등에 종전 기업에서의 근속기간을 통산하도록 하는 규정이 있는 등의 특별한 사정이 있는 경우에는 당해 근로자의 종전 기업과의 근로관계는 단절되지 않고, 이적하게 될 기업이 당해 근로자의 종전 기업과의 근로관계를 승계한다는 입장이다.[12)]

3. 전출

원기업 소속 근로자를 다른 기업에 보내어 그 기업의 지휘·감독 아래 업무에 종사하게 하는 전출의 구체적인 형태는 다양하게 나타난다. 다만 이를 대략적으로 구분하면, 전출기업의 업무지휘를 받지만 임금지급의무는 원기업에 남아 있는 경우와 전출기업이 업무지휘뿐만 아니라 임금지급의무도 부담하는 경우가 있다.

전자의 유형은 원기업과 전출기업 사이의 전출계약에 따라 전출근로자가 전출기업의 업무지휘를 받으면서 전출기업의 업무에 종사한다는 의미에서 파견사업주가 근로자를 고용한 후 그 고용관계를 유지하면서 근로자파견계약의 내용에 따라 사용사업주의 지휘·명령을 받아 사용사업주를 위한 근로에 종사하게 하는 근로자파견과 유사한 외형을 띠게 된다. 그러나 근로자파견은 파견사업주가 근로자파견을 업으로 하여 계속적, 반복적으로 행하고 애당초 근로자파견을 목적으로 근로자를 채용하는 반면 전출은 원기업이 자신의 일반적인 사업에 사용할 목적으로 근로자를 채용하였지만 일시적, 임시적인 경영상 필요에 의해 이루어진다는 점에서 상이하다. 그러므로 사업주가 고용조정 또는 기술지도·경력개발 등을 목적으로 자기가 고용한 근로자를 그 고용관계를 유지하면서 협력회사·계열회사 등에서 일정기간을 근무하게 하는 '사외파견'은 일반적인 전출에 해당할 뿐 파견법이 적용되는 근로자파견에

---

12) 대법원 1997. 12. 26. 선고 97다17575 판결.

해당하지 않는다. 다만 이러한 경우에도 자기가 고용한 근로자를 영리를 목적으로 하거나 계속 반복해서 파견하는 경우에는 근로자파견에 해당할 수 있을 것이다.[13)]

한편 전출근로자가 전출기업의 업무지휘를 받으며 전출기업으로부터 직접 임금을 지급받는 유형의 경우, 특히 전출기업과 근로계약을 체결하는 경우에는 전적과 구별이 쉽지 않다. 이 경우 원기업에 복귀가 예정되어 있는지, 전출기업에서 근무하는 목적과 기간이 특정되어 있는지 여부가 전출과 전적을 구별하는 핵심적인 징표가 될 것이다.[14)] 한편 전출기업이 임금을 지급하지 않을 경우 전출근로자와 원기업과 사이에 체결한 근로계약이 존속하므로 원기업이 이를 지급할 의무가 있다고 볼 여지가 있다.

전출에 의하여 원기업의 업무지휘권이 전출기업에게 이전되므로 "사용자는 노무자의 동의 없이 그 권리를 제3자에게 양도하지 못한다."고 규정한 민법 제657조 제1항이 적용되고, 전출에 대하여 해당 근로자의 동의를 필요로 한다.

전출에 대한 근로자의 동의는 명시적인 경우뿐만 아니라 묵시적인 경우에도 유효하다. 전출근로자가 입사할 때 또는 근무하는 동안 기업그룹 내부의 전출에 대하여 사전에 포괄적으로 동의를 하는 경우에도 전적에 대한 포괄적 동의와 마찬가지로 제한적으로 그 유효성을 인정할 수 있을 것이다.[15)]

---

13) 고용노동부 차별개선과 −2172, 2008.11.17.
14) 기영석, 근로자의 전출에 관한 법적 문제의 검토, 노동법률 제316호(2017), 75-76면 참조.
15) 대법원 1993. 1. 26. 선고 92누8200 판결, 대법원 1993. 1. 26. 선고 92다11695 판결 참조.

전출은 원기업의 근로계약이 유지되고 원기업에 복귀가 예정되어 있다. 그러므로 전출기간, 목적, 전출기간 중의 근로조건, 징계권의 행사 주체, 사용자책임 분배, 임금 등 전출직원에 대한 비용 부담 등에 관한 사항을 전출계약이나 취업규칙에서 명확히 정하여 분쟁을 예방할 필요가 있다.

4. 겸직

기업집단에 속한 계열사를 효과적으로 통제하고 경영관리 기능을 효율적으로 통합하기 위하여 직원으로 하여금 복수 회사의 직무를 겸직하게 하거나 모회사와 자회사의 부서를 수직적으로 통합하여 운영하는 경우가 있다. 지주회사의 경우에도 이러한 겸직은 자주 발생하는 것으로 보인다. 예를 들면 지주회사의 직원이 자회사의 대표이사나 임원직을 겸직하는 경우, 지주회사와 개별 자회사의 인사, 재무, 기획 등의 부서를 통합하여 지주회사에 두는 경우가 있다. 이러한 겸직은 전출의 형태도 있지만, 근로계약이 복수의 회사에 병존하는 경우도 있다.

5. 지주회사의 인사이동

지주회사의 경우 다수의 자회사들이 지주회사의 경영 지배를 받게 되므로, 인력수급의 필요에 따라 지주회사와 자회사 사이 또는 자회사 상호간에 인사이동이 이루어질 수 있다. 특히 지주회사는 자회사에 대한 경영지배를 본연의 사업으로 하고 지주회사를 정점으로 한 지주회사 계열사 간의 인사이동을 통하여 인건비의 절감과 효율적인 인력의 수급을 도모하므로 지주회사가 자회사 인력의 배치와 이동에 관하여 개입 가능성이 상존한다.

그러나 이러한 인사이동에 관하여 지주회사에 특유한 법리가 형성되어 있지는 않다. 위에서 설명한 기업 사이의 인사이동에 대한 법리가 동일하게 적용된다. 그러므로 지주회사와 자회사 또는 자회사 상호간의 전적, 전출에 대해서는 개별 근로자의 동의 요건을 충족하여야 할 것이다.

만일 지주회사와 자회사의 근로조건이 동일하고 전적으로 인한 근속기간의 단절이 없다면 지주회사로서는 인력수급·배치의 원활한 운용을 위해서는 지주회사와 자회사 근로자의 채용 시 근로계약서에 산하 자회사나 계열사로의 전적에 동의한다는 명시적인 조항을 두는 방법을 고려할 수 있을 것이다.[16]

IV. 지주회사의 주식연계보상 제도

1. 총설

기업들은 우수한 인력을 유치하고 임직원들의 사기와 충성심을 고취하기 위하여 다양한 성과급 제도를 운영한다. 특히 기업의 장기적인 성과에 연계하는 장기보상 제도로 주식매수선택권과 같은 주식연계보상 제도의 유용성이 적지 않다. 상법은 주식매수선택권(stock option)을 규정하고 있고, 근로복지기본법에서는 우리사주 및 우리사주매수선택권

---

16) 다만 전적 조항에는 구체적인 전적 대상회사 및 근로조건의 내용을 포함하는 것이 적절하다.

을 규정하고 있다. 이 외에 지주회사에서 운영할 수 있는 주식연계보상 제도를 살펴본다.

2. 주식매수선택권

(1) 총설

상법은 신주의 주주배정원칙에 대한 예외로서 회사의 이사, 집행임원, 감사 또는 피용자에게 장래에 미리 정한 행사가액으로 회사의 신주를 인수하거나 자기주식을 매수할 수 있는[17] 권리인 이른바 주식매수선택권을 규정하고 있다.[18] 이러한 주식매수선택권 제도는 회사의 설립·경영과 기술혁신 등에 기여하거나 기여할 수 있는 임직원에게 장차 주식매수로 인한 이득을 유인동기로 삼아 직무에 충실하도록 유도하기 위한 일종의 성과보상 제도이다. 상법상 주식매수선택권의 부여대상자는 원칙적으로 그 회사의 임직원에 한정된다. 또한 주식매수선택권을 행사하여 취득하는 주식은 이를 부여한 회사의 주식이다.

그러므로 지주회사와 자회사 또는 자회사 사이의 인사이동으로 인하여 주식매수선택권을 부여받은 직원의 소속이 변경되는 경우 부여되었던 주식매수선택권에는 어떠한 영향이 있는지 문제가 될 수 있다.

---

17) 신주발행, 자기주식교부방식 외에 주식매수선택권의 행사가액이 주식의 실질가액보다 낮은 경우에 회사는 그 차액을 금전으로 지급하거나 그 차액에 상당하는 자기의 주식을 양도하는 차액보상방식도 가능하다(상법 제340조의2 제1항 단서).

18) 상법 이외에도 벤처기업육성에 관한 특별조치법에서는 상법상의 주식매수선택권에 대하여 특별규정을 두고 있다.

(2) 자회사 임직원에 대한 지주회사의 주식매수선택권 부여 가능성

상법은 주식매수선택권의 부여 요건을 엄격하게 규정하여, 주식매수선택권을 부여하는 회사의 주식만을 그 권리의 대상으로 하고, 또한 회사의 설립·경영 및 기술혁신 등에 기여하거나 기여할 수 있는 그 회사의 임직원만이 주식매수선택권을 부여받을 자격이 있는 것으로 규정하고 있다(상법 제340조의2). 따라서 상법상 자회사 직원에게는 지주회사나 다른 자회사의 주식을 대상으로 하는 주식매수선택권을 부여할 수 없다. 다만 상법은 상장회사에 대해서는 특별 규정을 두어, 외국법인인 자회사, 손자회사, 증손회사 및 금융지주회사의 비상장 자회사 및 손자회사의 임직원 등에게 그 부여범위를 제한적으로 확대하고 있다.[19]

그러나 원래 주식매수선택권 제도는 임직원의 기여와 공헌으로 발생한 기업가치의 상승을 유인동기로 하여 유능한 인력을 유치하고 직무에 충실하게 하고자 하는 제도라는 점에서 자회사의 기업가치와 직접적으로 연계되는 지주회사의 경우에는 보다 유연한 입법적 재고가 필요하다. 특히 자회사가 비상장회사인 경우 자회사 주식의 유통성이 없어 자회사의 주식을 대상으로 하는 주식매수선택권을 부여하는 것은 주식매수선택권의 취지를 충분히 살릴 수 없다. 반면 자회사의 사업실

---

19) 상법 제542조의3 제1항, 상법시행령 제30조 제1항은 주식매수선택권을 부여할 수 있는 관계회사의 범위를 (i) 해당 회사가 총출자액의 100분의 30 이상을 출자하고 최대출자자로 있는 외국법인, (ii) 제1호의 외국법인이 총출자액의 100분의 30 이상을 출자하고 최대출자자로 있는 외국법인과 그 법인이 총출자액의 100분의 30 이상을 출자하고 최대출자자로 있는 외국법인, (iii) 해당 회사가 「금융지주회사법」에서 정하는 금융지주회사인 경우 그 자회사 또는 손자회사 가운데 상장회사가 아닌 법인으로 규정하고 있다. 다만, 제1호 및 제2호의 법인은 주식매수선택권을 부여하는 회사의 수출실적에 영향을 미치는 생산 또는 판매 업무를 영위하거나 그 회사의 기술혁신을 위한 연구개발활동을 수행하는 경우로 한다.

적은 직접적으로 지주회사의 기업가치에 반영되므로, 자회사의 직원들에게 지주회사의 주식을 대상으로 하는 주식매수선택권을 부여할 필요성은 더욱 크다 할 것이다.

(3) 기업변동 및 근로관계 변동과 주식매수선택권의 행사 가능성

1) 상법상 재직기간 요건에 대한 검토

상법상 주식매수선택권은 임직원이 이를 부여한 주주총회결의일부터 2년 이상 재임 또는 재직하여야 이를 행사할 수 있다(상법 제340조의4 제1항). 상장회사의 경우에도 2년의 재직 요건을 충족해야 하지만, 주식매수선택권을 부여받은 자가 사망하거나 그 밖에 본인의 책임이 아닌 사유로 퇴임하거나 퇴직한 경우에는 재직 요건을 충족하지 못하더라도 이를 행사할 수 있는 예외를 규정하고 있다. 이 경우 정년에 따른 퇴임이나 퇴직은 본인의 책임이 아닌 사유에 포함되지 아니한다(상법 제542조의3 제4항, 상법시행령 제30조 제5항).

이와 같이 비상장회사의 주식매수선택권에 관하여는 상장회사와 달리 재직기간에 대한 예외를 규정하지 않고 있어, 비상장회사가 부여한 주식매수선택권에 대해서도 상장회사와 유사하게 본인의 책임 없는 사유에 의해 퇴직한 경우에 주식매수선택권을 행사할 수 있는 것인지 문제된다.

이에 대해서는 임직원에게 귀책사유가 없음에도 불구하고 주식매수선택권을 박탈하는 것은 부당하다는 관점에서 상장회사와 유사하게 해석하는 견해와 상법은 비상장회사에 대해서는 재직 요건에 대한 예외를 규정하고 있지 아니하므로 주식매수선택권은 소멸한다는 견해가 주장될 수 있다. 상법은 주주, 채권자 등의 이익에 관련된 단체법적 성격이 있고 주식매수선택권은 주주배정원칙에 대한 예외이므로 주주의 보호를 위해 엄격하게 해석해야 한다는 점, 상법의 문언상 비상장회사의 경우 재직기간에 대한 예외를 인정하기 곤란하다는 점에서 재직기간을 충족하지 못하는 경우 원칙적으로 주식매수선택권을 행사할 수 없다고 해석하는 것이 타당한 것으로 보인다.[20]

대법원은 주식매수선택권을 부여받은 비상장법인 임직원들이 자신들의 귀책사유가 아닌 사유로 비자발적으로 퇴임·퇴직한 경우에도 퇴임 또는 퇴직일까지 상법 제340조의4 제1항에서 정한 최소 재임(재직) 요건을 충족하지 못하는 한 위 조항에 따른 주식매수선택권을 행사할 수 없다는 입장이다.[21]

한편 상장회사가 부여한 주식매수선택권의 경우 2년의 재직 요건에 대한 예외사유인 '본인의 책임이 아닌 사유'의 의미의 해석이 문제된다. 이에 대해서는 비자발적인 퇴직을 의미한다는 견해가 있지만, '책임'과 '자발성'은 그 의미가 다르고 재직 요건에 대한 예외를 인정하는 취지를 고려할 때 퇴직으로 인한 주식매수선택권의 상실이라는 불이익을 본인

---

20) 김건식·노혁준(편) / 차두희·기영석·장경수(집필), 지주회사와 노동법, 지주회사와 법, 소화(2008), 459면. 다만 입법론적으로는 상장회사의 주식매수선택권과 유사하게 해당 규정을 정비할 필요가 있다고 생각된다.
21) 대법원 2011. 3. 24., 선고 2010다85027, 판결. 대법원은 위 판결에서 상법 제340조의4 제1항과 상법 제542조의3 제4항이 주식매수선택권 행사 요건에 있어서 차별성을 유지하고 있는 점, 위 각 법령에 있어서 '2년 이상 재임 또는 재직' 요건의 문언적인 차이가 뚜렷한 점, 비상장법인, 상장법인, 벤처기업은 주식매수선택권 부여 법인과 부여 대상, 부여 한도 등에 있어서 차이가 있는 점, 주식매수선택권 제도는 임직원의 직무의 충실로 야기된 기업가치의 상승을 유인동기로 하여 직무에 충실하게 하고자 하는 제도라는 점, 상법의 규정은 주주, 회사의 채권자 등 다수의 이해관계인에게 영향을 미치는 단체법적 특성을 가진다는 점 등을 고려하면, 상법 제340조의4 제1항에서 규정하는 주식매수선택권 행사 요건을 판단함에 있어서 상법 제542조의3 제4항을 적용할 수 없고, 정관이나 주주총회의 특별결의를 통해서도 상법 제340조의4 제1항의 요건을 완화하는 것은 허용되지 않는다고 해석하였다.

에게 귀속시키는 것이 부당한 경우로 해석하는 것이 타당할 것이다.

이와 같이 예외적으로 주식매수선택권을 행사하는 경우 주식매수선택권을 부여한 회사의 주식을 취득한다. 이 경우 주식매수선택권을 부여한 회사에서 재직한 기간에 상관없이 주식매수선택권 전량을 행사할 수 있는지 아니면 그 재직기간에 비례하여 주식매수선택권의 일부만을 행사할 수 있는 것인지, 또한 후자의 경우 지주회사와 자회사에서 재직한 기간을 통산하여 산정하는지 문제가 된다. 다만 필자는 2년의 재직기간은 부여된 주식매수선택권을 행사하기 위한 조건이고 그 조건이 충족된 이상 원칙적으로 주식매수선택권 전량을 행사할 수 있는 점, 문언상 본인의 책임 없는 사유로 퇴직하는 경우에는 그 재직기간조건에도 불구하고 주식매수선택권을 행사할 수 있다고 보이는 점, 상법에서 행사 가능한 수량을 비례적으로 한정한다는 제한을 별도로 두지 않고 있는 점 등을 고려하면, 주식매수선택권을 부여한 주주총회나 부여계약서에서 특별히 행사가능수량에 대한 제한 조항이 없다면 재직기간에 상관없이 주식매수선택권 전량을 행사할 수 있다고 해석하는 것이 타당하다고 본다.[22]

2) 주식매수선택권을 부여받은 임직원의 근로관계에 변경이 없는 경우

지주회사가 어떤 회사의 주식을 대량으로 취득하여 자회사로 편입하거나 자회사 주식을 매각하여 자회사가 지주회사의 지배에서 이탈하는 경우, 자회사의 주주와 경영권이 변동되는 것에 불과하고 자회사의 법인격이나 그 권리의무관계에 직접적인 변동이 발생하는 것이 아니므로

---

22) 김건식·노혁준, 앞의 책(각주 20), 458면. 다만, 해당 근로자와 협의를 하여 적절한 보상을 하고 주식매수선택권을 포기하도록 하는 것이 보다 현실적인 해결방안이 될 수 있을 것이다.

자회사의 주식을 대상으로 하여 그 직원들에게 부여된 주식매수선택권은 이로 인해 법적인 영향을 받지 않는다.

주식의 포괄적 교환이나 주식의 포괄적 이전을 통해 지주회사를 설립하거나 대상회사가 자회사로 편입되는데, 이 경우 통상적인 주식의 매매와는 달리 자회사가 되는 회사의 모든 주식을 지주회사(모회사)가 취득하는 것을 전제로 하고 있다(상법 제360조의2, 제360조의 15 참조). 이와 관련하여 주식의 포괄적 교환 또는 주식의 포괄적 이전에 의하여 모회사는 자회사의 총 발행주식을 소유하는 것이므로 그 취지에 비추어 자회사의 직원이 주식교환이 있기 전까지 그 주식매수선택권을 행사하지 아니하면 권리를 포기한 것으로 보아야 한다는 견해도 있다. 하지만, 법률상 규정이 없음에도 불구하고 주식의 포괄적 교환(또는 이전)이 있다는 것만을 이유로 이를 포기한 것으로 간주하는 것은 주식매수선택권을 보유한 임직원에게 부당한 결과가 초래된다는 점에서 타당하지 않다. 따라서 주식매수선택권부여계약에서 별도로 규정하고 있지 않는 한, 주식의 포괄적 교환이나 주식의 포괄적 이전으로 인하여 주식매수선택권이 소멸한다고 보기는 어렵고 자회사가 된 이후에도 주식매수선택권을 행사할 수 있다고 해석하는 것이 타당하다고 본다.[23] 이 경우 완전자회사의 지위를 유지 또는 회복하기 위해서는 주식의 포괄적 교환(또는 이전)의 성립 전에 각 권리자에게 적당한 보상을 하여 주식매수선택권을 포기하게 하거나, 주식의 포괄적 교환(또는 이전)의 성립 후에 이들 권리 행사 시 완전자회사가 일단 신주발행을 한 후 그 전부를 완전모회사가 공개매수 등의 방법으로 취득하거나, 또는 자회사 근로자들이 주식매수선택권을 행사하여 취득한 그 자회사의 주식을 지주회사가

---

23) 권기범, 기업구조조정법(제5판), 삼영사(2019), 531-532면.

취득하기 위해 다시 주식의 포괄적 교환을 실행하는 방안을 이용해 볼 수 있을 것이다.[24)]

한편 회사분할의 경우 분할회사에 잔류하는 임직원의 근로관계는 변동이 없다. 그러나 회사분할로 인해 분할회사의 재산과 기업가치에 변동이 발생하므로 분할회사의 주식을 대상으로 하는 주식매수선택권의 가치에 영향이 미칠 수 있다. 다만 이는 물적분할과 인적분할의 법적, 경제적 효과가 상이하다는 점을 감안할 필요가 있다. 물적분할의 경우 분할회사가 분할신설회사의 지분을 100% 보유하여 그 가치가 분할회사의 기업가치에 반영되므로 결과적으로 분할회사의 총가치는 변동이 없다고 볼 수 있다. 주식매수선택권은 지분의 지배력보다는 지분의 경제적 가치를 통해 임직원의 공헌과 직무의 충실을 유도하는 제도라는 관점에서는 물적분할의 경우 특별한 조치가 필요하지 않다. 반면 인적분할의 경우에는 적극적 재산과 소극적 재산의 분배로 인해 분할회사의 기업가치에 변동이 발생하므로 변동된 가치를 반영하는 보완이 필요하다. 이러한 방안 중의 하나로 주식매수선택권의 행사가격이나 행사수량을 조정하는 방안을 고려할 수 있을 것이다.[25)]

---

24) 권기범, 앞의 책(각주 23), 531면.
25) 인적분할의 경우 분할회사에 잔류하는 임직원은 분할신설회사의 재직자가 아니므로 분할신설회사의 주식매수선택권을 부여받을 수는 없고, 주식매수선택권의 행사가격의 조정이 가능한 방안이 될 것이다. 그런데 분할회사가 행사가격을 조정하지 않는 경우에는 어떠할 것인지 문제가 될 수 있다. 주식매수선택권을 부여받은 임직원은 주식매수선택권의 행사로 인한 행사가격과 시세의 차이를 기대하면서 회사에 계속 재직하면서 기업가치 제고에 기여하므로, 회사는 이러한 임직원의 이익 내지 기대권을 보호할 의무가 인정될 수 있을 것이고, 분할회사가 그 권리를 남용하여 그 이익 내지 기대권을 침해한 경우에는 이로 인한 손해를 배상할 의무가 발생한다고 볼 수 있을 것이다. 이 경우 손해의 범위는 통상손해와 특별손해로 구성될 것이다. 또한 손해배상청구권이 인정되는 경우 채권보호절차를 거쳐야 분할회사와 분할신설회사의 연대책임을 면할 수 있을 것이다.

3) 주식매수선택권을 부여받은 임직원의 근로관계에 변동이
   발생하는 경우

가. 전적 등 근로관계의 변동이 개별적으로 발생하는 경우

전적에 의하여 지주회사의 임직원이 자회사로 적을 옮기는 경우 지
주회사가 부여한 주식매수선택권에 대해서는 재직 요건의 충족 여부
및 지주회사가 상장회사인지 여부에 따라 달리 해석될 것이다. 상법에
의할 때 2년의 재직 요건을 이미 충족하였다면, 주주총회결의와 부여계
약에서 달리 정하지 않는 이상 전적 이후에도 지주회사에 대해 주식매
수선택권을 행사할 수 있다고 해석하는 것이 타당하다.

반면 전적 당시 2년의 재직 요건을 충족하지 못하였다면 비상장회사
인 경우에는 주식매수선택권은 소멸한다고 보아야 할 것이다. 한편 상
장회사의 경우에는 전적이 본인의 책임 있는 사유에 해당하는지 여부
에 따라 달리 해석될 것이다. 다만 전적은 통상적으로 지주회사의 경영
상 필요 내지 인사정책에 의해 지주회사가 주도하고 직원에게 요구하
는 경우가 많을 것이므로 원칙적으로 본인의 책임 있는 사유로 볼 수
없고 전적 당시 재직 요건을 충족하지 못하였더라도 주식매수선택권은
소멸하지 않는다고 해석하는 것이 타당할 것이다.

나. 영업양도와 회사분할에 의한 경우

지주회사가 사업을 통폐합하는 과정에서 사업의 전부 또는 일부를
다른 자회사에 양도하거나 회사분할을 하여 자회사를 설립하는 경우
그 사업부문 소속 직원은 그 근로관계가 자회사에게 포괄적으로 이전
되고 지주회사에서 퇴직하게 된다.

이 경우 지주회사가 부여한 주식매수선택권은 소멸하는 것인지 문제

가 된다. 먼저 영업양도 또는 회사분할 당시 이미 재직기간 요건을 충족한 주식매수선택권은 부여조건에 따라 지주회사에 대해 행사할 수 있다고 본다.

반면 영업양도 또는 회사분할 당시 재직기간을 충족하지 못한 상태에서 영업양도, 회사분할 등에 의하여 고용관계가 자회사로 이전되는 경우 주식매수선택권이 소멸하는 것인지 여부는 지주회사가 상장회사인지 여부 및 재직 요건의 예외에 해당하는지 여부에 따라 달리 해석하는 것이 타당할 것이다.

상장회사가 부여한 주식매수선택권의 경우 영업양도와 회사분할이 본인의 책임 없는 사유에 해당하는지 여부가 문제된다. 다만 영업양도와 회사분할은 회사의 일방적인 경영상 결정에 의해 시행되고 원칙적으로 근로관계가 당연히 승계되므로 이로 인한 근로관계의 변동을 직원에게 책임이 있는 사유라고 보기는 어렵다고 생각된다. 그러므로 근로자가 영업양도, 회사분할로 인해 종래 재직하던 상장회사에서 퇴직하고 자회사등 다른 회사로 이적하더라도 주식매수선택권은 소멸하지 않고 이를 부여한 상장회사에 대해 행사할 수 있다고 해석하는 것이 타당하다.[26]

한편 비상장회사의 경우에는 재직 요건에 대한 예외가 인정되지 않으므로 원칙적으로 주식매수선택권은 소멸한다고 해석하는 것은 부득이하다고 생각된다. 다만 이와 같은 해석에 대해서는 해당 직원의 의사와 전혀 무관하게 근로관계가 이전되는 회사분할의 경우에는 회사의 일방적인 결정에 의해 권리가 소멸하는 부당한 결과가 되어 의문이 있다.

---

26) 회사가 인적분할을 하는 경우에는 분할로 인해 회사의 가치가 변동하게 되어 주식매수선택권의 이익이 침해되는 결과가 되고, 특히 소멸분할의 경우에는 주식매수선택권을 행사할 대상회사가 소멸하는 점에서 문제가 있다. 다만 지주회사와 관련해서는 인적분할은 검토의 실익이 적다고 보여 상설하지 아니한다.

이 경우에는 손해배상청구를 할 수 있을 것으로 생각된다.[27] 다만 주식
매수선택권을 부여한 주주총회와 분할계약서에서 이에 관한 사항을 정
하고 있다면 상법에 위반되지 않는 한 그에 따라 효력이 발생할 것이다.

궁극적으로는 입법적 정비에 의해 해결되어야 할 것인데, 주식매수
선택권은 신주인수권을 통해 잠재적 주주로서 회사의 지분가치에 대한
이익을 보유한다는 점을 고려하여 회사분할로 이전하는 근로자들에게
불이익이 없도록 합리적인 방안이 보완되어야 할 것이다. 물적분할의
경우 분할신설회사의 기업가치가 분할회사의 기업가치에 포함되어 평
가되어 변동이 없으므로 분할회사에 대한 주식매수선택권으로 잔존하
는 방향으로 입법이 제정되는 것이 합리적이다. 인적분할의 경우에는
분할회사와 분할신설회사에 대한 주식매수선택권으로 모두 존속하고
분할비율에 따라 수량과 행사가격의 조정이 이루어지도록 하여야 할
것이다. 재직기간과 관련하여 분할회사 및 분할신설회사에서 재직하는
기간을 통산하는 것이 애당초 취지에 부합할 것이다.

3. 우리사주조합

(1) 우리사주제도

우리사주조합이란 주식회사의 소속 근로자가 당해 회사의 주식을
취득, 관리하기 위하여 설립한 단체를 의미한다(근로복지기본법 제2조 제
4호). 우리사주제도는 근로자로 하여금 우리사주조합을 통해 자사주를

---

[27] 회사는 주식매수선택권을 부여받은 임직원의 이익 내지 기대권을 보호할 의무가 인정
될 수 있을 것이고, 분할회사가 그 권리를 남용하여 그 이익 내지 기대권을 침해한
경우에는 이로 인한 손해를 배상할 의무가 발생한다고 볼 수 있을 것이다.

취득하여 자사주의 가격이 상승하는 경우 그 이익을 얻고 또한 회사의 경영에 참여할 수 있게 함으로써 근로자의 복지를 증진하고자 하는 것이 주된 목적이다.

원칙적으로 우리사주조합이 설립된 기업(이하 "우리사주제도 실시회사")의 근로자가 우리사주조합에 가입할 자격이 있고 우리사주제도 실시회사의 주식을 취득할 수 있다(근로복지기본법 제34조 제1항 제1호). 다만 근로복지기본법은 우리사주조합원의 범위를 당해 우리사주제도 실시회사의 근로자뿐만 아니라 발행주식 총수의 50% 이상을 소유하여 지배하는 관계회사(이하 "지배관계회사")의 근로자도 포함하고, 지배관계회사 전체 근로자 과반수의 동의, 우리사주제도 실시회사 우리사주조합의 동의, 지배관계회사에 이미 우리사주조합이 설립되어 있는 경우 당해 우리사주조합의 해산을 요건으로 하여 지배관계회사의 근로자가 우리사주제도 실시회사의 우리사주조합에 가입할 수 있도록 규정하고 있다(근로복지기본법 제34조 제1항 제2호). 따라서 근로복지기본법에 따라 지주회사의 자회사 직원도 지주회사의 우리사주조합에 가입함으로써 지주회사의 주식을 보유할 수 있다.

(2) 우리사주매수선택권

근로복지기본법은 우리사주매수선택권 제도를 도입하여, 우리사주제도 실시회사는 발행주식 총수의 20%의 범위 안에서 정관이 정하는 바에 따라 주주총회의 결의로[28] 우리사주조합에게 일정한 기간 이내에

---

28) 발행주식 총수의 100분의 10의 범위에서 우리사주매수선택권을 부여하는 경우에는 정관으로 정하는 바에 따라 이사회 결의로 우리사주매수선택권을 부여할 수 있다.

미리 정한 가격으로 신주를 인수하거나 당해 회사가 보유하고 있는 자기주식을 매수할 수 있는 권리를 부여할 수 있도록 하고 있다(근로복지기본법 제39조).

이와 같은 우리사주매수선택권은 기업에게는 근로자로 하여금 자기회사 주식을 취득, 보유하게 한다는 측면에서 우리사주제도와 유사하고, 근로자에게는 일정한 시점에 권리 행사 여부를 선택할 수 있다는 측면에서 주식매수선택권과 유사하지만, 모든 우리사주조합원을 대상으로 하고 있고 의무예탁이 적용되는 점에서 주식매수선택권과 구별된다.

자회사의 근로자들도 일정한 요건을 충족하는 경우에는 지주회사의 우리사주조합에 가입할 수 있고, 우리사주조합을 통해 우리사주매수선택권을 부여받을 수 있으므로, 결과적으로 자회사의 직원들이 지주회사의 주식을 대상으로 하는 우리사주매수선택권을 취득할 수 있다. 이러한 제도를 통해 자회사의 근로자들은 지주회사의 주식을 취득대상으로 하는 주식매수선택권과 유사한 이익을 얻을 수 있다.

4. 기타 주식연계보상 제도

주식매수선택권이나 우리사주 외에도 회사의 가치 상승과 근로자들에 대한 성과보상을 연계하는 다양한 형태의 주식연계보상 제도가 있다. 대표적인 것으로 가상주식(phantom stock)을 들 수 있다. 가상주식이란 임직원에게 일정 수의 주식을 가상적으로 부여하고, 부여된 수량의 주식 가치와 기준가격의 차액을 일정 기간이 경과한 특정 시점에 계산하여 현금으로 지급하는 성과급이다. 주식의 가치는 상장회사의 경우 거래소의 주가가 가장 간명한 기준이지만, 그 외에도 영업이익증가율, 매출증가율 등 회사가 주안을 두는 요소를 다양하게 반영하여 설정할 수도 있다. 기준가격은 0원으로 하는 경우가 많지만 일정한 금액으로 설정할 수도 있다. 가상주식은 주식이라는 명칭이 붙지만 회사의 주식을 실제 부여하는 것이 아니고 성과급을 산정하여 지급하는 것이므로, 배당이나 의결권 등 주주에게 부여되는 권리를 행사할 수 없다. 가상주식은 기준가격을 0원으로 정할 수 있는 등 제한이 없고 미리 정한 시점에 성과급 지급액이 확정되고 그 시기를 선택할 수는 없다는 점에서 행사가격이 주식의 실질가액 이상이어야 하고 권리자가 일정한 행사기간 내에 행사 여부를 선택할 수 있는 주식매수선택권과 상이하다 (상법 제340조의2, 제340조의3).

한편 회사가 일정한 제한조건을 붙여 임직원에게 무상으로 주식을 부여하지만 그 양도를 제한하는 제한조건부주식(restricted stock award)이 있다. 여기에는 회사가 임직원에게 부여 당시부터 주식을 부여하는 형태와 일정 기간 재직 등 조건을 충족하는 경우 장래의 특정 시점에 일정 수의 주식을 무상으로 수령할 권리를 부여하는 형태(restricted stock unit)가 있다. 이 제도는 실제 주식이 부여된다는 점에서 주식매수선택권(신주발행형과 자사주교부형)과 유사하지만 일정 시점에 무상으로 직접 주식이 교부된다는 점에서 행사기간 동안 행사가격으로 권리를 행사할 수 있는 주식매수선택권과 차이점이 있다. 다만 제한조건부주식 제도를 실제 운영하기 위해서는 회사가 자기주식을 취득하고 처분하는 절차가 필요한데 우리나라 상법상 자기주식의 취득과 처분에 제한이 있다는 점에서 이 제도의 활용에 제약이 있다.

V. 지주회사의 집단적 근로관계의 문제

1. 지주회사의 노동조합

노동조합은 기업과는 독립하여 근로자들이 주체가 되어 자주적으로 조직·설립되는 것이므로 회사의 경영상의 결정으로 인하여 노동조합이 당연히 소멸하거나 조직 형태가 변경되는 것은 아니다. 그러므로 지주회사가 형성되거나 지주회사로 편입되는 과정에서도 지주회사나 자회사에 설립된 기존 노동조합의 형태와 조직은 영향을 받지 아니한다. 예를 들면 영업양도에 따라 영업의 전부가 양도되는 경우에도 이로 인해 이미 설립된 노동조합이 소멸하거나 조직 형태가 변경되는 것은 아니며, 양도되는 영업의 사업장에 설립되었던 노동조합은 스스로 해산하거나 양수인의 사업장에 설립된 노동조합과 합병하지 않는 한 양수인 사업장의 노동조합으로 그대로 존속하고 복수의 노동조합이 병존하게 된다.

2. 지주회사의 자회사를 포괄하는 노동조합 설립

지주회사 산하 자회사들의 근로자들이 지주회사 및 자회사의 근로자를 포괄하는 노동조합의 설립을 통하여 지주회사 및 자회사 전체 근로자들의 근로조건의 향상 및 통일을 도모하려고 할 수 있다. 노동조합법 및노동관계조정법(이하 "노동조합법") 제5조는 "근로자는 자유로이 노동조합을 조직하거나 이에 가입할 수 있다. 다만 공무원과 교원에 대하여는 따로 법률로 정한다"라고 규정하여, 원칙적으로 노동조합의 설립단위에 대하여 아무런 제한을 두고 있지 아니하다.

한편 노동조합법 제2조 제4호 본문은 노동조합을 근로자가 주체가 되어 자주적으로 단결하여 근로조건의 유지·개선 기타 근로자의 경제적·사회적 지위의 향상을 도모함을 목적으로 조직하는 단체 또는 그 연합단체라고 정의하고 있다. 이때 연합단체란 단위노동조합을 구성원으로 하는 노동조합 형태를 말한다.[29] 그런데 노동조합법 제10조 제2항은 같은 조 제1항에 의한 연합단체인 노동조합의 설립신고에 관하여 "연합단체인 노동조합은 동종산업의 단위노동조합을 구성원으로 하는 산업별 연합단체와 산업별 연합단체 또는 전국 규모의 산업별 단위 노동조합을 구성원으로 하는 총연합단체를 말한다."라고 규정하고 있다. 위 조항을 문언대로 해석하면 동종 산업의 단위노동조합으로 구성된 산업별 연합단체만이 설립신고를 할 수 있고 서로 다른 산업에 속한 단위노동조합으로 구성된 연합단체는 노동조합법상 노동조합으로 설립될 수 없다는 결론이 된다. 이에 대하여 이와 같이 문언을 엄격하게 해석한 취지의 판결도 발견된다.[30]

---

29) 노동법실무연구회, 노동조합및노동관계조정법 주해 제I권, 박영사(2015), 182면.

30) 대법원 1993.5.25. 선고 92누14007 판결. 대법원은 이 판결에서 "노동조합법 제13조 제2항(현행법 제10조 제2항)이 산업별 연합단체를 법상의 노동조합의 한 형태로 인정하고 있는 이유는 동종 업종의 단위노동조합은 동일 또는 유사한 근로조건 하의 근로자들로 조직되고 또 사용자와의 관계에 있어서도 동일 또는 유사한 사회, 경제적 지위에서 활동하고 있기 때문에 서로 연합하여 하나의 조직체를 형성할 수 있도록 함이 근로자측의 교섭력을 증대시켜 근로자의 근로조건 개선이나 사회적, 경제적 지위 향상에 효율적이라고 보기 때문이라 할 것인바, 동일 업종이 아닌 전혀 이질적 업종의 단위노동조합에 의하여 산업별 연합단체를 구성한다는 것은 그 필요성도 적고 위 조항이 상정하지 아니한 것이라 할 것이다. … 이 사건에서의 소외 연맹과 같이 건설업, 요식업, 의료업 등 전혀 이질적인 55개 업종이 포함되고, 더구나 다른 산업별 연합단체에 속하지 아니하는 기타 업종까지 모두 포괄하는 업종을 대상으로 하는 단위노동조합으로 구성되는 산업별 연합단체라는 것은 그 인정의 필요성도 적을 뿐 아니라 산업별 연합단체 본래의 기능을 하기도 어렵다고 보여지고 또 위 법조 소정의 "동일 업종"의 단위노동조합으로 구성되었다고 볼 수도 없으므로 위 법조 소정의 산업별

그러나 노동조합법 제2조 제4호 본문에서 연합단체를 노동조합으로 규정하고 있고 이때 노동조합으로 인정되는 연합단체의 요건으로 일반적인 노동조합의 성립 요건만을 요구하고 있을 뿐 특별히 별도의 제한을 두지 않는 점, 산업별 연합단체 이외의 다른 형태의 연합단체도 노동조합법상 보호할 필요성이 있다는 점,[31] 그럼에도 불구하고 연합단체의 형태인 노동조합의 범위를 제한하는 것은 헌법상의 노동3권 및 이를 보장하기 위한 노동조합법의 입법취지에 어긋나는 점[32] 등을 고려하면 연합단체의 조직 형태에 대해서도 노동조합의 자주적인 결정에 맡기는 것이 타당하고, 산업별로만 연합단체 노동조합의 설립이 허용되는 것은 아니라고 보는 것이 타당하다.[33] 따라서 지주회사의 경우, 설사 그 산하 자회사가 상이한 업종을 영위하고 있다고 하더라도 지주회사 산하 자회사 노동조합의 연합단체를 결성하는 것은 허용된다고 할 것이다.

연합단체는 아니라고 보아야 할 것이다."라고 판단하였다.

31) 위 대법원 92누14007 판결에서는 동일 업종이 아닌 전혀 이질적 업종의 단위노동조합에 의하여 구성된 산업별 연합단체는 노동조합법 제10조 제2항의 산업별 연합단체에 해당하지 않는다고 판시하면서도, "현대 산업사회에 있어서 업종의 다양화와 복합화로 인하여 동일 업종의 범위를 한정하는 것이 용이하다고는 할 수 없고, 과거에는 동일 업종에 속하였던 것이 산업의 고도화로 인하여 서로 다른 업종으로 분화되기도 하고, 그 산업기술의 혁신에 의하여 그 반대 현상이 나타날 수도 있다는 점을 지적하고 "경우에 따라서는 예컨대 은행업과 보험업과 같이 동일하지는 아니하나 유사하거나 상호관련성이 있는 2개 이상의 업종이 함께 복합적 산업별 연합단체를 구성하는 것도 가능하다고 보아야 할 것"이고 "독립한 산업별 연합단체를 구성할 수 있을 정도의 세력을 형성하지 못한 여러 업종의 단위노동조합들이 연합단체를 구성함으로써 어느 정도 세력을 형성하여 사회적, 경제적 지위향상을 도모할 수 있겠고, 총연합단체의 산하 단체가 됨으로써 총연합단체의 지원을 받을 수 있는 이점이 있으므로 이러한 형태의 연합단체를 인정하는 것이 전혀 무의미한 것은 아니다."라고 판시하였다.

32) 노동조합법 제1조는 "이 법은 헌법에 의한 근로자의 단결권·단체교섭권 및 단체행동권을 보장하여 근로조건의 유지·개선과 근로자의 경제적·사회적 지위의 향상을 도모"하는 것을 그 목적으로 규정하고 있다.

33) 노동법실무연구회, 앞의 책(각주 29), 182-183면.

VI. 지주회사의 사용자성 확장

1. 총론

근로관계의 당사자는 사용자와 근로자이다. 근로자는 직업의 종류와
관계없이 임금을 목적으로 사업이나 사업장에 근로를 제공하는 사람을
말하며, 근로기준법상 근로자에 해당하는지는 근로제공관계의 실질이
근로제공자가 사업 또는 사업장에 임금을 목적으로 종속적인 관계에서
사용자에게 근로를 제공하였는지에 따라 판단해야 한다.[34] 사용자는
사용종속적인 관계에 있는 근로자로부터 근로를 제공받는 자, 즉 근로
자에 대하여 상당한 지휘감독을 하는 자이다. 사용자는 근로자에게 임
금을 지급하고 휴가 등의 근로조건을 제공할 의무를 부담하며 법위반
에 대하여 형사책임을 부담하는 주체가 된다.

---

34) 대법원은 근로기준법상의 근로자에 해당하는지 여부는 계약의 형식이 고용계약인지
도급계약인지보다 그 실질에 있어 근로자가 사업 또는 사업장에 임금을 목적으로 종
속적인 관계에서 사용자에게 근로를 제공하였는지 여부에 따라 판단하여야 하고, 여
기에서 종속적인 관계가 있는지 여부는 업무 내용을 사용자가 정하고 취업규칙 또는
복무(인사)규정 등의 적용을 받으며 업무 수행과정에서 사용자가 상당한 지휘·감독
을 하는지, 사용자가 근무시간과 근무장소를 지정하고 근로자가 이에 구속을 받는지,
노무제공자가 스스로 비품·원자재나 작업도구 등을 소유하거나 제3자를 고용하여
업무를 대행케 하는 등 독립하여 자신의 계산으로 사업을 영위할 수 있는지, 노무
제공을 통한 이윤의 창출과 손실의 초래 등 위험을 스스로 안고 있는지, 보수의 성격
이 근로 자체의 대상적 성격인지, 기본급이나 고정급이 정하여졌는지 및 근로소득세
의 원천징수 여부 등 보수에 관한 사항, 근로 제공관계의 계속성과 사용자에 대한 전속
성의 유무와 그 정도, 사회보장 제도에 관한 법령에서 근로자로서 지위를 인정받는지
등의 경제적·사회적 여러 조건을 종합하여 판단하여야 한다. 다만 기본급이나 고정급
이 정하여졌는지, 근로소득세를 원천징수하였는지, 사회보장 제도에 관하여 근로자로
인정받는지 등의 사정은 사용자가 경제적으로 우월한 지위를 이용하여 임의로 정할
여지가 크기 때문에, 그러한 점들이 인정되지 않는다는 것만으로 근로자성을 쉽게
부정하여서는 안 된다는 입장이다(대법원 2006. 12. 7. 선고 2004다29736 판결).

그런데 지주회사는 자회사에 대한 경영지배를 그 본연의 사업 내용
으로 하고 있고 그 지배력을 기초로 하여 자회사의 경영활동을 결정한
다. 지주회사는 자회사의 비용 절감이나 조직의 효율성 증대를 도모하
고자 하며 그 일환으로 자회사의 인력배치나 인사이동에 구체적으로
개입하는 경우가 적지 않다. 지주회사가 자회사의 인사 문제에 개입하
여 사실상 사용자의 권한과 역할을 수행하는 경우 자회사의 근로자에
대하여 지주회사가 사용자로 인정되는지 문제될 수 있다. 종래 형식적
인 근로계약을 체결한 당사자의 범위를 넘어 그 배후에서 근로조건을
실질적으로 결정하는 주체가 사용자가 된다는 사용자 확장 이론이 노
동법에서 논의되고 있다.

2. 개별적 근로관계에서의 사용자성의 확장

근로기준법 제2조 제1항 제2호는 사용자를 "사업주 또는 사업경영담
당자 그 밖에 근로자에 관한 사항에 대하여 사업주를 위하여 행위하는
자"라고 정의하고 있다. 여기에서 '사업주'는 사업경영의 주체를 말한
다.[35] '경영 주체'란 기업주로서 개인기업의 경우 개인, 법인기업의 경
우 법인 자체를 의미한다. '사업경영담당자'라 함은 사업주가 아니면서
도 사업경영 일반에 관하여 책임을 지는 자로서 사업주로부터 사업경
영의 전부 또는 일부에 대하여 포괄적인 위임을 받고 대외적으로 사업
을 대표하거나 대리하는 자를 말한다.[36] 사업경영 일반에 관하여 권한
을 가지고 책임을 부담하는 자로서 관계 법규에 의하여 제도적으로 근

---

35) 대법원 2015. 6. 11. 선고 2014도15915 판결.
36) 대법원 1988. 11. 22. 선고 88도1162 판결. 대법원 1997. 11. 11. 선고 97도813 판결.

로기준법의 각 조항을 이행할 권한과 책임이 부여되었다면 사업경영담 당자에 해당하고 반드시 현실적으로 그러한 권한을 행사해야만 하는 것은 아니다.[37] "그 밖에 근로자에 관한 사항에 대하여 사업주를 위하여 행위하는 자"라 함은 근로자의 인사·급여·후생·노무관리 등 근로조 건의 결정 또는 업무상의 명령이나 지휘·감독을 하는 등의 사항에 관하 여 사업주로부터 일정한 권한과 책임을 부여받은 자를 말한다.[38] 근로 기준법은 위와 같이 사업주 이외에도 사업주를 위하여 행위하는 사업 경영담당자 등으로 사용자를 확대하고 있지만, 이는 사용자의 내부적 범위에 관한 것일 뿐, 사업주의 외부에 있는 제3자까지 근로기준법상의 사용자로 볼 수 있는지 여부와 그 외부적 범위의 한계에 대해서 명시하 고 있지 않다. 사용자의 외부적 범위에 대한 논의를 간략하게 살펴본다.

(1) 근로기준법상 사용자의 외부적 범위에 관한 논의

1) 학설[39]

가. 묵시적 계약이론

근로자와 근로계약을 체결하지 아니한 자가 자신의 사업을 위하여 그 근로자를 사용하는 간접고용에서 주로 논의되는 이론으로, 수급인이 사업주로서 독자성이 없거나 독립성을 결하여 도급인의 노무대행기관

---

37) 대법원 1997. 11. 11. 선고 97도813 판결.
38) 대법원 2008. 10. 9. 선고 2008도5984 판결, 대법원 2015. 6. 11. 선고 2014도15915 판결.
39) 근로기준법상 사용자의 외부적 범위에 관한 학설은 노동법실무연구회, 근로기준법 주해 제I권(2020), 162-167면을 요약하였다.

과 동일시할 수 있는 등 그 존재가 형식적, 명목적인 것에 지나지 아니하는 경우 도급인과 근로자 사이에 묵시적인 근로계약관계가 성립되었다고 평가할 수 있다고 해석하는 견해이다. 모회사나 도급회사가 자회사나 수급회사의 근로자의 근로조건을 실질적으로 결정하고, 자회사나 수급회사 근로자들의 노무제공에 대해 상당한 지휘·감독을 하는 경우에 인정된다.

나. 법인격 부인론

법인격 부인론은 법인격의 형해화와 법인격의 남용을 요건으로 한다. 법인격이 부인되는 경우에는 부인되는 법인과 함께 그 배후자에게도 법적 책임을 동일하게 귀속하는 효과가 발생한다. 일본에서는 노조파괴 등 부당한 목적으로 회사가 해산된 경우에 이를 위장해산과 진정해산으로 구별하여, 위장해산의 경우에는 법인격 부인을 통해 배후자에게 사용자로서의 근로자에 대한 책임을 귀속시키는 도구 법리로 활용되고 있다.

다. 공동사업주(공동사용자) 이론

형식적이지 아니한 실질적 사용자가 복수로 존재하는 경우 이들 복수의 실질적 사용자 모두에게 근로관계상의 책임을 귀속시키는 법리이다. 공동사업주의 책임을 판단할 때에 고려해야 할 주요 징표로는 사업 또는 사업장의 구체적인 인력운용 및 관리의 실태, 해당 사업 수행에 있어 사용자들 사이의 업무분담의 내용과 방식 등을 들고 있다. 그리고 공동사업주의 법리가 적용될 수 있는 유형으로는, 복수의 법인이 하나의 기업집단을 이루어 소속 근로자들로부터 일체의 근로를 수령하는 경우, 복수의 법인이 모자회사인 경우, 복수의 법인이 특수목적에 따라 설립·운영되는 경우 등이다. 공동사업주는 근로자에게 임금 등 채무를 연대하여 지급할 의무가 있게 된다.

2) 대법원의 입장

대법원은 근로기준법상의 근로자란 임금을 목적으로 종속적인 관계에서 근로를 제공하는 자를 의미한다는 입장에서 원칙적으로 근로계약의 상대방이 아닌 제3자를 사업주로 인정하는 것은 제한적이다. 다만 대법원은 원고용주에게 고용되어 제3자의 사업장에서 제3자의 업무에 종사하는 자를 제3자의 근로자라고 할 수 있으려면 원고용주는 사업주로서의 독자성이 없거나 독립성을 결하여 제3자의 노무대행기관과 동일시할 수 있는 등 그 존재가 형식적, 명목적인 것에 지나지 아니하고, 사실상 당해 피고용인은 제3자와 종속적인 관계에 있으며, 실질적으로 임금을 지급하는 자도 제3자이고, 또 근로제공의 상대방도 제3자이어서 당해 피고용인과 제3자 간에 묵시적 근로계약관계가 성립되어 있다고 평가될 수 있어야 한다는 입장이다.[40]

또한 대법원은 모회사가 자신이 지분의 100%를 보유한 자회사와 업무도급계약을 체결하고 자회사의 근로자들을 사용한 사안에서 실질적으로는 위장도급으로서 사업주와 근로자들 사이에 직접 근로계약관계가 존재한다고 판단하였다.[41] 대법원은 위 사건에서 "인사이트코리아는 참가인의 자회사로서 형식상으로는 독립된 법인으로 운영되어 왔으나 실질적으로는 참가인 회사의 한 부서와 같이 사실상 경영에 관한 결

---

40) 대법원 1999. 11. 12. 선고 97누19946 판결, 대법원 2008. 7. 10. 선고 2005다75088 판결 참조.

41) 대법원 2003. 9. 23. 선고 2003두3420 판결. 일부 생산부문의 인적조직이 소사장 법인으로 분리된 사건에 대하여 유사한 취지의 판결로는 대법원 2002. 11. 26. 선고 2002도649 판결 참조.

정권을 참가인이 행사하여 왔고, 참가인이 물류센터에서 근로할 인원이 필요한 때에는 채용광고 등의 방법으로 대상자를 모집한 뒤 그 면접과 정에서부터 참가인의 물류센터 소장과 관리과장 등이 인사이트코리아의 이사와 함께 참석한 가운데 실시하였으며, 원고들을 비롯한 인사이트코리아가 보낸 근로자들에 대하여 참가인의 정식 직원과 구별하지 않고 업무지시, 직무교육실시, 표창, 휴가사용 승인 등 제반 인사관리를 참가인이 직접 시행하고, 조직도나 안전환경점검팀 구성표 등의 편성과 경조회의 운영에 있어서 아무런 차이를 두지 아니하였으며, 그 근로자들의 업무수행능력을 참가인이 직접 평가하고 임금인상 수준도 참가인의 정식 직원들에 대한 임금인상과 연동하여 결정하였음을 알 수 있는 바, 이러한 사정을 종합하여 보면 참가인은 '위장도급'의 형식으로 근로자를 사용하기 위하여 인사이트코리아라는 법인격을 이용한 것에 불과하고, 실질적으로는 참가인이 원고들을 비롯한 근로자들을 직접 채용한 것과 마찬가지로서 참가인과 원고들 사이에 근로계약관계가 존재한다고 보아야 할 것"이라고 판시하였다.

3. 집단적 근로관계에서의 사용자성의 확장

노동조합법 제2조 제2호는 "사용자라 함은 사업주, 사업의 경영담당자 또는 그 사업의 근로자에 관한 사항에 대하여 사업주를 위하여 행동하는 자를 말한다."고 규정하고 있다. 노동조합법상 사용자는 노동조합법상 의무를 부담하는 자, 즉 단체교섭 응낙의무를 부담하고 부당노동행위의 책임을 지는 주체의 범위에 관한 논의이다.[42]

---

42) 사용자는 정당한 이유 없이 교섭 또는 단체협약의 체결을 거부하거나 해태하여서는 아니되며, 사용자가 단체협약 체결 기타의 단체교섭을 정당한 이유 없이 거부하거나

(1) 학설의 대립[43]

1) 지배력설

근로계약의 당사자인 사용자보다 넓은 개념으로 보아, 근로조건이나 노동관계에 대하여 지배력을 가지는 자를 노동조합법상 사용자로 보는 견해이다. 다만 지배력의 정도와 범위에 대해서는 조금씩 다른 견해들이 주장되고 있는데, '실질적으로 사용자권한을 행사하는 자로서 근로조건의 전부 또는 일부에 대하여 구체적 영향력 내지 지배력(처분적 권한)을 미치는 자', '해당 근로자의 근로조건에 대하여 실질적 지배력을 가지는 자', '근로조건 기타 노동관계상의 제 이익에 대하여 실질적 영향력 내지 지배력을 행사하고 있는 자'를 사용자로 보아야 한다고 한다.

2) 대향관계설

근로자가 노동3권을 행사할 때에 그 대향관계(對向關係)에 있는 자를 노동조합법상 사용자로 보아야 한다는 견해이다. 근로조건뿐만 아니라 노동3권 행사와 관련된 노동관계 전반에 지배력을 가진 자까지도 포함하여야 하며, 이에 따르면 '근로자, 노동조합의 자주적 단결활동에 영향을 미침으로써 노동3권을 침해할 수 있는 지위에 있는 자'로 본다. 대향관계설은 근로조건 외에 근로관계상의 제 이익에 지배력을 가지는 자까지도 사용자로 포괄하는 점에서 지배력설과 중첩된다.

해태하는 행위와 근로자의 노동조합 조직 또는 운영을 지배하거나 이에 개입하는 행위는 부당노동행위에 해당하며, 그 위반행위에 대해서는 2년 이하의 징역 또는 2,000만 원 이하의 벌금에 해당하는 형사책임이 부과된다(노동조합법 제30조 제2항, 제81조 제1항 제3호, 제4호, 제90조).

43) 노동조합법상 사용자의 외부적 범위에 관한 학설은 노동법실무연구회, 앞의 책(각주 29), 153-155면을 요약하였다.

3) 근로계약의 당사자에 한정하는 견해

이 견해는 노동조합법상의 사용자책임을 근로계약 외의 제3자에게 확대적용하는 것에 반대한다. 하청업체의 임금인상이나 근로시간 등의 단축은 하청업체를 통해 원청업체와 사이의 계약교섭을 통해 이루어져야 하는 것이지, 하청근로자들이 제3자인 원청업체를 직접 상대하여 단체교섭을 요구할 수 없고 이를 허용한다면 계약자유의 원칙을 부정하는 것이라고 한다.

(2) 대법원의 입장

대법원은 하역 근로자들에 대한 노무공급사업을 하는 항운노동조합이 하역 근로자들을 사용하는 업체들에 대하여 단체교섭을 요청한 사안에서 노동조합법 소정의 사용자라 함은 "근로자와의 사이에 사용종속관계가 있는 자를 말한다."라고 판시하였다.[44) 또한 "단체협약체결 기타의 단체교섭을 정당한 이유 없이 거부하거나 해태하는 행위를 부당노동행위의 하나로 규정함으로써 사용자를 노동조합에 대응하는 단체교섭의 당사자로 규정하고 있는바, 위와 같은 법조항에 규정한 '사용자'라 함은 근로자와의 사이에 사용종속관계가 있는 자, 즉 근로자와의 사이에 그를 지휘·감독하면서 그로부터 근로를 제공받고 그 대가로서 임금을 지급하는 것을 목적으로 하는 명시적이거나 묵시적인 근로계약관계를 맺고 있는 자를 말한다."라고 판시하였다.[45) 이와 같이 종래 대법원은 노동조합법상 사용자는 근로계약의 당사자인 사용자와 동일하

---

44) 대법원 1997. 9. 5. 선고 97누3644 판결.
45) 대법원 2008. 9. 11. 선고 2006다40935 판결.

다는 입장이었다.

그런데 대법원은 이른바 현대중공업사건에서 구 노동조합법 제81조 제4호는 "'근로자가 노동조합을 조직 또는 운영하는 것을 지배하거나 이에 개입하는 행위' 등을 부당노동행위로 규정하고 있고, 이는 단결권을 침해하는 행위를 부당노동행위로서 배제·시정하여 정상적인 노사관계를 회복하는 것을 목적으로 하고 있으므로, 그 지배·개입 주체로서의 사용자인지 여부도 당해 구제신청의 내용, 그 사용자가 근로관계에 관여하고 있는 구체적 형태, 근로관계에 미치는 실질적인 영향력 내지 지배력의 유무 및 행사의 정도 등을 종합하여 결정하여야 할 것이다. 따라서 근로자의 기본적인 노동조건 등에 관하여 그 근로자를 고용한 사업주로서의 권한과 책임을 일정 부분 담당하고 있다고 볼 정도로 실질적이고 구체적으로 지배·결정할 수 있는 지위에 있는 자가, 노동조합을 조직 또는 운영하는 것을 지배하거나 이에 개입하는 등으로 노동조합법 제81조 제4호 소정의 행위를 하였다면, 그 시정을 명하는 구제명령을 이행하여야 할 사용자에 해당한다."라고 판시하였다.[46] 대법원은 근로관계가 없는 하도급업체 근로자에 대해서 원청업체가 그 근로관계에 실질적인 영향력 내지 지배력을 행사하고 있다는 점을 근거로 지배개입에 의한 부당노동행위의 주체인 사용자에 해당한다고 판시한 것이다.

---

46) 대법원 2010. 3. 25. 선고 2007두8881 판결.

4. 지주회사의 사용자성 확장

노동법 영역에서 사용자성 확장 논의는 형식적인 근로계약에 국한되지 않고 근로기준법 및 노동조합법의 목적을 고려하여 실질적인 사용자로서 권한과 책임이 귀속되는 주체를 파악하는 접근 방법이라고 볼 수 있다. 특히 집단적 노사관계법의 목적이 근로자의 단결권, 단체교섭권, 단체행동권의 노동3권을 보장하여 근로조건을 유지·개선하고 사용자에 의한 노동3권 침해를 방지하기 위한 것이라는 점을 고려할 때, 노동조합법상 근로관계에 있어서 실질적으로 근로관계에 지배력과 영향력을 행사할 수 있는 지위에 있는 자를 사용자로 인정하여야 한다는 입장은 설득력을 얻고 있다.[47)]

이러한 노동법의 논의는 지주회사에 대해서도 적용될 여지가 있다. 지주회사는 자회사의 사업 내용을 지배하는 것을 주된 사업으로 하는 특성상 자회사의 경영상 결정에 간섭을 하고, 특히 자회사 근로자들의 근로조건과 인사이동에 실질적인 영향력을 행사할 소지가 많기 때문이다.

그러므로 만일 지주회사와 자회사 소속 근로자 사이의 근로관계에서 자회사가 명목적 사용자에 불과한 경우에는 묵시적근로계약 이론이나 법인격 부인론으로 접근할 수 있어 보인다. 한편 자회사의 조직과 운용에 실체가 있음에도 불구하고 수직적 구조 하에서 지주회사가 실질적 사용자로 기능하는 경우에는 공동사용자(공동사업주)의 법리를 통해 지

---

47) 대법원은 노동조합법의 목적과 취지를 고려하여 노동조합법상 근로자의 판단요소로 경제적, 조직적 종속성을 적용함으로써 사용종속관계를 기준으로 하는 근로기준법상 근로자의 범위보다 더 넓게 보고 있다. 대법원 2019. 6. 13. 선고 2019두33712 판결 참조.

주회사와 자회사 사업자 모두에게 근로관계상의 책임을 귀속시키는 법리가 발전될 가능성도 있어 보인다.

한편 노동조합법상으로는 지주회사가 자회사의 근로조건에 대해 실질적인 결정권을 보유하고 있다면 자회사 근로자들이 근로조건의 결정권을 보유하지 못한 자회사에 대해 단체교섭을 진행하는 것은 실효성이 없을 것이고 지주회사가 사용자로서 교섭에 응하는 것이 타당할 경우가 있을 것이다.

다만 사용자성의 확장에 관한 논의는 결국, 노동3권을 포함한 근로자의 권리 보호와 자유로운 경영활동 보장이라는 헌법적 가치와 당사자의 이해 조정의 문제이다. 지주회사는 본질적으로 자회사들에 대한 경영지배를 본질적 사업으로 하는 점에서 자회사들에 대한 인사 문제의 결정권을 지주회사가 일정 부분 행사하는 것이 예정되어 있으므로 지주회사가 자회사 근로자들의 인사결정과 근로조건에 영향력을 일부 행사한다는 이유만으로 지주회사가 실질적인 사용자라고 평가하는 것은 곤란하다. 왜냐하면 법적 실체를 갖고 있다면 자회사가 그 소속 근로자와 노동조합의 상대방이 되어 사용자로서 책임을 부담할 주체가 되는 것이 불합리하지 않기 때문이다. 판례가 제시하고 있는 바와 같이 자회사가 노무대행기관과 같고 그 근로관계가 명목적, 형식적인 것에 불과하거나 자회사의 법인격이 형해화된 것으로 인정될 수 있는 정도에 이르거나, 지주회사가 근로조건의 결정을 포함한 인사 문제를 사실상 독자적으로 결정하고 자회사는 이에 대한 실질적인 권한이 전혀 없거나 무의하다고 인정할 수 있는 정도에 이른 경우에 지주회사에게 사용자로서의 책임을 부담시키는 것이 타당할 것이다.

16

지주회사의
세법상 문제[*]

김동수[**] · 소진수[***]

I. 서론

지주회사는 일반적으로 다른 법인의 주식을 소유하면서 그 다른 법인의 사업을 지배하는 회사로 정의된다.[1] 즉 다른 법인의 주식을 단순히 보유하고 있다고 하여 곧바로 지주회사가 되는 것은 아니고, 지주회사가 되기 위해서는 그 다른 법인의 경영에 중대한 정도의 영향력을 가져야 할 것으로 보인다.

세법에서 지주회사 정의 규정을 별도로 두고 있지는 아니하지만[2]

---

* 이 글은 BFL 제91호(2018)에 게재된 글을 수정·보완한 것이다.
** 법무법인(유한) 율촌 변호사
*** 법무법인(유한) 율촌 회계사
1) 본 기고문에서는 내국법인인 지주회사에 관한 세법상 문제를 다룬다. 본문에서 사용된 '법인' 및 '개인'의 용어는 특별한 설명이 없는 경우 각각 '내국법인'과 '내국인'을 의미한다.
2) 국제조세조정에 관한 법률(이하 "국조법")에서는 해외지주회사에 대한 정의 규정을 두

특정한 법률의 규제를 받는 지주회사[예컨대 독점규제 및 공정거래에 관한 법률(이하 "공정거래법")상 지주회사, 금융지주회사법상 금융지주회사 등]에 대해서는 일정한 과세특례를 인정하고 있다.

예컨대 공정거래법상 지주회사의 경우, 주식의 현물출자를 통한 지주회사 설립 시 양도차익에 대한 세부담을 3년 거치 3년 분할하여 주는 과세특례, 지주회사가 같은 법에 따른 자회사주식을 취득 시 과점주주 취득세를 감면하는 과세특례, 그리고 자회사의 소득에 대한 법인세 이중과세 문제 — 자회사 단계에서 법인세가 과세된 후 이를 지주회사에 배당 시 지주회사 단계에서도 법인세가 과세되는 문제 — 를 줄이기 위하여 지주회사가 받는 배당소득에 대하여는 일반법인이 받는 배당소득보다 높은 법인세 비과세비율을 적용하는 과세특례가 존재한다. 이러한 과세특례가 존재하는 이유는, 특정한 법률의 규제를 받는 지주회사가 사회적 · 경제적 관점에서 장려될 필요가 있어 그러한 정책목표를 달성하기 위함에 있는 것으로 보인다.

세법에서 지주회사를 특별히 취급하는 규정을 두고 있지 않은 경우, 지주회사는 일반적인 법인과 동일하게 취급된다. 예를 들어 법인이 지주회사로 전환하기 위하여는 여러 가지 거래형식을 취할 수 있을 것이다. 타법인 주식양수, (사업의) 물적분할 또는 현물출자, 주식의 포괄적 교환 · 이전 등의 거래를 생각해 볼 수 있을 것이다. 이 경우, 각 거래에서 발생하는 세효과는 지주회사로의 전환이라는 목적 유무와 관계없이

고 있다(제28조). 이 규정의 취지는, 내국인이 해외 조세피난처 등 세부담이 거의 없는 지역에 해외자회사를 설립하고 이 해외자회사를 통하여 해외에 투자한 후 그로부터 발생하는 이익을 국내로 배당하지 아니하고 그 해외자회사에 장기간 유보시킴으로써, 그 내국인이 우리나라의 법인세 및 소득세를 사실상 회피하는 경우에 대응하기 위한 조세회피 방지에 있다(이른바 CFC rule). 국조법상 해외지주회사는 본고의 검토대상에서 제외한다.

세법에서 정한 바대로 발생할 것이다.

자회사의 소득에 대한 법인세 이중과세 문제는 (특정 유형의 지주회사의 배당소득에 대한 과세특례 외에도) 법인세 연결납세를 통해 해소될 수 있다. 법인세 연결납세 제도는 100% 완전지배로 연결된 법인들에게 적용되는 세제로서, 특정 유형의 지주회사라 하더라도 요건을 충족하지 못하면 이를 적용받을 수 없다.

다만 지주회사의 특성으로 인하여 다른 법인과 비교하여 특수한 세법상 문제가 발생하는 경우가 있다. 지주회사체제하에서 기업집단 전체의 효율성을 위하여 지주회사가 기업집단의 공통업무를 담당할 수 있는데, 이 경우 기업집단의 내부거래에서 여러 세법상 문제가 발생할 수 있다. 또한 금융기업집단의 경우 금융지주회사가 금융업을 영위하는 자회사에게 용역을 공급할 때 내재부가가치세 부담이 발생한다.

요컨대 우리나라의 세법은 특정 유형의 지주회사(예컨대 공정거래법상 지주회사)에 대하여 인정되는 몇 가지의 과세특례(지주회사 전환 시 과세특례, 지주회사 수입배당금 익금불산입 등)를 두고 있지만, 그렇지 아니한 경우에는 지주회사가 다른 법인과 달리 취급되지 아니한다. 다만 지주회사의 사업적 특성으로 인해 다른 법인에 비해 두드러지는 조세상 쟁점들이 존재하는 것으로 보인다.

이러한 점을 고려하면, 지주회사의 세법상 문제를 살펴봄에 있어 지주회사에 특별히 적용되는 세효과(과세특례 등)와 그렇지 않은 세효과로 나누어 서술하기보다는, 지주회사의 설립단계(II.)와 운영단계(III.)로 나누어 단계별로 유념할 주요 조세상 쟁점을 검토하는 것이 효과적인 것으로 생각된다.

II. 지주회사 설립단계에서의 세법상 문제

1. 들어가며

지주회사의 설립·전환은 현재의 지배구조에서 기업(집단)이 목표로 하는 지배구조로의 변경을 수반한다. 이러한 기업구조 재편거래에 관하여 조세 관점에서의 핵심은 미실현이익에 대한 과세의 이연을 받을 수 있는지와 거래세를 감면받을 수 있는지이다. 이러한 세부담은 어떤 방안을 취하는가에 따라 달라진다.

예를 들어 개인 갑이 A법인과 B법인을 지배하고 있는데 A법인을 지주회사로, B법인을 자회사로 전환하려는 경우, 단순하게는 A법인이 B법인의 주식을 갑으로부터 양수하여 A법인→B법인의 지주회사 체제를 갖추는 것을 생각해 볼 수 있다. 이 거래에서는 갑의 B법인주식에 내재된 미실현이익이 실현되어 갑에게 양도소득세가 과세되고 갑에게 주식양수도에 대한 증권거래세도 과세된다. B법인주식의 양수인인 A법인은 과점주주 취득세를 부담할 가능성이 있다.[3] 하지만 A법인과 B법인을 합병한 후 A사업과 B사업을 각각 물적분할하여 합병법인인 지주회사가 AA법인과 BB법인을 각각 완전지배하는 구조로 한다면, 적격합병 요건 및 적격물적분할 요건을 갖춤으로써 소득에 대한 과세를 이연받고 거래세의 상당 부분을 감면받을 수 있게 된다.

---

3) 다른 법인의 주식을 취득함으로써 지방세기본법상 과점주주가 된 자는 그 법인 소유의 취득세 과세대상자산 장부가액에 과점주주의 지분율과 세율(취득세 2%, 농어촌특별세 0.2%)을 곱하여 산정한 과점주주 취득세를 부담한다(지방세법 제7조 제5항). 하지만 그 주식양수도 전과 후의 각 주주 사이에 지방세기본법상 특수관계가 있는 경우에는 과점주주 집단 내의 주식양수도로서 과점주주 집단의 지분율에 변동이 없는 것으로 보아 과점주주 취득세가 발생하지 아니할 수 있다.

현행 세법하에서 소득에 대한 과세의 이연 및 거래세의 감면이 허용되는 기업구조 재편거래에는 합병, 인적분할, 물적분할, 현물출자, 주식의 포괄적 교환·이전이 있다. 일반적으로 지주회사 설립·전환 시에는 이러한 기업구조 재편거래들을 혼합하여 세부담이 최소화되는 거래구조를 계획한다. 이때 각 거래의 과세특례 요건 및 과세특례의 사후관리 요건을 충족하는지 여부를 면밀히 검토해야 한다.

앞의 예에서 합병의 과세특례 요건을 갖춘 적격합병을 한 후 A사업과 B사업을 각각 물적분할하는 방안을 취하였는데, 선행하는 합병에서 과세특례 요건 중 하나인 사업계속 요건[4]이 후속하는 물적분할로 위배가 되는지 여부에 관하여 보면, 후속하는 물적분할이 적격물적분할에 해당하는 경우 사업계속 요건 위배로 보지 아니하는 '부득이한 사유'에 해당된다(법인세법 시행령 제80조의2 제1항 제2호 나목). 즉 후속하는 물적분할이 적격물적분할이 되어야만 (물적분할에서의 세부담을 줄일 수 있을 뿐 아니라) 선행하는 합병에서의 세부담을 줄일 수 있게 된다.

한편 세법은, 지배주주가 보유한 주식들을 현물출자하여 공정거래법상 지주회사 또는 금융지주회사법상 지주회사를 설립하거나 기존 법인을 그러한 지주회사로 전환하는 경우 또는 법인의 인적분할, 물적분할, 현물출자를 통하여 그러한 지주회사로 전환한 후 그 지주회사에 다른 법인의 주식을 현물출자하거나 그 지주회사의 자기주식과 교환하는 경우에 대한 과세특례를 인정하고 있다. 이러한 유형의 거래(이하 "주식의 현물출자 등을 통한 지주회사 설립")에 대한 과세특례는 지주회사의 설립 및 전환을 지원하기 위한 것으로 보인다.

---

4) "합병법인이 합병등기일이 속하는 사업연도의 종료일까지 피합병법인으로부터 승계받은 사업을 계속할 것"(법인세법 제44조 제2항 제3호).

이하에서는 지주회사 설립·전환 시 주로 사용되는 방법인 사업의 물적분할, 사업의 현물출자, 주식의 포괄적 교환·이전, 그리고 주식의 현물출자 등을 통한 지주회사 설립의 순서대로 방안별로 유의해야 할 조세상 쟁점을 검토한다.

2. 물적분할로 지주회사 설립 시 세법상 문제

(1) 개관

개인이 지배하는 법인이 A 사업과 B 사업을 영위하는 상황을 가정하면, 이 법인은 A 사업과 B 사업 각각을 물적분할하여 완전자회사로 설립하고 스스로는 지주회사가 되는 방안을 고려할 수 있다([그림 1] 참조).

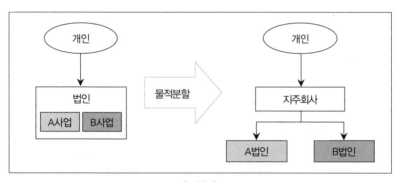

〔그림 1〕

(2) 비적격물적분할 시 세효과

1) 분할법인

분할법인은 그 사업과 관련된 자산과 부채(이하 "순자산")의 양도가액과 세무상 장부가액의 차이인 양도손익을 분할법인의 법인세 과세소득에 가감한다. 또한 분할법인은 새롭게 취득한 자산인 분할신설법인 주식의 세무상 취득가액을 물적분할한 순자산의 세법상 시가로 인식한다(법인세법 시행령 제72조 제2항 제3호의2).

분할법인이 물적분할로 이전하는 자산 중 다른 법인이 발행한 주식이 있는 경우, 분할법인은 증권거래세법상 주식의 양도인으로서 그 주식의 양도가액의 0.43%[5]에 상당하는 증권거래세를 부담한다(증권거래세법 제3조 제3호 및 제8조 제1항).

2) 분할신설법인

분할신설법인은 승계받은 순자산의 세무상 취득가액을 그 순자산의 세법상 시가로 인식한다(법인세법 시행령 제72조 제2항 제3호 나목).

분할신설법인이 승계하는 자산 중 취득세 과세대상자산[6]이 있는 경우 분할신설법인은 자산 취득에 대한 취득세를 부담한다. 분할신설법인이 수도권정비계획법 제6조에 따른 과밀억제권역(서울 및 수도권 주요 도시. 이하 "대도시") 소재 부동산을 취득하는 경우 취득세가 중과될 수 있다(지방세법 제13조 제2항).[7]

분할신설법인은 설립 시 납입한 자본금의 0.48%(등록면허세 0.4%, 지방교육세 0.08%)에 상당하는 등록면허세를 부담한다. 대도시 내에 분할

---

5) 2023. 1. 1. 이후부터는 0.35%
6) 부동산, 차량, 기계장비, 항공기, 선박, 입목, 광업권, 어업권, 골프 회원권, 승마 회원권, 콘도미니엄 회원권, 종합체육시설 이용회원권 또는 요트 회원권(지방세법 제7조 제1항).
7) 일반적인 유상취득의 경우 부동산 취득 시 세율은 4.6%(취득세 4%, 농어촌특별세 0.2%, 지방교육세 0.4%)이고, 대도시에의 법인 설립ㆍ설치ㆍ전입에 따라 대도시의 부동산을 취득(그 설립 등 이후 5년 내 취득 포함)하는 경우 세율은 9.4%(취득세 8%, 농어촌특별세 0.2%, 지방교육세 1.2%)로 중과된다.

신설법인을 설립하는 경우, 등록면허세의 세율이 3배 중과될 수 있다
(지방세법 제28조 제2항 제1호).

3) 부가가치세

물적분할을 통하여 재화가 이전되는 거래는 부가가치세 과세대상이
다.[8] 그러나 사업장별로 그 사업에 관한 모든 권리와 의무를 포괄적으
로 승계시키는 거래(미수금·미지급금·비업무용 자산 제외. 이하 "부가가
치세법상 포괄적 사업양수도")에 해당한다면 이는 부가가치세 과세대상이
아니다(부가가치세법 제10조 제9항 제2호).

부가가치세법상 포괄적 사업양수도는 사업장별로 판단하는 것이 원칙
이다. 하나의 사업장에서 두 개의 사업을 하던 중 한 개를 포괄적으로
양도하는 것은 부가가치세법상 포괄적 사업양수도로 보기 어렵다. 다
만 법인이 상법에 따라 분할하는 경우에는 같은 사업장 안에서 사업부
문별로 구분하는 경우도 (위의 포괄적 승계의 요건을 충족한다면) 부가가
치세법상 포괄적 사업양수도에 해당될 수 있다.

다만 분할법인과 분할신설법인이 모두 부가가치세 과세사업자인 경
우, 물적분할이 부가가치세 과세대상 거래라 하더라도 (양도인인) 분할
법인이 납부한 부가가치세만큼 (양수인인) 분할신설법인이 매입세액으
로 공제(또는 환급)받기 때문에 궁극적인 세부담은 없다.

(3) 적격물적분할 시 세효과

다음과 같은 요건을 충족하는 경우 적격물적분할로 인정될 수 있다

---

8) 본문에서는 특별한 설명이 없는 경우 부가가치세 과세사업자를 전제한다.

(법인세법 제46조 제2항 및 제47조 제1항).

(i) 분할등기일 현재 5년 이상 사업을 계속하던 내국법인의 분할일 것

(ii) 분리하여 사업이 가능한 독립된 사업부문을 분할하는 것일 것(이하 "독립사업 요건")

(iii) 분할하는 사업부문의 자산 및 부채가 포괄적으로 승계될 것(이하 "포괄승계 요건")

(iv) 분할법인만의 출자에 의하여 분할하는 것일 것

(v) 분할대가의 전액이 분할신설법인의 주식일 것

(vi) 분할법인이 분할등기일이 속하는 사업연도 말까지 분할신설법인 주식을 계속 보유할 것(부득이한 사유[9] 시 예외. 이하 "주식보유 요건")

(vii) 분할신설법인이 분할등기일이 속하는 사업연도 말까지 분할법인으로부터 승계받은 사업을 계속할 것(부득이한 사유[10] 시 예외. 이하 "사업계속 요건")

(viii) 분할등기일 1개월 전 당시 분할하는 사업부문에 종사하는 일정한 요건을 충족하는 근로자 중 분할신설법인이 승계한 근로자의 비율이 80% 이상이고, 분할등기일이 속하는 사업연도 말까지 그 비율을 유

---

9) 분할신설법인 주식을 50% 미만으로 처분한 경우, 분할법인의 파산으로 분할신설법인 주식을 처분한 경우, 분할신설법인이 적격합병·적격인적분할·적격물적분할·적격현물출자·적격주식의 포괄적 교환·이전·적격주식의 현물출자를 통한 지주회사 설립에 따라 분할신설법인 주식을 처분한 경우, 분할법인이 채무자 회생 및 파산에 관한 법률에 따른 회생절차에 따라 법원의 허가를 받아 분할신설법인 주식을 처분한 경우, 분할법인이 법령상 의무를 이행하기 위하여 분할신설법인 주식을 처분한 경우 등.
10) 분할신설법인이 승계받은 고정자산가액의 50% 미만을 처분하거나 사업에 사용하지 아니하는 경우, 분할신설법인의 파산으로 승계받은 자산을 처분한 경우, 분할신설법인이 적격합병·적격인적분할·적격물적분할·적격현물출자에 따라 사업을 폐지한 경우, 분할신설법인이 채무자 회생 및 파산에 관한 법률에 따른 회생절차에 따라 법원의 허가를 받아 승계받은 자산을 처분한 경우 등.

지할 것(부득이한 사유[11]) 시 예외. 이하 "근로유지 요건")

　적격물적분할 시 분할법인은 양도차익에 대한 법인세를 과세이연받고(법인세법 제47조 제1항) 증권거래세도 면제받는다[조세특례제한법(이하 "조특법") 제117조 제1항 제14호]. 분할신설법인은 승계받은 사업부문에 관한 세액감면과 세액공제를 승계한다(법인세법 제47조 제4항). 또한 분할신설법인은 취득세를 75% 감면받는다[지방세특례제한법(이하 "지특법") 제57조의2 제3항 제2호]. 이 취득세 감면 시 감면금액의 20%에 상당하는 농어촌특별세는 면제된다(농어촌특별세법 시행령 제4조 제7항 제5호). 적격물적분할은 부가가치세법상 포괄적 사업양수도로 취급된다(부가가치세법 시행령 제23조). 그리고 분할법인이 5년 이상 대도시에서 사업을 계속한 내국법인이고 물적분할이 (i)~(v)의 요건을 갖춘 경우 앞에서 살펴본 분할신설법인의 취득세 중과 및 등록면허세 중과는 적용되지 아니한다(지방세법 시행령 제27조 제4항). 다만 분할신설법인의 설립 시 자본금에 대한 등록면허세는 감면되지 아니한다.

　사후관리 요건을 위반한 경우에는 (i) 분할법인의 과세이연된 법인세가 과세되고 (ii) 분할신설법인의 감면된 취득세가 추징된다(법인세법 제47조 제3항 및 지특법 제57조의2 제3항 제2호). 사후관리 요건의 위반은 사후관리기간 — 법인세의 경우 분할등기일이 속하는 사업연도 말부터 2년간((iii)의 경우 3년간), 취득세의 경우 분할등기일부터 3년간 — 내에 다음의 사건이 일어나는 경우를 말한다.

　(i) 주식보유 요건의 연장: 분할법인의 분할신설법인 주식지분율

---

11) 분할신설법인이 파산함에 따라 근로자의 비율을 유지하지 못한 경우, 분할신설법인이 채무자 회생 및 파산에 관한 법률에 따른 회생계획을 이행 중인 경우, 분할신설법인이 적격합병·적격인적분할·적격물적분할·적격현물출자에 따라 근로자의 비율을 유지하지 못한 경우 등.

50% 미만이 되는 경우, 단 부득이한 사유 시 가능

(ii) 사업계속 요건의 연장 : 분할신설법인이 승계받은 사업을 폐지하는 경우, 단 부득이한 사유 시 가능

(iii) 근로유지 요건의 연장 : 각 사업연도 말 현재 분할신설법인에 종사하는 일정한 요건을 충족하는 근로자 수가 분할등기일 1개월 전 당시 분할하는 사업부분에 종사하는 근로자 수의 80% 미만이 되는 경우, 단 부득이한 사유 시 가능

한편 사후관리 요건의 위배에 해당되지 않더라도, 물적분할 후 (기간에 관계없이) 분할법인이 분할신설법인 주식을 처분하거나(당기주식처분비율: a) 분할신설법인이 승계받은 일정한 자산(감가상각자산, 토지, 주식)을 처분하는 경우(당기자산처분비율: b), 다음과 같은 산식에 따른 금액만큼 분할법인의 과세이연이 중단된다(법인세법 제47조 제2항). 다만 분할법인 또는 분할신설법인이 분할등기일 이후 최초의 적격구조조정[12]으로 주식을 처분하거나 자산을 처분하는 경우에는 그러하지 아니한다.

과세이연된 금액의 잔액 $\times (a+b-a \times b)$

(4) 물적분할의 방법으로 지주회사 설립 · 전환 시 유의사항

지주회사로의 전환을 목적으로 하는 물적분할이라면 당장 거액의 세금(주로 순자산에 내재된 미실현이익에 대한 법인세, 부동산 등의 이전에 따른 취득세)을 부담하면서까지 기업구조를 재편할 실익은 많지 않을 것이다.

---

12) 적격합병, 적격인적분할, 적격물적분할, 적격현물출자, 적격주식의 포괄적 교환 · 이전, 적격주식의 현물출자를 통한 지주회사 설립.

따라서 적격물적분할의 요건을 충족하여 큰 세부담 없이 지주회사로 전환하는 것이 바람직하다. 이에 조세실무에서는 적격물적분할 요건의 충족 여부가 중요한 문제가 된다.

이와 관련하여 납세자와 과세당국 간 견해의 대립이 주로 발생하는 요건은 독립사업 요건과 포괄승계 요건인데, 두 요건에 대한 세법의 정의가 상당히 추상적이기 때문에 동일한 사실관계에 대해 여러 시각이 나타날 수 있기 때문이다. 하지만 지주회사로의 전환 시에는 일반적인 경우에 비해 이 요건이 문제 될 가능성이 낮은 것으로 보인다.

독립사업 요건은 '분리하여 사업이 가능한 독립된 사업부문의 분할'로 정의되는데, 이 문구만으로는 어느 정도의 사업단위가 분리하여 사업이 가능할 정도인지를 명확히 알기 어렵다. 예를 들어 강관을 제조하여 판매하는 사업부가 있는데, 이 사업부의 분할은 독립사업 요건을 충족시킬 수 있을 것으로 보인다. 그렇다면 이 사업부 중 제조부문을 분할한다면 어떨까? 또는 제조부문 중 강관의 원재료인 철광석을 구매하는 구매부서만 떼어 내어 분할한다면 이는 '독립된' 사업부문의 분할일까? 하지만 지주회사 전환 시에는 이러한 쟁점이 발생할 가능성이 낮다. 다른 사업부와의 구분이 가능하고 스스로 사업이 가능한 사업부 자체를 분할하는 경우에는 독립사업 요건을 충족하기 용이하기 때문이다.

포괄승계 요건의 충족 여부를 따지려면 일단 분할하는 사업부문이 특정될 필요가 있다. 분할하는 사업부문에 속하는 자산과 부채가 포괄적으로 승계되어야 하기 때문이다. 앞에서 살펴본 바와 같이 지주회사 전환 시에는 특정된 사업부가 분할하기 때문에 이 요건도 충족이 용이할 것이다.

다만 (i) 임대사업부문(자산총액 중 부동산임대업용 자산이 50% 이상), (ii) 3년 미만으로 사용한 사업용 부동산이 사업용 고정자산가액의 80%

이상인 사업부문, (iii) 주식과 관련 자산·부채로 구성된 사업부문의 분할은 독립사업 요건을 충족한 것으로 보지 아니한다(법인세법 시행령 제82조의2 제2항)는 점에 주의해야 한다.[13]

한편 물적분할 후에 분할법인의 법인세 과세이연의 취소 및/또는 분할신설법인의 취득세 추징의 문제가 없으려면, 분할법인이 분할신설법인의 주식을 처분하지 아니하고(단 분할신설법인에 타인이 증자하여 분할신설법인에 대한 지분율 50% 미만까지 확보하는 것은 가능) 분할신설법인이 승계 받은 일정한 자산(감가상각자산·토지·주식)을 처분하지 아니하며, 분할신설법인에 종사하는 근로자 수를 기존의 80% 이상으로 유지하여야 한다. 물적분할을 통한 지주회사 설립·전환은 물적분할 전후 실질에 차이가 없고 겉껍질에만 변화가 발생하는 것이므로 부득이한 사유가 발생하지 않는 한 이러한 요건을 충족하는 것이 가능해 보인다.

---

13) 독립사업 요건을 충족한 것으로 보지 아니하는 세 가지 경우 중 (iii)에 대한 예외로 지배목적 보유주식과 관련 자산·부채만의 분할, 분할신설법인이 공정거래법상 지주회사 또는 금융지주회사법상 지주회사가 되는 경우, 해외지주회사의 2~3년 내 국내 상장이 있다(법인세법 시행령 제82조의2 제3항 각 호). 이들은 인적분할 시 독립사업 요건과 관련한 쟁점이 많은 것으로 보이고 물적 분할 시에는 관련성이 낮은 것으로 생각된다.
한편 물적분할 자체에 내재된 여러 조세상 쟁점이 있는데, 이들은 본 기고문의 검토범위를 넘어서는 것으로 보인다. 예를 들어 물적분할 시 세무상 영업권 인정 여부(양도가액에 영향을 미치는 쟁점, 과세당국은 인정되지 않는다는 견해), 취득세 관점에서 물적분할이 유상취득인지 여부(취득세세율 및 과세표준에 영향을 미치는 쟁점, 과세당국은 유상취득이라는 견해), 독립사업 요건과 포괄승계 요건의 구체적 적용(사업부의 일부 분할 가능 여부, 지배보유목적 주식의 범위, 초과승계 허용 여부 등)이 있다.

3. 현물출자로 지주회사 설립 시 세법상 문제

(1) 개관

이하에서는 물적분할과의 비교를 위해 법인이 단독으로 신규법인에 현물출자(이하 "단독설립 현물출자")하는 경우를 전제한다.

단독설립 현물출자는 그 경제적 실질이 물적분할과 유사하다. 출자법인(분할법인)은 순자산을 피출자법인(분할신설법인)에게 양도하고 그 대가로 피출자법인(분할신설법인)이 발행하는 주식 전부를 지급받는다.[14]

개인이 지배하는 법인이 A사업과 B사업을 영위하는 상황을 가정하면, 이 법인은 A사업과 B사업 각각을 단독법인 현물출자하여 완전자회사로 설립하고 스스로는 지주회사가 되는 방안을 고려할 수 있다〔그림 2〕 참조).

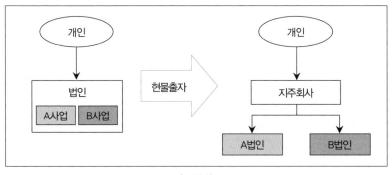

〔그림 2〕

---

14) 물적분할과 마찬가지로 현물출자에서의 세효과는 거래 당사자인 출자법인과 피출자법인에게 발생하고, 출자법인의 주주에게는 특별한 세효과가 발생하지 아니한다.

(2) 비적격현물출자 시 세효과

비적격현물출자 시의 세효과는 비적격물적분할과 유사하다. 출자법인은 양도손익을 법인세 과세소득에 가감하고, 피출자법인 주식의 세무상 취득가액은 출자한 순자산의 세법상 시가로 인식한다(법인세법 시행령 제72조 제2항 제4호 가목). 출자법인이 현물출자하는 자산 중 주식이 있는 경우 그 주식의 양도가액의 0.43%에 상당하는 증권거래세를 부담한다.

피출자법인은 출자받은 순자산의 세무상 취득가액을 그 순자산의 세법상 시가로 인식한다(법인세법 시행령 제72조 제2항 제3호 나목). 또한 취득세를 부담하고 대도시 소재 부동산을 취득하는 경우 취득세가 중과될 수 있다. 또한 피출자법인은 설립 시 자본금의 0.48%에 상당하는 등록면허세를 부담하고, 대도시 내에 피출자법인을 설립하는 경우 그 세율이 3배 중과될 수 있다.

부가가치세 관점에서 사업의 현물출자가 사업장별로 그 사업에 관하여 모든 권리와 의무를 포괄적으로 승계시키는 부가가치세법상 포괄적 사업양수도에 해당한다면 이는 부가가치세 과세대상이 아니다.

(3) 적격현물출자 시 세효과

다음과 같은 요건을 충족하는 경우 적격현물출자로 인정될 수 있다(법인세법 제47조의2 제1항).

(i) 출자법인이 현물출자일 현재 5년 이상 사업을 계속한 법인일 것

(ii) 피출자법인이 그 현물출자일이 속하는 사업연도의 종료일까지 출자법인이 현물출자한 자산으로 영위하던 사업을 계속할 것

(iii) 다른 내국인 또는 외국인과 공동으로 출자하는 경우 공동으로 출자한 자가 출자법인의 법인세법상 특수관계인이 아닐 것(단독법인 현물출자의 경우 관련 없는 요건이다.)

(iv) 출자법인과 위 (iii)의 공동출자자가 현물출자일 다음 날 현재 피출자법인의 주식의 80% 이상을 보유하고, 현물출자일이 속하는 사업연도의 종료일까지 그 주식을 보유할 것

적격현물출자 시 출자법인은 양도차익에 대한 법인세를 과세이연받는다(법인세법 제47조의2 제1항). 다만 현물출자하는 자산 중 주식이 있는 경우 증권거래세는 면제되지 아니한다. 또한 피출자법인은 취득세를 75% 감면받는다(지특법 제57조의2 제3항 제3호). 이 취득세 감면 시 감면금액의 20%에 상당하는 농어촌특별세가 과세된다. 적격현물출자가 반드시 부가가치세법상 포괄적 사업양수도로 취급되는 것은 아니고, 부가가치세법상 포괄적 사업양수도 요건에 해당되어야 부가가치세가 면제된다. 적격현물출자라고 하여 대도시 내 부동산 취득에 대한 취득세 중과 및 대도시 내 법인 설립·설치·전입 후 5년 내 자본금 증가에 대한 등록면허세 중과의 적용이 면제되는 것은 아니다. 또한 피출자법인의 설립 시 자본금에 대한 등록면허세는 감면되지 아니한다.

사후관리 요건을 위반한 경우에는 (i) 출자법인의 과세이연된 법인세가 과세되고 (ii) 피출자법인의 감면된 취득세가 추징된다(법인세법 제47조의2 제3항 및 지특법 제57조의2 제3항 제3호). 사후관리 요건의 위반은 사후관리기간 — 법인세의 경우 현물출자일이 속하는 사업연도 말부터 2년간, 취득세의 경우 취득일부터 3년간 — 내에 다음의 사건이 일어나는 경우를 말한다.

(i) 주식보유 요건의 연장: 출자법인의 피출자법인 주식지분율 50% 미만이 되는 경우, 단 부득이한 사유 시 가능

(ii) 사업계속 요건의 연장 : 피출자법인이 승계받은 사업을 폐지하는 경우, 단 부득이한 사유 시 가능

한편 사후관리 요건의 위배에 해당되지 않더라도 현물출자 후에 (기간에 관계없이) 출자법인이 피출자법인 주식을 처분하거나(당기주식처분비율: a) 피출자법인이 출자받은 일정한 자산(감가상각자산·토지·주식)을 처분하는 경우(당기자산처분비율: b), 다음과 같은 산식에 따른 금액만큼 출자법인의 과세이연이 중단된다(법인세법 제47조의2 제2항). 다만 출자법인 또는 피출자법인이 현물출자일 이후 최초의 적격구조조정[15]으로 주식을 처분하거나 자산을 처분하는 경우에는 그러하지 아니한다.

$$\text{과세이연된 금액의 잔액} \times (a + b - a \times b)$$

(4) 현물출자의 방법으로 지주회사 설립·전환 시 유의사항

당장 거액의 세금 부담을 피하기 위해서는 적격현물출자의 요건을 갖추는 것이 중요한 문제가 된다.

물적분할과 비교하여 현물출자는 과세이연의 요건을 충족하기가 일반적으로 더 용이하다. 독립사업 요건과 포괄승계 요건, 그리고 근로유지 요건이 없기 때문이다. 다만 적격현물출자는 적격물적분할에 비교하여 세액감면 및 세액공제의 승계가 허용되지 아니하고, 취득세 감면금액의 20%에 상당하는 농어촌특별세 부담이 있으며, (대도시와 관련된) 취득세 및 등록면허세 중과세가 적용될 수 있기 때문에 세부담이 더 클

---

15) 적격합병, 적격인적분할, 적격물적분할, 적격현물출자, 적격주식의 포괄적 교환·이전, 적격주식의 현물출자를 통한 지주회사 설립.

수 있다.[16]

4. 주식의 포괄적 교환·이전 시 세법상 문제

(1) 개관

주식의 포괄적 교환·이전은 상법 제360조의2 및 제360조의15에서 각각 규정하는 기업구조 재편거래이다. 거래의 실질은 주주가 보유하던 주식을 다른 법인에 현물출자하는 것과 유사하나, 주식의 포괄적 교환·이전을 실행하면 완전모회사와 완전자회사가 나타난다는 특징이 있다 (완전모회사가 기존 법인인 경우 포괄적 교환, 신설법인인 경우 포괄적 이전). 이하에서는 특별한 설명이 없는 경우 주식의 포괄적 교환을 전제한다.

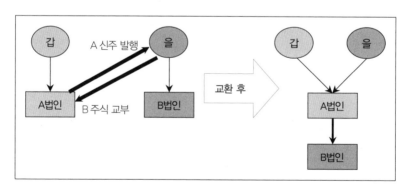

〔그림 3〕

---

16) 법인이 그 사업을 분리하여 지주회사로 전환 시 물적분할과 현물출자 중 어느 방안으로 할 것인지에 관하여는 세효과 외에도 법률상 효과를 고려하여 선택하여야 한다. 예를 들어 물적분할은 분할법인과 분할신설법인의 연대책임을 배제하기 위해서는 채권자보호절차가 필요하나 현물출자는 채권자보호절차가 필요하지 아니하다. 주식회사의 현물출자 시 법원의 인가가 필요하고 현물출자가 중요한 영업의 양도에 해당되는 경우 반대주주의 주식매수청구권이 인정될 수 있다.

주주 갑이 지배하는 A법인과 주주 을이 지배하는 B법인이 주식의 포괄적 교환으로 A법인이 B법인을 완전지배하도록 하는 주식의 포괄적 교환 거래의 사례는 다음과 같다(〔그림 3〕 참조).

(2) 비적격주식의 포괄적 교환 시 세효과

1) 완전모회사(A법인)

완전모회사가 취득하는 완전자회사 주식의 세무상 취득가액은 교환 당시의 세법상 시가로 인식한다(법인세법 시행령 제72조 제2항 제7호).

완전모회사는 완전자회사의 지방세기본법상 과점주주가 되어 과점주주 취득세를 부담할 수 있다 (완전자회사의 교환 전 과점주주인 을과 교환 후 과점주주인 A법인 사이에 지방세기본법상 특수관계가 있다면 과점주주 취득세가 발생하지 아니할 수 있는데, 이는 사안에 따라 달라진다).

완전모회사는 증가한 자본금의 0.48%에 상당하는 등록면허세를 부담한다. 완전모회사가 대도시 내에 설립·설치·전입된 후 5년 내에 그 자본금이 증가하는 경우에는 세율이 3배 중과될 수 있다.

2) 완전모회사의 주주(갑)

완전모회사의 주주에게는 특별한 세효과가 없다.[17]

---

17) 다만 주식의 교환비율을 불공정하게 하여 갑과 을 사이에 이익분여가 있는 경우로서 갑과 을이 세법상 특수관계인인 경우, 갑 또는 을에게 법인세(법인주주인 경우 법인세법상 부당행위계산부인) 또는 증여세(개인주주인 경우 상속세 및 증여세법상 증여의제) 문제가 발생할 수 있다.

3) 완전자회사(B법인)

주주가 을에서 A법인으로 바뀌게 될 뿐 완전자회사에게는 특별한 세효과가 없다.

4) 완전자회사의 주주(을)

완전자회사의 주주는 완전자회사 주식을 양도한 것이 되므로 법인주주는 양도손익을 법인세 과세소득에 가감하고 개인주주는 양도소득에 대한 양도소득세를 부담한다. 그리고 주식의 양도인으로서 완전자회사 주식의 양도가액의 0.43%에 상당하는 증권거래세를 부담한다.

(3) 적격주식의 포괄적 교환 시 세효과

다음과 같은 요건을 충족하는 경우 적격주식의 포괄적 교환으로 인정될 수 있다(조특법 제38조 제1항).

(i) 교환일 현재 1년 이상 사업을 계속하던 내국법인 간의 주식의 포괄적 교환일 것

(ii) 완전자회사의 주주가 완전모회사로부터 받는 교환대가 중 완전모회사 주식의 가액이 80% 이상일 것

(iii) 완전자회사의 지배주주에게 완전모회사 주식의 가액 × 지배주주의 완전자회사 지분율 이상의 가액을 완전모회사 주식의 가액으로 교부할 것

(iv) 완전자회사의 지배주주가 교환일이 속하는 사업연도 말까지 완전모회사 주식을 계속 보유할 것(부득이한 사유 시 예외)

(v) 완전모회사가 교환일이 속하는 사업연도 말까지 완전자회사 주식을 계속 보유할 것(부득이한 사유 시 예외)

(vii) 완전자회사가 교환일이 속하는 사업연도 말까지 사업을 계속할 것(부득이한 사유 시 예외)

적격주식의 포괄적 교환 시 완전자회사의 주주(을)는 양도차익에 대한 법인세 또는 양도소득세를 과세이연받고(조특법 제38조 제1항) 증권거래세도 면제받는다(조특법 제117조 제1항 제14호). 완전모회사는 과점주주 취득세를 감면받는데(지특법 제57조의2 제5항 제7호) 그 감면율은 85%로 제한된다. 이 취득세 감면 시 감면금액의 20%에 상당하는 농어촌특별세가 과세된다. 또한 완전모회사의 자본금 증가에 대한 등록면허세는 감면되지 아니하고, 적격주식의 포괄적 교환이라고 하여 대도시 내 법인 설립·설치·전입 후 5년 내 자본금 증가에 대한 등록면허세 중과의 적용이 면제되는 것은 아니다.

사후관리 요건을 위반한 경우에는 (i) 완전자회사의 주주(을)의 과세이연된 법인세 또는 양도소득세가 과세되고 (ii) 완전모회사의 감면된 과점주주 취득세가 추징된다(조특법 제38조 제2항 및 지특법 제57조의2 제5항 제7호). 사후관리 요건의 위반은 사후관리기간 — 교환일이 속하는 사업연도 말부터 2년간 — 내에 다음의 사건이 일어나는 경우를 말한다.

(i-a) 주식보유 요건의 연장 : 완전자회사의 지배주주가 교환으로 취득한 완전모회사 주식을 50% 이상 처분한 경우, 단 부득이한 사유 시 가능

(i-b) 주식보유 요건의 연장 : 완전모회사가 교환으로 취득한 완전자회사 주식을 50% 이상 처분한 경우, 단 부득이한 사유 시 가능

(ii) 사업계속 요건의 연장 : 완전자회사가 사업을 폐지하는 경우, 단 부득이한 사유 시 가능

(4) 주식의 포괄적 교환의 방법으로 지주회사 설립·전환 시 유의사항

당장 거액의 세금 부담을 피하기 위해서는 적격주식의 포괄적 교환의 요건을 갖추는 것이 중요한 문제가 된다.

물적분할·현물출자와 비교하여 보면, 주식보유 요건이 완전자회사의 지배주주뿐 아니라 완전모회사에게도 적용된다는 점에 유의할 필요가 있다. 다만 물적분할·현물출자 시에는 분할법인·출자법인이 주식을 일부 처분하거나 분할신설법인·피출자법인이 자산을 일부 처분하는 경우 과세이연이 특정 비율만큼 취소되지만, 완전모회사가 완전자회사 주식을 일부 처분한다 하더라도(지분율 50% 미만까지 처분 가능) 완전자회사의 지배주주가 인정받은 과세이연은 취소되지 아니한다는 차이점도 있다.

주식의 포괄적 교환 전에 완전모회사가 될 회사(A법인)가 완전자회사가 될 회사(B법인)의 주식 일부를 미리 취득하여 두는 경우가 있다. 이렇게 하면 완전자회사 주주총회에서 주식의 포괄적 교환의 결의가 통과되기 용이해지고 완전자회사 주주의 주식매수청구권 실행으로 인한 자금 유출을 줄일 수 있는 장점이 있다.

그런데 교환일 전 2년 내에 A법인이 취득한 B법인 주식이 있는 경우 B법인 주식에 대해 A법인이 교환대가를 A법인 주식으로 교부하더라도, 이는 A법인이 교환대가를 금전으로 교부한 것으로 본다(단 A법인이 B법인의 지배주주가 아닌 경우 B법인에 대한 지분율 20%까지는 금전 교부로 보지 아니한다. 조특법 시행령 제35조의2 제5항). 따라서 완전자회사가 될 회사의 주식을 미리 취득하는 경우 이로 인하여 적격주식의 포괄적 교환에 미치는 영향을 고려해야 한다.

5. 주식의 현물출자 등에 의한 지주회사 설립 시 세법상 문제[18]

(1) 개관

과세특례 요건을 충족하는 주식의 현물출자 등에 의한 지주회사 설립의 구조재편거래(이하 "적격지주회사 설립")는 다른 기업구조 재편거래(합병, 인적분할, 물적분할, 현물출자, 주식의 포괄적 교환·이전)와 다음과 같은 점에서 구분된다. 적격지주회사 설립의 과세특례를 충족시키는 별도의 기업구조 재편거래가 존재하는 것은 아니고, 관련 법령에서 정한 유형의 현물출자와 분할(인적분할 및 물적분할)을 이용하여 지주회사 설립·전환을 한 경우에 적용된다. 적격지주회사 설립의 과세특례에서의 중요한 요건은 일련의 기업구조 재편거래를 통하여 공정거래법상 지주회사 또는 금융지주회사법상 지주회사가 되는 것이다. 이는 다른 과세특례에서 찾아볼 수 없는 것인데, 적격지주회사 설립의 과세특례가 해당 법률의 규제를 받는 지주회사로의 전환을 유도하기 위함에 있기 때문이다. 이 때문에 다른 과세특례가 영속적인 것에 비해 적격지주회사 설립의 과세특례에는 적용시한이 있다.

더 중요한 문제로, 적격지주회사 설립의 과세특례에서는 앞에서 살펴본 지주회사 전환 방안인 적격물적분할, 적격현물출자, 적격주식의 포괄적 교환에서는 나타나지 아니하던 이중과세 문제가 발생한다. 여

---

18) 본고에서 서술하는 조특법 제38조의2는 2023. 12. 31.까지 적용되는 과세특례이다. 이 과세특례의 골자는 지주회사를 설립하기 위하여 그가 소유한 주식을 현물출자하는 주주의 양도차익에 대한 법인세 또는 소득세를 그 주주가 지주회사 주식을 처분할 때까지 과세이연받는 것이다. 이에 비교하여 2024. 1. 1.부터 적용되는 과세특례는, 그 주주의 법인세 또는 소득세가 3년 거치 3년 분할납부된다는 점에서 큰 차이가 있다.

기에서의 이중과세 문제란 하나의 재산에 축적된 미실현이익이 두 번 과세되는 것인데, 이에 대하여는 절을 달리하여 살펴보겠다. 그리고 개인이 적격지주회사 설립의 과세특례를 받은 경우에는 관련 재산(지주회사의 주식)을 언젠가는 상속할 수밖에 없을 것인데, 개인에 대한 과세특례가 중단되어 양도소득세가 발생하는지 여부도 중요한 쟁점인데, 이역시 절을 달리하여 살펴보겠다.

한편 이하에서는 이해의 편의를 위하여 특별한 설명이 없는 경우 공정거래법상 지주회사의 설립·전환을 전제한다.

조특법 제38조의2에서 과세특례를 인정하는 유형의 거래는 다음과 같다.

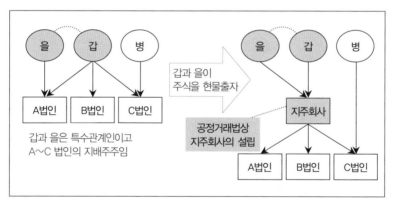

〔그림 4〕

1) 주식의 현물출자(조특법 제38조의2 제1항. 〔그림 4〕 참조)

특수관계에 있는 갑과 을이 공동으로 재산(A~C 법인 주식)을 현물출자하여 지주회사를 설립하는 경우를 예시하였다. 이 경우 특수관계인 간 공동현물출자이므로 앞에서 살펴본 현물출자 과세특례를 인정받기 어렵다. 갑의 단독설립 현물출자라 하더라도 갑이 개인인 경우에는 역시 현물출자 과세특례가 적용되지 아니한다. 그러나 이러한 현물출자가 조특법 제38조의2 제1항의 요건을 충족한다면 적격지주회사 설립의 과세특례가 적용된다.

2) 인적분할로 지주회사 전환 후 주식의 현물출자(조특법 제38조의2 제2항의 유형 중 하나. 〔그림 5〕 및 〔그림 6〕 참조)

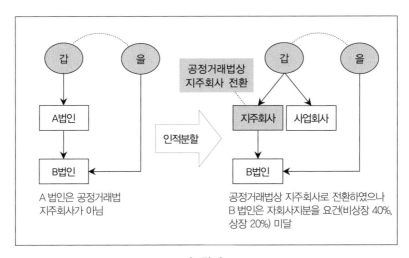

〔그림 5〕

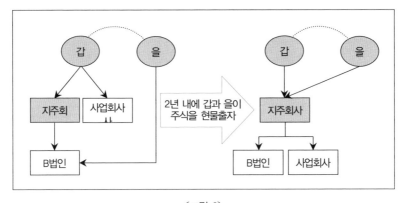

〔그림 6〕

① 인적분할단계([그림 5] 참조)

A법인의 사업부문을 인적분할하여 분할신설법인(사업회사)을 설립하고 분할존속법인은 공정거래법상 지주회사로 전환하였다. 이때의 인적분할은 법인세법상 적격인적분할이었다. 한편 이 지주회사의 B법인(비상장)에 대한 지분율이 40% 미만이어서 B법인은 지주회사의 '지분비율미달자회사'인 상태이다. 참고로, 조특법 제38조의2 제2항에서는 지주회사로의 전환 방법에 대하여 인적분할 외에도 물적분할·현물출자·자기주식교환을 인정하고 있다.

② 주식의 현물출자단계([그림 6] 참조)

전환지주회사가 된 날부터 2년 내에 전환지주회사가 공정거래법상 자회사지분율에 미달하는 지분관계에 있는 법인(이하 "지분비율미달자회사")으로서, (i) 전환지주회사의 분할로 신설·합병되는 법인 및 분할 후 존속하는 법인 주식을 현물출자하는 경우(갑의 분할신설법인 주식 현물출자)와 (ii) 전환지주회사가 될 당시 전환지주회사가 출자하고 있는 법인의 주식을 현물출자하는 경우(을의 B법인 주식 현물출자), 이러한 현물출자가 조특법 제38조 제2항의 요건을 충족한다면 적격지주회사 설립의 과세특례가 적용된다. 이렇게 함으로써 갑의 A법인에 대한 지분율보다 지주회사에 대한 지분율이 더 높아지는바, 최대주주인 갑의 지배력이 강화될 수 있다.

(2) 적격지주회사 설립 시 세효과[19]

1) 주식의 현물출자로 지주회사 설립 시

다음과 같은 요건을 충족하는 경우 적격지주회사 설립으로 인정될

---

19) 조특법 제38조의2 및 조특법 시행령 제35조의3 및 제35조의4.

수 있다.

(i) 내국인 주주가 2023년 12월 31일까지 주식을 현물출자하여 공정거래법상 지주회사를 새로 설립하거나 기존의 내국법인을 지주회사로 전환하는 경우일 것

(ii) 현물출자되는 주식을 발행한 법인의 지배주주가 현물출자일이 속하는 사업연도 말까지 현물출자로 취득한 지주회사주식을 계속 보유할 것

(iii) 지주회사가 현물출자일이 속하는 사업연도 말까지 현물출자로 취득한 자회사 주식을 계속 보유할 것

(iv) 자회사가 현물출자일이 속하는 사업연도 말까지 사업을 계속할 것

적격지주회사 설립 시 주식을 현물출자한 주주는 양도차익에 대한 법인세 또는 양도소득세를 과세이연받는다. 다만 증권거래세는 면제되지 아니한다. 지주회사는 과점주주 취득세를 감면받는데(지특법 제57조의2 제5항 제3호[20]), 그 감면율은 85%로 제한된다. 이 취득세 감면 시 감면금액의 20%에 상당하는 농어촌특별세가 과세된다. 또한 지주회사의 자본금 증가에 대한 등록면허세는 감면되지 아니하고, 적격지주회사 설립이라고 하여 대도시 내 법인 설립·설치·전입 후 5년 내 자본금 증가에 대한 등록면허세 중과의 적용이 면제되는 것은 아니다.

한편 적격지주회사 설립 시 지주회사가 취득하는 자회사 주식의 세무상 취득가액은 현물출자하는 주주의 장부가액으로 인식하고 취득 당시의 세법상 시가와의 차이를 자산조정계정으로 계상한다. 이 점 때문에 이중과세 문제가 발생한다. 이에 대하여는 절을 달리하여 살펴본다.

---

20) 공정거래법상 지주회사의 설립·전환일로부터 3년 이내에 공정거래법상 지주회사의 요건을 상실하게 되는 경우에는 면제받은 취득세를 추징한다.

사후관리 요건을 위반한 경우, 주식을 현물출자한 주주의 과세이연된 법인세 또는 양도소득세가 과세되지는 아니하고,[21] 지주회사가 인식하였던 자산조정계정(즉 현물출자 당시 현물출자 대상주식에 내재된 미실현이익 금액)을 소멸시키고 그만큼 지주회사의 법인세 과세소득을 증가시킨다. 사후관리 요건의 위반은 사후관리기간 — 지주회사 설립·전환일이 속하는 사업연도 말로부터 2년간 — 내에 다음의 사건이 일어나는 경우를 말한다.

(i) 공정거래법상 지주회사에 해당하지 아니하게 되는 경우(관련 법령의 개정으로 지주회사에 해당하지 아니하게 된 경우로서 조특법 시행령 제35조의3 제7항이 정하는 경우 예외)

(ii-a) 주식보유 요건의 연장: 현물출자되는 주식을 발행한 법인의 지배주주가 취득한 지주회사주식을 50% 이상 처분한 경우, 단 부득이한 사유 시 가능

(ii-b) 주식보유 요건의 연장: 지주회사가 취득한 자회사 주식을 50% 이상 처분한 경우, 단 부득이한 사유 시 가능

(iii) 사업계속 요건의 연장: 자회사가 사업을 폐지하는 경우, 단 부득이한 사유 시 가능

---

21) 물론 사후관리 요건 위반사유가 현물출자한 주주가 현물출자 대가로 받은 지주회사주식을 처분하는 경우라면 그 주주는 과세이연된 법인세 또는 양도소득세가 과세될 것이다. 그러나 이는 주식 처분에 따른 효과이고 사후관리 요건 위반에 따른 것은 아니다. 예를 들어 지주회사가 현물출자로 취득한 주식을 발행한 법인이 사업을 폐지한 경우, 현물출자한 주주가 과세이연받은 법인세 또는 양도소득세가 과세되지 아니한다.

2) 현물출자 · 인적분할 · 물적분할로 지주회사 설립 후 주식의 현물
출자 시[22]

다음과 같은 요건을 충족하는 경우 적격지주회사 설립으로 인정될
수 있다.

(i) 현물출자(적격일 필요는 없고 앞 1)에 해당하는 현물출자도 포함), 적
격인적분할, 적격물적분할에 의하여 공정거래법상 지주회사로 전환한 법
인에게 내국인 주주가 2023년 12월 31일까지 주식을 현물출자할 것(지주
회사의 자기주식과 교환하는 것도 허용)

(ii) 현물출자되는 주식을 발행한 법인이 지분비율미달자회사로서,
가) 전환지주회사의 분할로 신설 · 합병되는 법인 및 분할 후 존속하는
법인 주식을 현물출자하는 경우와 나) 전환지주회사가 될 당시 전환지
주회사가 출자하고 있는 법인의 주식을 현물출자하는 경우일 것

(iii) 전환지주회사가 된 날부터 2년 이내에 주식을 현물출자하거나
자기주식교환하는 것일 것

(iv) 자기주식교환의 경우에는 지분비율미달자회사의 모든 주주가 그
자기주식교환에 참여할 수 있어야 하며, 그 사실을 구 조특법 제35조의3
제9항[23]에서 정하는 바에 따라 공시하였을 것

위의 경우 과세특례는 앞 1)에서 정리한 것과 동일하다. 위의 과세특
례의 의의는, 일단 (요건에 맞는 방법으로) 지주회사를 설립 · 전환한 이
후 그 지주회사가 추가로 지분비율미달자회사 주식을 현물출자받을 때,

---

22) 적격인적분할의 요건은 적격물적분할의 요건과 유사하므로(단 분할존속법인의 주주
에게 분할신설법인 주식이 지분율대로 배분되어야 한다는 요건 존재) 본문에서는 추
가로 검토하지 아니한다. 한편 주식의 이전인 주식의 현물출자 시에는 취득세 및 부가
가치세 문제가 없다.
23) 2020.2.11. 대통령령 제30390호로 개정되기 전의 것

그 현물출자자에게 법인세 또는 양도소득세 과세이연과 지주회사에게 과점주주 취득세 감면의 과세특례를 허용하겠다는 것에 있다. 단 주식의 추가 현물출자의 기한은 지주회사로 전환한 후 2년 이내이다.

사후관리 요건에는 앞 1)에서 정리한 것에 '지주회사로 전환한 후 2년이 되는 날까지 지분비율미달자회사의 주식을 공정거래법상 자회사지분율 미만으로 소유하는 경우'가 추가된다. 이 사후관리 요건 위배 시 지주회사는 (자산조정계정 금액만큼 법인세 과세소득에 가산할 뿐 아니라 그러한 가산에 따른) 법인세 증가액에 현물출자일이 속하는 사업연도 말로부터 자산조정계정 금액만큼 가산한 사업연도 말까지의 기간에 1일 0.025%를 곱하여 산정된 이자상당액도 법인세와 함께 납부하여야 한다.

(3) 적격지주회사 설립의 방법으로 지주회사 설립 · 전환 시 유의사항

1) 현물출자자와 지주회사의 이중과세 문제

이해의 편의를 위하여 A법인이 과거에 100에 취득한 X재산의 시가가 현재 140으로 상승한 상황을 가정한다. A법인이 X재산을 지금 매각하면 40의 양도차익에 대해 법인세를 부담할 것이다.

① 물적분할과 현물출자: 이중과세 문제 없음

물적분할을 이에 대입하여 보면, A법인이 X재산을 비적격물적분할하면 40의 양도차익에 대한 법인세를 부담한다. 대신 분할신설법인은 X재산의 취득가액을 시가인 140으로 인식하기 때문에 분할신설법인이 X재산을 140에 매각하면 법인세가 없다. 즉 비적격물적분할을 하여도 전체적인 세부담에 차이가 없다.

적격물적분할의 경우 A법인은 분할신설법인 주식의 취득가액을 100으로 인식한다. 즉 40의 양도차익에 대해 과세이연을 받는 것이다. 이 경우에도 분할신설법인은 X재산의 취득가액을 시가인 140으로 인식한다. 미래에 A법인이 분할신설법인 주식을 140에 매각한다면, A법인은 40만큼 과세된다. 미래에 분할신설법인이 X재산을 140에 매각하면 A법인에게 (분할신설법인 주식을 처분하지는 않았지만) 그 시점에 40만큼 과세되면서 A법인의 분할신설법인 주식의 취득가액이 40만큼 증가된다. 따라서 A법인이 그 이후에 분할신설법인 주식을 매각하여도 40에 대해서는 과세되지 아니한다.

즉 적격이든 비적격이든 40의 가치증가분이 A법인과 분할신설법인 둘 다에게 과세되지는 아니하고, A법인에게만 과세된다. 적격물적분할을 하여도 전체적인 세부담에 차이가 없고, 다만 적격물적분할의 혜택에 따라 A법인이 과세되는 때가 이연된다. 이는 현물출자의 경우도 마찬가지다. 비적격현물출자든 적격현물출자든 40의 가치증가분은 A법인에게 (지금 또는 미래에) 과세된다.

물적분할과 현물출자의 경우 이중과세 문제가 없는 이유는, 적격이든 비적격이든 X재산을 취득하는 자(분할신설법인 또는 피출자법인)가 X재산의 취득가액을 그 취득시점(물적분할 시 또는 현물출자 시)의 시가인 140으로 인식하도록 관련 법령에서 규정하고 있기 때문이다.

2010년 1월 1일 기업구조재편에 관한 과세특례가 전면 개정되었을 당시에는 적격물적분할 시 분할신설법인이 취득하는 X재산의 취득가액을 분할법인의 취득가액으로 하고 비적격물분할 시에는 취득시점의 시가로 하도록 관련 법령이 규정하고 있었다(현물출자의 경우도 마찬가지였다). 이로 인하여 비적격으로 하는 경우 오히려 이중과세의 문제가 발생하지 아니하였다(대신 분할법인에게 양도차익에 대한 법인세가 곧바로 과세되었다).

정부는 적격물적분할과 적격현물출자 시 이중과세 문제가 발생하는
것을 해소하기 위하여 2012년 2월 2일에 비적격이든 적격이든 X재산을
취득하는 자의 취득가액은 취득시점의 시가로 인식하도록 관련 법령을
개정하였다.[24]

② 주식의 포괄적 교환·이전: 이중과세 문제 없음

앞에서 가정한 상황을 주식의 포괄적 교환·이전에 대입하여 보면,
A법인이 보유한 재산이 X법인 발행주식인 경우이다. A법인은 X주식을
완전모회사가 되는 회사에게 이전하고 그 대가로 완전모회사 주식을
교부받는다. 비적격이라면 A법인에게는 40만큼 과세되고 A법인은 완전
모회사 주식의 취득가액을 140으로 인식한다. 한편 완전모회사는 X주식
의 취득가액을 140으로 인식한다. 적격이라면 A법인은 완전모회사 주식
의 취득가액을 100으로 인식하고 40에 대해서는 과세이연을 받으며, 완
전모회사는 비적격의 경우와 동일하게 X주식의 취득가액을 140으로 인
식한다. 즉 주식의 포괄적 교환·이전의 경우에도 이중과세 문제는 발
생하지 아니한다.

주식의 포괄적 교환·이전에 대한 과세특례는 기업구조재편에 관한
과세특례가 전면 개정되었을 당시인 2010년 1월 1일에 신설되었지만,
최근까지도 이 이중과세 문제는 해결되지 아니하였다가, 정부는 2017년
12월 19일에 조특법 제38조를 개정하여 이 이중과세 문제를 해소하
였다.[25]

24) 기획재정부, 2011 간추린 개정세법, 2012, 93면.
25) 기획재정부, 2017년 세법개정안, 2017, 125면.

③ 주식 현물출자에 의한 지주회사 설립: 이중과세 문제 발생할 수
  있음

적격지주회사 설립의 경우를 보면, A(법인 또는 개인)가 X주식을 지주
회사에 현물출자하는 경우, A는 그 대가로 받은 지주회사주식의 취득가
액을 X주식 취득가액과 동일하게 100으로 하여 과세이연을 받고, 지주
회사는 X주식의 취득가액을 (사실상) 100으로 인식한다. 이렇게 하면,
A가 나중에 지주회사주식을 팔 때 40이 과세될 것이고, 마찬가지로 지
주회사가 나중에 X주식을 팔 때에도 40이 과세된다. 즉 40의 이익이 A와
지주회사 각각에 과세되는 결과가 나타날 수 있다(비적격으로 하면 A가
당장 세금은 부담하지만 지주회사가 X주식의 취득가액을 그 시가인 140으로 인
식하게 되므로 이중과세 문제는 없다).

적격지주회사 설립에 대하여만 이중과세 문제가 존재하는 이유에 관
하여, "조특법 제38조의2가 장려하는 지주회사 체제로의 전환은 기업집
단의 경제적 실질에 변화가 없이 겉껍질만 바뀌는 것이므로 지주회사
의 주주가 된 자이든 지주회사가 된 법인이든 각자가 보유하는 주식을
처분하지 않는 것이 자연스러운바, 이중과세 문제가 있다 하더라도 주식
처분이 없을 것이므로 문제가 현실화되지 아니한다"라는 견해가 제기될
수 있어 보인다. 이에 대하여 "다른 유형의 기업구조 재편거래에서는 이
중과세 문제를 해소하였는데 적격지주회사 설립에 대하여만 이중과세
문제를 놓아 두는 것은 조세이론 관점에서 합리적이지 못하고 그렇게
할 필요성도 약하다"라는 반론도 가능하다. 물론, 2024. 1. 1. 이후 현물
출자분부터는 지주회사가 현물출자 또는 자기주식교환으로 취득한 주
식의 가액을 장부가액으로 한다는 규정(구 조특법 제38조의2 제3항[26])이

---

26) 2019.12.31. 법률 제16835호로 개정되기 전의 것

삭제되어 이중과세 문제는 해소된 것으로 보인다.

2) 개인 현물출자자의 지주회사주식 상속 시 양도소득세 과세 여부

논의의 편의를 위하여, A개인이 과거에 100에 취득한 X주식을 지주회사에 현물출자할 때 X주식의 시가는 140이고, 적격지주회사 설립 후 사후관리기간(최소 2년에서 최고 3년)이 경과한 상황을 가정한다.

조특법 제38조의2 제1항은, A개인의 양도차익 40에 대하여는 "대통령령으로 정하는 바에 따라 그 주주가 해당 지주회사의 주식을 처분할 때까지 양도소득세 또는 법인세의 과세를 이연받을 수 있다"고 규정하고 있다(제2항도 동일한 취지이다).

이때의 '처분'에 상속도 포함되는 것으로 해석한다면 A개인은 상속 시 양도소득세 과세의 이연이 중단되어 양도소득세를 부담하게 된다는 결론으로 이어진다. 이 주장에의 논거로는 (i) '처분'을 재산의 소유권의 변동으로 본다면 상속 역시 '처분'에 포함된다고 할 수 있다는 것과, (ii) 정부 역시 관련 법령의 개정 시 '지주회사 주식의 상속·증여는 처분에 포함하는 것'으로 해석한 바 있다는 것이다.[27] 그리고 (ii) A개인이 X주식을 Y주식과 교환하여 Y주식을 취득한 후 이를 상속하는 경우 X주식의 가치증가분 40에 대해 양도소득세를 부담하고 향후 상속 시 Y주식의 시가에 대해 상속세를 부담하는바, 이 경우와 비교하면 A개인이 지주회사 주식 상속 시 상속세뿐 아니라 양도소득세도 부담하여야 한다는 논거도 있다.

그러나 앞의 논거들은 각각 반박이 가능해 보인다.

(i) 논거에 대하여, 현행 조문의 문리해석상 그렇지 않다거나 현행

---

27) 기획재정부, 2010 간추린 개정세법, 2011, 251면.

조문에 입법 공백이 있다는 반박이 가능하다. 조특법 제38조의2 제1항을 보면 대통령령으로 정하는 바에 따라 지주회사주식을 '처분할' 때까지 양도소득세를 과세이연받는 것으로 기술되어 있다. 우선 '처분할'이라는 표현을 보면 A개인이 적극적인 의사를 가지고 지주회사주식의 소유권을 이전하는 것으로 읽히는바, 지주회사주식의 양도 및 증여는 '처분할'이라는 표현에 포섭되지만, 상속까지 그렇게 해석되는지는 의문이다. 다음으로 대통령령으로 정하는 바에 따라 과세이연받는다는 표현을 보면, 관련 시행령인 조특법 제35조의4 제1항을 보면 주식과세이연금액(=40)에 대하여는 양도소득세를 과세하지 아니하되 그 지주회사주식의 '양도' 시 지주회사주식의 취득가액(=140)에서 주식과세이연금액을 뺀 금액(=100)을 취득가액으로 보아 양도소득세를 과세한다고 규정되어 있다. 다시 말해 A개인이 향후 '양도' 시 취득가액을 낮추는 방식으로 과세이연이 중단된다는 점을 알 수 있다. 그렇다면 법에서 나타난 '처분'은 시행령에서 정한 '양도'로 제한하여 해석해야 한다거나, '양도'의 경우만 규정되어 있을 뿐 상속 및 증여는 관련 규정이 없어 입법 공백 상태라는 주장이 가능하다.

또한 관련 법령을 현실에 대입하여 보면 입법 공백 상태라는 주장이 강화되는 것으로 보인다. 법에서는 양도차익에 대하여 지주회사 주식을 '처분'할 때까지 양도소득세 과세를 이연하는 것으로 되어 있는데, 그렇다면 A개인 상속 시 지주회사주식의 가치가 얼마이든 간에 현물출자 당시 양도차익 40에 대하여만 양도소득세가 과세되는 것인지가 의문이다. 만약 지주회사 주식이 140에서 50으로 크게 하락한 경우에도 40의 양도차익에 대한 양도소득세를 과세하는 것이 타당한지, 반대로 140에서 200으로 상승한 경우 40의 양도차익만 과세하면 된다는 것인지 불분명하다. 또한 적용해야 할 양도소득세 세율은 현물출자 당시인지 아니면 상속 당시인지도 문제된다.

(ii) 논거에 대한 반박으로, 2010년 초 조특법 제38조의2 개정 당시 정부가 상속·증여를 '처분'으로 보았다는 점은 사실이나 사후관리기간 이후 상속·증여가 발생하는 경우 양도소득세가 과세된다는 논거로 자연스럽게 이어진다고 보기에는 무리가 있다. 개정 전 법령에서의 사후관리기간은 무제한이었고 이 사후관리기간 동안 상속·증여가 발생하면 양도소득세가 과세되는 구조였다. 개정 후 법령에서는 사후관리기간을 2~3년으로 제한하였고 그 기간 동안 '처분'(상속·증여 포함)이 발생하면 사후관리 요건 위배의 효과로서 지주회사에게 자산조정계정을 소멸시키고 과세소득을 증가시키는 세효과가 발생한다. 그러나 A개인의 양도소득세 과세이연 중단은 사후관리 요건 위배의 세효과는 아니고 A개인이 지주회사주식을 '처분'했을 때의 세효과인데, 관련 시행령을 보면 '양도'의 경우만을 규정하고 있을 뿐이다.

(iii) 논거에 대한 반박으로, 일반적인 주식교환 후 주식 상속의 경우와 비교하면 양도소득세 일실이 있는 것은 사실이나, 다른 유형의 기업구조 재편거래와 비교하면 다른 양상이 발생한다. A개인이 X주식을 보유하던 중 X법인이 Y법인에 흡수합병된 경우,[28] 적격합병이라면 A개인에게는 X주식의 가치증가분에 대해 배당소득으로 과세되지 아니한다. 이후 A개인이 사망하여 Y주식이 상속되는 경우 합병 당시 과세되지 아니하였던 배당소득세가 다시 과세되는 것은 아니고, Y주식의 가치에 대한 상속세만 부담한다. 이 경우와 비교하면, 적격지주회사 설립 시 A개인이 과세이연 받았던 양도소득세를 A개인 사망 시 부과해야 할 타

---

28) 이후 합병법인이 X 사업과 Y 사업을 각각 물적 분할하면 A 개인이 보유한 Y 주식(합병법인주식)은 지주회사 주식이 된다.

당성에 의문이 든다.

하지만 대법원 및 조세심판원은 과세이연된 지주회사 등의 주식이 상속·증여되는 경우에는 기업구조조정 촉진이라는 목적이 상실되었을 뿐만 아니라 현물출자된 주식에 대한 간접적 소유·지배가 더 이상 존재하지 않으므로 원칙으로 돌아가 기존에 과세이연된 양도차익을 과세하는 것이 합리적이라는 점에서 양도소득세 과세대상으로 판시하였다.[29] 물론 과세이연된 주식의 상속이 주식의 처분에 해당하지 않는다고 판단한 판례가 존재하지만,[30] 피고의 항소결과 화해 종결되었다는 점에서 향후 보완이 필요해 보인다.

III. 지주회사 운영단계에서의 세법상 문제

1. 들어가며

지주회사 운영단계에서 중요한 문제는 자회사가 벌어들인 소득에 대한 법인세 이중과세와 지주회사와 자회사 간 거래의 세무처리이다. 전자에 관하여는 법인이 자회사로부터 배당을 받을 때의 과세특례와 법인세 연결납세 제도를 검토한다. 후자에 관하여는 기업집단 내부거래 시의 조세 문제와 내재부가가치세 문제, 일감몰아주기 증여의제를 검토한다.

---

29) 대법원 2015.8.13. 선고, 2015두40569 판결, 조심2021서1424, 2021.08.11, 조심2018서 0756, 2018.12.06
30) 서울행정법원 2019.12.13. 선고 2019구합57817 판결

2. 자회사 소득에 대한 법인세 이중과세의 세법상 문제

(1) 배당소득 익금불산입 과세특례

법인이 다른 법인에 출자하여 그 다른 법인으로부터 배당을 받는 경우, 그 다른 법인의 배당 재원에 대하여는 법인세가 이미 과세되었기 때문에 그 다른 법인으로부터의 배당소득에 대해 위 단계의 법인에게 법인세를 다시 과세한다면, 이는 하나의 소득(투자대상법인의 과세소득)에 법인세가 이중으로 과세되는 문제가 발생한다.

〈표 1〉 익금불산입비율

구분	투자대상 법인	지분율	익금불산입비율
지주회사	주권상장법인	40% 이상	100%
		40% 미만~30% 이상	90%
		30% 미만	80%
	비상장법인	80% 이상	100%
		80% 미만~50% 이상	90%
		50% 미만	80%
일반법인	주권상장법인	100%	100%
		30% 이상	50%
		30% 미만	30%
	비상장법인	100%	100%
		50% 이상	50%
		50% 미만	30%

이를 해소 내지 경감하기 위하여 법인세법은 법인이 다른 법인으로부터 받는 배당의 전부 또는 일부를 법인세 과세소득에서 차감(이른바

익금불산입)하는 과세특례(이하 "배당소득 익금불산입 과세특례")를 두고 있다.[31] 배당소득 익금불산입 과세특례는 특정 법률의 규제를 받는 지주회사와 일반법인의 취급이 다르다. 또한 투자한 법인에 대한 지분율이 낮은 경우 이중과세 문제가 완전히 해결되는 것은 아니고, 지분율이 충분히 높은 경우라 하더라도 배당을 수령하는 법인에 차입금이 있으면 이중과세 문제가 완전히 해결되는 것은 아니다.

공정거래법상 지주회사, 금융지주회사법상 지주회사, 기술의 이전 및 사업화 촉진에 관한 법률에 따른 공공연구기관 첨단기술 지주회사, 그리고 산업교육진흥 및 산학연협력촉진에 관한 법률에 따른 산학연협력 기술지주회사로서 각 법률에 따라 지주회사로 신고된 법인(이하 이 항목에서 "지주회사")이[32] 일정한 지분율 요건을 충족하는 법인(이하 이 항목에서 "자회사")로부터 배당을 받는 경우 그 지주회사의 배당소득에 법인세가 과세되지 아니하는 비율(이하 "익금불산입비율")을 곱한 금액만큼 그 지주회사의 법인세 과세소득에서 차감한다.

그리고 지주회사가 아닌 일반법인이 다른 법인으로부터 받는 배당소득에 대하여도 익금불산입비율을 곱한 금액만큼 그 법인의 법인세 과세소득에서 차감한다. 이때 지주회사이기는 하나 그 다른 법인이 (일정한 지분율 요건에 미달하여) 자회사가 아닌 경우에도 그 지주회사는 일반법인과 동일한 익금불산입비율만큼 과세소득에서 차감되는 과세특례를 받는다.

---

31) 법인세법 제18조의2 및 제18조의3.
32) 각 사업연도 말 현재 각 법률에 따른 지주회사로 신고된 법인을 의미한다. 다만 해당 사업연도 말 현재 각 법률에 따른 지주회사 신고기한이 도래하지 아니한 자가 해당 사업연도에 대한 법인세 과세표준 신고기한(사업연도 말로부터 3개월)까지 각 법률에 따른 지주회사로 신고한 경우에는 지주회사로 본다(법인세법 시행령 제17조의2 제1항).

익금불산입비율은 앞의 〈표 1〉과 같다.

다만 지주회사 또는 일반 법인이 차입금에 대한 이자를 지급하는 경우 익금불산입된 배당금 전부 또는 일부에 대하여 익금불산입이 되지 아니한다. 그 금액은 다음과 같다(단 아래 금액이 익금불산입 금액보다 큰 경우에는 0으로 본다).

익금불산입 제외금액 = 이자 × (각 자회사등 주식 장부가액 적수 × 각 자회사등에 적용된 익금불산입비율) ÷ 재무상태표상 자산총액 적수

또한 자회사이든 일반 법인이든 배당을 지급하는 법인의 주식을 배당 기준일 현재 3개월 이상 보유하는 주식을 기준으로 익금불산입 과세특례가 적용된다는 점에 유의하여야 한다.

(2) 법인세 연결납세[33]

법인세 연결납세는 모회사와 자회사가 사실상 단일의 경제적 실체로 취급될 수 있는 경우 그 실질에 따라 모회사와 자회사를 하나의 과세 단위로 보아 법인세 과세소득을 통산하여 법인세를 신고·납부할 수 있도록 하는 제도이다.

법인세법은 연결납세의 적용 요건으로 '완전지배'를 두고 있다. (일부 예외는 있으나) 모회사는 지분율 100%인 자회사(이하 "완전자회사". 이하 완전자회사를 완전지배하는 회사를 "완전모회사")들을 대상으로 연결납세를 적용받을 수 있다. 이때 완전자회사가 둘 이상인 경우 일부만 선택

---

33) 법인세법 제76조의 8~제76조의 22.

하여 연결납세를 하는 것은 허용되지 아니한다. 즉 하나의 완전모회사(다른 법인으로부터 완전지배를 받는 법인은 완전모회사가 될 수 없다)가 직간접적으로 100% 지배하는 완전자법인 모두가 연결납세의 대상이 되어야 한다.

법인세 연결납세하에서는 완전자회사의 과세소득에 대한 법인세 이중과세가 제거된다. 구체적으로 각 연결법인은 각자의 연결사업연도소득을 산정하고 다음 단계로 연결조정항목을 제거하는데, 이때 앞 (1)에서 살펴본 배당소득 익금불산입금액을 각 법인의 과세소득에 가산한다. 다음 단계에서 연결법인 간 거래손익을 조정하는데, 이 단계에서 연결법인 간 배당소득 전액을 익금불산입한다. 결과적으로 완전모자회사 간 수수된 배당금에 대하여는 법인세가 과세되지 아니하게 된다.

그러나 법인세 연결납세 선택 여부를 판단할 때에는 배당소득에 대한 이중과세가 조정된다는 장점 외에도 다른 세효과들을 고려할 필요가 있다. 예를 들어 연결법인 간 자산양수도가 있는 경우 그 양도손익은 이연되지만, 그 양수도거래 자체에 대하여는 법인세법상 부당행위계산부인은 여전히 적용된다. 일부 연결대상회사가 결손인 경우 그 결손금을 다른 연결대상회사의 소득에서 공제받을 수 있지만, 그 요건이 까다롭고 어떤 결손금은 연결그룹에 포함된 이후에도 계속하여 공제받기 어려울 수도 있다. 그리고 2018년부터는 법인세 과세소득 3,000억 원 초과분에 대하여 27.5%(지방소득세 포함)가 적용되는데, 법인세 연결납세를 적용하면 연결그룹 전체의 과세소득이 통산되는바, 이 최고세율 구간의 적용을 받는 과세소득이 증가할 수 있다는 문제도 있다.

3. 기업집단 내부거래 시 세법상 문제

지주회사는 기업집단의 최상위 지배회사로서 지주회사와 자회사들은 하나의 경제적 실체를 구성한다. 지주회사는 기업집단 전체의 효율성을 도모하기 위하여 자회사들의 경영을 지원하는 공통업무(법무, 재무, 회계, 인사, 그룹상표권 관리, 경영 관리 등)를 담당하기도 한다. 이 경우 기업집단 내에서의 거래, 즉 내부거래가 발생한다. 그런데 지주회사와 자회사들은 일반적으로 세법상 특수관계인에 해당한다.[34] 따라서 기업집단 내부거래에 대하여는 세법상 문제가 없는지 면밀한 검토가 필요하다.

세법상 특수관계에 있는 A법인과 B법인 사이에, A법인이 A법인과 B법인 모두를 위하여 업무를 수행하면서 관련 비용도 A법인이 모두 부담한 경우, 세무상 처리에 관하여는 (i) A법인이 B법인을 위하여 용역을 제공한 것(이하 "용역거래구조")으로 볼 수도 있고 (ii) A법인과 B법인이 공동으로 업무를 하고 그 비용을 분담한 것(이하 "공동경비구조")으로 볼 수도 있다. 전자는 법인세법상 부당행위 계산부인(제52조) 적용대상으로서, 지주회사는 법인세법상 시가인 용역대가를 자회사로부터 받으면 될 것이다. 후자는 법인세법상 공동경비(제26조 제4호) 적용대상으로서, 공동경비를 법인세법에서 정한 비율대로 안분하면 될 것이다(법인세법은 여러 비율을 정하고 있는데,[35] 이하에서는 논의의 편의상 직전 사업연도

---

34) 지주회사는 자회사의 경영에 대하여 사실상 영향력을 행사하고 있다고 인정될 수 있기 때문에, 이로 인하여 법인세법상 특수관계가 형성된다(동법 시행령 제87조 제1항 제1호). 만약 공정거래법상 기업집단이라면 각 계열사는 법인세법상 특수관계인이 된다(법인세법 제7호).
35) 법인세법 시행령 제48조에 따르면, 법인세법상 특수관계인 간 공동경비 안분비율은 (공동출자라면 출자금액비율이고) 직전 사업연도 또는 해당 사업연도의 매출액과 총

매출액 기준으로 안분하는 것으로 한다).

　그런데 문제는, 현실에서는 용역거래구조와 공동경비구조를 명확히 구분하기 어렵다는 점에 있다. 예를 들어 지주회사가 10인으로 구성된 회계팀을 운영하는데 이 회계팀은 지주회사의 회계업무도 담당하지만 그중 5인은 5개 자회사의 회계업무도 같이 수행하는 경우, 지주회사가 회계팀 관련 비용을 어떻게 정산하는 것이 세법상 문제가 없을까? 자회사에 회계담당 인력이 없다면 지주회사가 각 자회사에게 (회계업무라는) 용역을 제공한 것일까? 만약 자회사별로 1인의 회계담당 인력이 두어 일정 수준의 업무를 자회사가 자체 처리한다면 기업집단 내 15인의 회계인력을 하나의 회계팀으로 보아 총비용을 정산해야 할까?

　이론적으로는 내국법인이 다른 법인에 대하여 일방적으로 용역을 제공하는 경우에는 그 반대급부를 용역의 제공대가로 보아야 하고, 여러 법인이 공동으로 업무를 수행하면서 각자의 이해관계에 따라 그 비용을 정산하는 경우라면 이를 공동경비의 분담으로 보아야 할 것이다. 그러나 위의 예시에서 본 것처럼 현실적으로 이를 구분하는 것은 어려운 문제이다.

　조세불복과정에서 나타난 선례를 기초로 볼 때, 일반적으로 용역거래구조와 공동경비의 구조는 뒤의 〈표 2〉에서 정리한 특성을 기준으로 구분할 수 있어 보인다.

　그런데 현실적으로는 어떤 요소는 용역대가 구조에 해당하고 다른

　자산가액 중 선택할 수 있고, 선택하지 아니한 경우 직전 사업연도 매출액을 선택한 것으로 본다(선택한 사업연도로부터 연속하여 5개 사업연도 동안 적용). 다만 공동행사비, 공동구매비, 공동광고선전비, 무형자산의 공동사용료는 각기 법령에서 정하는 다른 비율(예를 들어 공동행사비는 참석인원 기준)을 적용할 수 있다.

요소는 공동경비구조에 해당하는 경우가 많다. 따라서 각각의 요소들을 종합적으로 고려하여 어떤 성격이 보다 강한지 여부를 살펴 판단하는 것이 바람직해 보인다.

〈표 2〉

구분	용역대가구조	공동경비구조
조직의 소속	특정 법인에 소속된 인원이 해당 용역을 수행	여러 법인에 소속된 인원이 공동으로 해당 용역을 수행
조직의 관리, 통제, 업무 지시	특정 법인이 해당 조직을 관리, 통제, 업무 지시	공동사업에 참여하는 여러 법인이 공동으로 해당 조직을 관리, 통제, 업무 지시
책임 부담	특정 법인이 모든 책임을 부담	여러 법인이 책임을 분담
용역 수행 장소	특정 법인의 사업장	특정 법인에 속하지 않는 제3의 장소
이윤의 가산	용역의 제공에 따른 이윤을 가산 (법인세법 시행령 제89조 제4항)	이윤을 가산하지 않고 발생한 비용을 모두 배분
계약의 존부	용역 제공에 대한 계약을 체결	통상 아무런 계약을 체결하지 않거나 매우 낮은 수준의 비용분담 계약만을 체결
당사자의 인식	별도의 용역을 공급받는다는 양 계약 당사자의 인식이 있음	일방이 용역을 공급한다는 인식이 없음
업무 수행의 목적	용역을 제공받는 법인의 이익 증대	공동조직·사업에 참여하는 여러 법인의 공동의 이익 증대
업무 수행에 따른 효익	용역을 제공받는 법인에 대하여 귀속	용역 제공으로 인한 효익이 여러 법인에 공동으로 귀속

한편 용역대가 구조의 경우, 법인세법상 시가는 유사한 상황에서 발생하는 제3자 간 거래가격(이른바 매매사례가액)이 된다. 그러나 현실적으로 지주회사가 자회사들에게 제공하는 용역에 대한 매매사례가액을 발견하기 어려운데, 이 경우에는 다음의 가액을 세법상 시가로 볼 수 있다 (법인세법 시행령 제89조 제4항 제2호).

해당 용역의 제공에 소요된 원가(직접비 및 간접비) + 그 원가에 당해 사업연도 중 특수관계인 외의 자에게 제공한 유사한 용역제공거래에 있어서의 수익률을 곱한 금액

한편, 2021. 2. 17. 이후 일정 요건을 충족하는 연결납세방식 적용받는 연결법인 간 내부 용역제공거래는 부당행위 계산부인에서 제외된다.[36)]

아울러 용역대가 구조에서는 다음과 같은 세법상 문제를 고려할 필요가 있다(공동경비 구조의 경우 법령에서 비율을 정하고 있어 대가 산정이 용이한 것이 일반적이다).

(i) 사전에 용역계약이 체결되었고, 그 계약의 내용이 경영자문용역의 범위 및 내용을 적절히 설명하고 있는지: 용역 제공 여부를 판단하는 중요한 요소 중 하나는 용역을 제공한 자와 제공받은 자의 인식인바, 당사자 간의 계약이 법률행위 해석의 기본이 된다.

(ii) 용역의 실재성: 용역의 결과물이 용역제공자의 일반업무 수행에서 발생하는 일상적 자료인 경우가 많고, 입증자료의 양이 방대하며, 그 결과물인 자문 내용을 자회사별로 구분하기 어려운 문제가 있다. 용역이 제공된 정황도 고려할 필요가 있다.[37)]

(iii) 청구대상비용의 구분 기준의 적정성: 특정 비용이 바로 특정 계열사를 위하여 발생한 경우에는 문제가 되지 않으나, 인과관계를 따지기 어려운 비용을 계열사별로 배분하는 경우 그 배분대상 비용의 결정과 배부 기준이 주로 문제가 된다.

---

36) 법인세법 시행령 제88조 제1항 제6호 다목 및 같은 항 제7호 단서
37) 예를 들어 자회사에 법무팀·재무팀·인사팀 등이 존재하지 않거나 해당 계열사 규모에 비해 인원이 소수라는 점, 용역을 제공받기 전후 자회사의 비용이 절감되었거나 경영 실적이 상승하였다는 점 등.

(iv) 유사용역 제공거래에 있어서 제3자 수익률의 적정성: 특수관계인 간 거래 시 정상가격 산출 방법(국제조세조정에 관한 법률 제8조)을 준용하여 산정하는 것을 고려할 수 있다.

4. 내재부가가치세 문제

부가가치세는 국내에서 소비되는 부가가치에 대하여 세금을 부과하는 소비세이다. 사업자는 그가 공급한 재화와 용역에 대하여 그 공급가액의 10%에 상당하는 부가가치세(이하 "매출부가가치세")를 공급받는 자로부터 수령하여 국가에 납부하여야 한다. 그리고 사업자는 그가 사업을 하기 위하여 다른 사업자로부터 재화와 용역을 매입하면 그 공급가액의 10%에 상당하는 부가가치세(이하 "매입부가가치세")도 그 다른 사업자에게 지급하고 이후 동일한 금액만큼 국가로부터 환급(또는 공제)받는다. 이 결과 사업자는 자신이 창출한 부가가치, 다시 말해 매출에서 매입을 차감한 가치의 10%를 세금으로 납부하게 된다. 부가가치세가 과세되는 사업을 과세사업이라고 하고 그러한 사업을 하는 자를 과세사업자라고 한다.

여기에서 중요한 점은, 과세사업자는 본인의 사업을 위한 매입에서 발생한 매입부가가치세를 환급받을 수 있다는 것이다. 과세사업자가 아닌 자는(예컨대 최종소비자는) 매입부가가치세를 환급받지 못하기 때문에 매입부가가치세에 해당하는 금액(＝매입금액의 10%)은 그자의 비용이 된다.

한편 부가가치세법은 일부 재화와 용역에 대하여는 부가가치세를 면세하고 있다(제26조). 예를 들어 국민의 복리후생을 증진하기 위한 사업(의료·교육·방송·예술 등)은 부가가치세 면세이고, 공익성이 있는 거래(정부에 공급하는 것)도 면세이다. 또한 부가가치의 생산요소인 토지와 금융업도 면세이다.

부가가치세 면세사업자는 그가 공급한 재화와 용역에 대한 부가가치세가 과세되지 아니한다. 그리고 면세사업을 하기 위하여 다른 과세사업자로부터 재화와 용역을 공급받은 경우 그 공급가액의 10%에 상당하는 매입부가가치세도 과세사업자에게 지급하여야 하지만, 과세사업자의 경우와 달리 면세사업자는 매입부가가치세를 국가로부터 환급받지 못한다. 즉 과세사업자라면 100에 매입할 수 있는 (부가가치세 과세대상인) 재화나 용역을[38] 면세사업자는 110에 매입하게 된다. 면세사업자가 매입부가가치세를 환급받지 못하기 때문에 이는 고스란히 면세사업자의 비용이 되는데, 이 비용을 내재부가가치세(hidden-VAT)라고 한다.

일반적인 지주회사의 경우 내재부가가치세 문제는 발생하지 아니한다. 지주회사가 자회사에게 용역을 100에 공급한 경우, 지주회사는 자회사로부터 110을 받아 10을 매출부가가치세로서 국가에 납부하고, 자회사는 110을 지급하고 10을 매입부가가치세로서 국가로부터 돌려받는다. 그 결과 기업집단 전체로 보면 부가가치세 부담이 없다. 즉 과세사업자로 이루어진 기업집단에게는 부가가치세에 관한 조세중립성이 확보되어 있다.

그러나 금융지주회사를 정점으로 하는 금융기업집단의 경우에는 내재부가가치세 문제가 존재한다. 금융지주회사가 금융자회사에게 제공하는 용역은 주로 금융자회사를 지원하는 업무인데, 이 자체는 금융업이 아니므로, 부가가치세 과세대상이 된다. 따라서 금융지주회사는 금융자

---

38) 과세사업자도 110을 주고 매입하지만 10은 나중에 국가로부터 환급받는다.

회사로부터 110을 받아 10을 매출부가가치세로서 국가에 납부하여야 한다. 그런데 금융자회사는 그 용역을 이용하여 면세사업을 하였으므로 그 용역에 대한 매입부가가치세 10을 국가로부터 환급받지 못한다. 그 결과 금융기업집단 전체로 보면 10만큼의 비용 ─ 내재부가가치세 ─ 이 증가한다. 이로 인하여 면세사업자로 이루어진 기업집단은 지주회사체제로 하여 상호 간 거래를 증가시키보다는 하나의 거대한 법인으로 합병하여 상호간 거래를 모두 내부화시키려는 유인을 가질 수 있다. 즉 면세사업자로 이루어진 기업집단에 대하여는 부가가치세가 조세중립적이라고 보기 어렵다.

특히 금융기업집단의 금융지주회사가 그룹상표권을 소유하고 있을 때의 내재부가가치세 문제가 크다. 그룹상표권의 사용에 대한 대가는 부가가치세 과세거래이고 금융자회사들은 그룹상표권을 면세사업에 사용하고 있기 때문에, 금융자회사들은 그룹상표권 사용대가의 10%에 상당하는 내재부가가치세를 비용으로 부담하게 된다.

5. 일감몰아주기 증여의제

상속세 및 증여세법(이하 "상증세법")은 특수관계법인간 일감을 몰아주는 방법 등으로 수혜법인과 특수관계법인과의 거래비율이 일정 비율을 초과하는 경우 해당 수혜법인의 지배주주 등[39]이 수혜법인의 영업이익을 기준으로 계산한 일정 이익을 증여받은 것으로 의제한다. 이때 상증법상 일감몰아주기에 대한 과세표준은 다음과 같이 계산된다.

---

39) 지배주주 및 그 지배주주의 친족

일감몰아주기 과세표준 = 수혜법인의 세후영업이익 × 일정 <u>특수관계</u> <u>법인거래비율</u> × 일정 주식보유비율

특수관계법인 간의 거래비율에서 과세제외 매출액에는 (i) 「독점규제 및 공정거래에 관한 법률」에 따른 지주회사인 경우로서 수혜법인의 자회사 및 손자회사와 거래한 매출액 (ii) 자회사 및 손자회사가 다른 자회사 및 손자회사와 거래하는 경우 그 거래금액에 지주회사가 수혜법인에 대해 보유하고 있는 지분율을 곱한 만큼의 금액이 포함된다.[40] 결과적으로 지주회사의 지배주주들에게는 일감몰아주기 증여의제 관련하여 일반 수혜회사의 지분을 보유하고 있는 경우보다 높은 세제혜택이 존재한다.

IV. 결론

이상으로 지주회사의 설립 단계와 운영 단계 각각에서의 조세상 쟁점을 간략히 살펴보았다.

지주회사 설립·전환의 경우 각 법인이 처한 상황에 따라 다양한 방법이 나타날 수 있는데, 당장 거액의 세금을 부담하지 않기 위해서는 적격 기업구조 재편거래로 하는 것이 바람직하다. 다만 적격지주회사 설립의 경우에는 이중과세 문제와 개인주주 상속 시 양도소득세 과세 문제가 있다.

지주회사 운영의 경우 자회사 과세소득에 대한 이중과세의 해소가

---

40) 상증세법 시행령 제8항 제4호 및 동법 시행령 제12항 제2호

필요하고, 이를 위한 제도로 배당소득 익금불산입 과세특례와 법인세 연결납세가 있다. 지주회사가 자회사에게 용역을 제공하는 경우 그 사실관계 등을 파악하여 용역대가구조와 공동경비구조의 중 하나를 선택하는 것이 좋다. 아울러 금융기업집단의 내부거래 시 내재부가가치세가 비용으로서 부담이 될 수 있지만, 일감몰아주기 증여의제에 대한 세제혜택이 존재한다.

17

지주회사와 도산

김성용[*]

이 글에서는 지주회사 구조와 관련된 도산법상 몇 가지 논의점에 관하여 살펴본다. 구체적으로는, 우선 책임재산의 분리와 구조적 열후화라는 지주회사 구조의 도산법적 관점에서의 함의를 논하고(I), 지주회사 구조가 성공적인 자본재편에 활용될 수 있는 양상을 검토한다(II). 이어서 실제 도산절차 내에서 발생할 수 있는 몇 가지 쟁점을 살펴본 후에(III), 끝으로 이른바 실질적 합병에 관하여 설명한다(IV).

* 성균관대학교 법학전문대학원 교수

I. 지주회사 구조의 함의

1. 책임재산의 분리

원칙적으로 도산이라는 관념은 분리된 책임재산의 집합인 법인격을 단위로 하여 파악된다. 법률관계의 일방 당사자는 상대방의 채무불이행이나 불법행위가 있는 경우에 그에 따른 손해의 배상을 청구할 권리를 가지게 되는데, 이는 금전채권이다. 손해배상 채권자는 채무자의 책임재산에 추급하여 그 채권액에 상당하는 가치를 취할 자격을 가지는 것이다. 이러한 추급의 일반적인 방식으로 민사법은 책임재산 집합에 속하는 특정한 개별 재산을 청산, 즉 현금화하는 것을 예정하고 있음에 반하여, 도산절차란 모종의 이유로 이를 금지하면서 전체로서의 책임재산을 단일하게 포괄하여 그에 추급하는 과정이라 이해될 수 있다. 이때에 채권자가 추급할 수 있는 책임재산의 범위는 법인격에 의하여 그 한계가 지워지며, 그 너머에 있는 재산은 설령 자연적 의미에서의 동일인에 의하여 지배되고 있다 하더라도 책임재산으로 포섭되지 아니한다.[1]

---

[1] 정확히는, 이러한 제약은 편면적일 수 있다. 즉 책임재산 X에 추급할 수 있는 채권자는 그와 법인격을 달리하는 책임재산 Y에 추급할 수 없지만, Y에 추급할 수 있는 채권자는 X에도 추급할 수 있는 경우가 존재한다. 예컨대 Y가 우리 상법상 조합, 합자조합, 합명회사 또는 합자회사의 책임재산이고, X가 그 무한책임조합원 또는 무한책임사원의 책임재산인 경우가 그러하다. (이러한 편면적 제약까지가 존재하지 아니한다면, 즉 X에 추급할 수 있는 채권자가 Y에도 그리고 Y에 추급할 수 있는 채권자가 X에도 추급할 수 있다면, 이미 X와 Y는 법인격을 달리하는 것이 아니다.) 그렇지만 이 글의 성격상, 여기에서는 이러한 제약이 쌍방향으로 존재하는, 즉 X에 추급할 수 있는 채권자는 Y에, 그리고 Y에 추급할 수 있는 채권자는 X에 추급할 수 없는 전형적인 경우라 할, X와 Y가 공히 주식회사의 책임재산인 경우만을 주로 염두에 두고 논의를 진행하기로 한다.

이는 민사법상 일반적으로 존재하는 제약이지만, 이러한 제약이 실
질적인 함의를 가지게 되는 것은 도산이 배경으로 자리할 때이다. 채무
자의 책임재산이 채권 전부를 금전적으로 만족시키기에 충분한 가치를
더이상 지니지 아니하는 상태, 즉 도산 상태에 빠졌다는, 혹은 그리될
(상당한) 가능성이 있다는 사정이 전제되는 경우에 비로소 그 채무자가
지배하거나, 그를 지배하거나 혹은 그와 더불어 제3자의 지배하에 있는
다른 법인격의 책임재산에 추급하는 것이 허용되지 아니한다는 제약이
채권자의 손실을 결과할 수 있다. 그렇지만 이러한 제약이 채권자에게
반드시 불리하기만 한 것은 아니다. 일단 자발적 거래관계가 전혀 전제
되지 아니하는 일부 불법행위의 경우를 논외로 하면, 잠재적 손해배상
채권자는 사전에 거래 조건을 설정하는 단계에서 이러한 제약에 따른
손실의 위험을 고려함으로써 상당한 정도로 보상을 받을 수 있다. 한편
으로 이처럼 책임재산이 분리됨으로써 다른 채무자에 대한 채권자가
채무자의 책임재산에까지 추급하는 상황이 방지될 수 있다.

채권자 C_X와 C_Y가 각각 채무자 D_X의 책임재산 X와 D_Y의 책임재산
Y에만 추급할 수 있는 경우와 공히 양 책임재산 모두에 추급할 수 있는
경우 중에 어느 것이 사회적으로 효율적인지, 그리고 누구에게 유리한
지는 상황에 따라 다를 것이다. 다만 C_X는 X에만, 그리고 C_Y는 Y에만
추급할 수 있던 상황에서 양자가 공히 양 책임재산에 추급할 수 있는
상황으로의 사후적 변경은, 무엇보다 그처럼 중대한 변경의 가능성까지
를 사전에 제대로 고려할 수는 없었을 관련 당사자들에게 불측의 위험
을 야기한다는 점에서, 그와는 반대 방향으로의 변경만큼이나 비효율적
일 가능성이 크다. 이러한 비효율의 방지는, D_X와 D_Y가 사업을 결합하
는 거래를 하는 경우에, 예컨대 양 회사가 합병을 하지 아니하고, 지주
회사 D_H가 양 회사의 발행주식을 보유하는 구조를 취하는 중요한 이유

중의 하나일 수 있다. 즉 지주회사 구조는 단일한 지배하에서 분리된 책임재산을 유지할 수 있게 하는 것이다.

우리 상법이, 분리된 책임재산이 결합되는 효과를 낳는 합병의 경우에는 채권자보호절차를 거칠 것을 요구하는 것과 달리,[2] 책임재산의 분리가 유지되는 기업결합의 경우에는 이를 요구하지 아니하는 것은 이러한 맥락에서 이해될 수도 있다. 예컨대 D_X가 주식의 포괄적 이전에 의하여 지주회사 D_H의 완전자회사로 되고, 이어서 D_Y가 주식의 포괄적 교환에 의하여 D_H의 완전자회사로 되는 경우에, D_X나 D_Y는 물론이고, D_H도 채권자보호절차를 거칠 필요는 없는 것이다. 그렇지만 이러한 처리의 타당성에 의문의 여지가 없는 것은 아닌데, 이에 관하여는 아래에서 따로 살피기로 한다.[3]

2. 구조적 열후화

(1) 개요

지주회사가 차입한 자금을 자회사 발행주식을 취득하는 데 투입한 경우를 생각하여 보자. 이 경우에 자회사의 자산은 궁극적으로 그 주주

---

2) 기실 합병의 경우에, 합병 당사회사의 채권자에게 민법상의 채권자취소권에 기하여 사후적으로 사해적인 합병의 취소를 구하거나 사전적으로 그 유지를 구할 수 있도록 하는 데 그치는 것이 아니라, 사해행위에의 해당 여부를 묻지 아니하고 항상 채권자보호절차를 거칠 것까지를 굳이 요구하고 있는 이유가 무엇인지는 분명치 아니하다. 다만 전통적인 주식교환방식의 합병과 달리, 현금합병의 경우에는 실질적으로 소멸회사의 주주에게 배당가능이익의 분배를 넘어서 출자를 환급하는 효과가 발생할 수도 있다는 점에서, 자본감소의 경우에 채권자보호절차를 거칠 것을 요구하는 것과의 균형상, 채권자보호절차를 거치도록 하는 것이 정당화될 여지가 오히려 더 클 수 있을 것이다.

3) 아래 I.2.(2)에서의 논의 참조.

에 대한 분배의 재원이 될 것이고, 위 자금을 대여한 채권자는 지주회
사가 주주로서 자회사로부터 분배받는 재산에 추급할 수 있을 것이다.
그런데 자회사에 대한 채권자는 후순위 청구권자인 주주에 우선하여
자회사의 자산, 즉 책임재산에 추급할 수 있으므로,[4] 결국 자회사의 자
산이라는 변제 재원에 대한 순위에서 지주회사에 대한 채권자는 자회
사에 대한 채권자보다 열후하게 된다. 즉 지주회사 구조는 이러한 구조
적 열후화(structural subordination)를 실행할 수 있게 하는 것이다.[5]

(2) 구조적 열후화와 채권자 보호

구조적 열후화는 지주회사에 대한 채권자에게 분명히 해롭다. 예컨
대 투자회사 D_A가 D_T의 모든 주주에게 보유 주식의 대가로 총액 A 상
당의 현금을 지급하고 D_T에 대한 지배권을 취득하는 거래를 실행하기
위하여, C_A로부터 A 상당을 차입하였다 하자. 이 경우에 D_A가 도구회사
(vehicle) D_I를 완전자회사로 설립하여 A 상당을 대여한 다음에 D_I가 D_T
의 주주에게 A 상당을 지급하고 D_T를 흡수합병하는 구조를 취한다면,

---

4) 이러한 채권자의 주주에 대한 관계에서의 우선권이란 기실 "완전"한 것이 아니다. 채무
자 회사가 청산하는 단계에서는 모든 채권자에 대한 전부 변제가 이루어진 후에 잔여재
산이 있다면 이를 주주에게 분배하는 것이지만, 계속기업으로 존속하는 상태에서는 미
변제 채무의 존재에도 불구하고 이른바 배당가능이익을 주주에게 분배할 수 있기 때문
이다. 배당가능이익의 존재는 일반적으로 채무자 회사가 도산 상태에 있지 아니하다는,
즉 채무자 회사를 지금 청산한다면 그 자산으로부터 모든 채권자가 전부 변제를 받을
수 있다는 것을 전제하지만, 그로부터 모든 채권자가 변제기에 이르러 실제로 전부
변제를 받는 것이 확정적으로 보장되는 것은 아니다. 다만 채권자가 채무자 회사와의
사전 약정 등에 의하여 이러한 주주에의 분배를 상당한 정도로 제약할 수는 있다.
5) 구조적 열후화에 필요한 법인격이 반드시 지주회사이어야 하는 것은 물론 아니다. 그렇
지만 그러한 법인격이 순수지주회사에 가까워질수록 보다 "순수"한 형태의 열후화가
이루어진다고 할 수는 있을 것이다.

C_A는 D_T에 대한 채권자 C_T와 실질적으로 동순위에 놓이게 된다. 반면에, D_A가 직접 D_T의 주주에게 A 상당을 지급하고 주식의 포괄적 교환에 의하여 D_T를 완전자회사로 만드는 구조를 취한다면, C_A는 C_T보다 후순위에 놓이게 된다. 논의의 편의상 D_A의 다른 자산이나 D_A 또는 D_T에 대한 다른 채권자는 존재하지 아니하는 것으로 (또한, 무위험이자율은 0이고, 당사자들은 위험중립적이며, 법인세는 없다고) 가정하면, 이러한 구조적 열후화에 따른 C_A의 손해는 장래에 D_T의 기업가치 E가 A와 C_T의 채권액 B를 더한 금액에 미달하게 되는 경우에 드러난다. 즉 이 경우에 C_A는 전자의 구조를 취하였더라면 $E\{A/(A+B)\}$ 상당을 상환받을 수 있었을 것임에 반하여, 후자의 구조를 취함으로써 그에 미치지 못하는 $E-B$ 상당만을 상환받을 수 있을 것이다.[6] 그런데 장래에 $E < A+B$로 될 가능성은 정(+)의 값을 가지므로, 결국 구조적 열후화는 그 자체로 이미 C_A에게 해로운 것이다.

그러나 우리법상 이러한 구조적 열후화를 사전적으로 금지하거나 사후적으로 그 효력을 부인한다거나 달리 그로부터 채권자를 보호하는 제도가 일반적으로 마련되어 있는 것은 아니다. 예컨대 현금을 지급수단(currency)으로 한 주식의 포괄적 교환은 모회사에 대한 채권자를 완전자회사에 대한 채권자보다 열후하게 하지만, 현금합병에서와 같은 채권자보호절차가 마련되어 있지는 아니하다. 이에 대하여는, 주식의 포괄적 교환 제도를 처음 도입할 당시와 달리, 모회사의 주식만이 아니라 이제 현금도 지급수단으로 허용되는 만큼, 입법론적으로 재고할 필요가

---

6) E가 $A+B$에 미달하는 차액을 $\Delta(>0)$라 하면, $E\{A/(A+B)\}=(A+B-\Delta)\{A/(A+B)\}=A-\Delta\{A/(A+B)\}$이며, $E-B=(A+B-\Delta)-B=A-\Delta$이다. 그렇다면, $A/(A+B)<1$이므로, $E\{A/(A+B)\}>E-B$임을 알 수 있다.

있다는 견해가 있다.[7] 그렇지만 경제적 실질의 측면에서 보자면, 채권자의 열후화는 일반적으로 채무자가 주식과 같이 레버리지(leverage)가 내재된(embedded) 자산을 유상으로 취득하는 경우에는 항상 초래되는 것이다. 물론 다른 회사에 대한 지배권의 취득과 같은 중요한 거래는 달리 보아야 할 측면이 있을 것이나, 주식매매계약이나 공개매수 등의 경우와 달리, 주식의 포괄적 교환의 경우에만 채권자를 보호하여야 할 뚜렷한 이유란 여전히 없다고 볼 수도 있을 것이다.[8]

이처럼 자회사의 기업가치가 장래에 하락하는 경우에 발생할 수 있을 손해로부터 채권자를 일반적으로 보호하는 제도는 없지만, 도산 상태에 있는 지주회사가 자회사 발행주식을 거래 당시 기준으로 고가로 취득하거나 그러한 고가 취득에 따라 지주회사가 도산 상태에 빠지게 되는 경우에는 채권자가 사해행위 취소권을 행사할 수 있을 것이다. 한편으로 채권자는 지주회사가 대출금으로 자회사 발행주식을 취득할 때에 열후화를 초래하는 거래 구조를 선택하지 아니할 것을 대출계약에 미리 약정하여 두는 등의 방법으로 보호를 구할 수도 있다. 반면에 채권자가 자발적으로 구조적 열후화를 감수한 경우라면 원칙적으로 그 보호가 문제로 될 이유란 없을 것이다.

---

7) 송옥렬, 상법강의, 제11판(2021), 1252면 참조.

8) 다른 측면에서는, 채무자가 여러 무담보 채권자 중의 일부에게만 자신의 특정한 재산을 담보로 제공하는 행위가, 그로 인하여 나머지 무담보 채권자가 열후하게 됨에도 불구하고, 기본적으로 허용되고 있다는 점에도 주목할 필요가 있을 것이다. 이러한 담보거래 (secured transaction)가 구조화 금융방식으로 이루어지면 구조적 열후화가 일어나는 것인데, 그렇다면 채권자 보호의 관점에서 양자를 달리 취급할 특별한 이유란 없다고 볼 수도 있을 것이다.

II. 지주회사 구조와 자본재편

1. 지주회사 증권전환형 조건부자본증권

(1) 이론적 배경

도산 상태에 빠진 채무자 회사가 계속기업으로 존속하면서 그 상태로부터 벗어나기 위하여는 부채를 감축하는 자본재편(recapitalization)이 이루어져야 한다. 이러한 자본재편은 아직 도산 상태에까지 이르지는 아니하였지만 그에 이를 위험이 상당히 증가함에 따라, 거래 상대방이 거래를 회피하거나 불리한 조건을 요구하는 등으로 인하여, 계속기업으로의 존속에 현저한 지장이 초래된 경우에도 이루어질 수 있을 것이다. 채무자 회생 및 파산에 관한 법률("현행 도산법")상의 회생절차나 미국 도산법(Bankruptcy Code)상의 재편(reorganization)절차 등은 기본적으로 이를 수행하는 절차라 할 수 있다. 한편으로 이는 채권자와 채무자 회사의 사전 약정에 근거하여 실행될 수도 있는데, 예컨대 자본시장 및 금융투자업에 관한 법률("자본시장법")상의 조건부자본증권이 그러한 약정을 포함하고 있는 것이다.

회사 자산의 감소를 수반하지 아니하면서 그 부채만을 감축하는 자본재편은 회사에 대한 채권을 상각하거나 (채권자처럼 그 보유자가 회사의 책임재산을 구성하는 자산에 개별적으로 추급하는 것이 일반 민사법상으로도 허용되지 아니한다는 의미에서) 그보다 열후한 증권으로 전환하는 것을 필요로 한다. 이에 자본시장법상 조건부자본증권의 경우에도 상각형과 전환형의 두 종류를 인정하고 있는데, 후자는 이를 발행회사의 주식으로 전환하는 것이다. 그런데 지주회사의 자회사가 이러한 전환형 조건부자본증권을 발행한 후에 전환사유가 발생함에 따라 이를 보유하였던 채권자가 자회사 발행의 신주를 취득하게 되면, 자회사의 지배 구조에 변화가 일어난다. 즉 지주회사의 지분이 희석됨에 따라 그 지배력이 감소하고, 경우에 따라서는 더이상 관련법상 지주회사로서의 지위를 유지하지 못하게 될 수도 있을 것이며, 특히 완전지주회사의 경우에는 필연적으로 그 지위를 상실하게 된다. 따라서 이러한 지분의 희석을 방지하면서도 조건부자본증권을 단지 상각하여 버리지는 아니하려면 이를 자회사 발행주식 외의 다른 열후한 증권으로 전환하여야 하는데, 그러한 증권으로 구조적으로 열후한 지주회사 발행의 채권이나 주식을 상정할 수 있을 것이다. 이 경우 지주회사 입장에서는 자본재편된 자회사에 대한 지배력을 그대로 유지하는 것을 대가로 증권을 발행하는 결과로 된다.

(2) 현황

은행법에서는 주권상장법인인 은행지주회사의 완전자회사인 은행(이는 당연히 주권비상장법인이다)이 소정의 전환사유가 발생하는 경우에 은행지주회사의 주식으로 전환되는 조건이 붙은 조건부자본증권인 "은행지주회사주식 전환형 조건부자본증권"을 발행하는 것을 허용하고 있는데, 이는 형식적으로는 전환사유가 발생하면 은행의 주식으로 전환됨과 동시에 그 주식이 은행지주회사의 주식으로 교환되는 구조를 취하고 있다(제33조 제1항 제4호).[9] 이를 발행하려면 은행과 은행지주회사는 각

---

9) 관련 규정상 은행이 발행하는 조건부자본증권이 회계 기준상 부채로 인식되면서 기타 기본자본(additional tier 1 capital, AT1)으로 인정되기 위하여는 당해 은행의 보통주자본(common equity tier 1 capital, CET1) 비율이 5.125% 미만으로 하락하는 경우에

정관으로 정하는 바에 따라 대통령령 소정의 사항을 포함한 주식교환 계약서를 작성하여 은행의 경우에는 이사회 의결, 은행지주회사의 경우에는 이사회 의결과 주주총회 특별결의를 거쳐야 한다(제33조의3 제1항. 다만 발행가액이 은행지주회사 자본총액의 5/100를 초과하지 아니하는 경우에는 주주총회 특별결의를 거칠 필요가 없지만, 은행지주회사 발행주식 총수의 20/100 이상에 해당하는 주식을 가진 주주가 소정의 기간 내에 서면으로 발행에 반대하는 의사를 통지한 경우에는 다시 특별결의가 요구된다(제33조의4 제1항 내지 제3항)). 나아가 은행지주회사의 이사회 의결에 반대하는 주주는 주주총회 전에 서면으로 그 의사를 통지한 경우에 은행지주회사에 대하여 주식매수청구권을 행사할 수 있다(제33조의3 제4항).[10] 한편으로, 은행지주회사가 은행을 더이상 지배(금융지주회사법상 금융지주회사의 요건으로 요구되는 지배를 말한다)하지 아니하게 된 때에는, 주식교환계약서에서 달리 정한 경우를 제외하고는, 그때까지 전환사유가 발생하지 아니한 은행지주회사주식 전환형 조건부자본증권은 전환사유 및 전환조건이 동일한 은행주식 전환형 조건부자본증권, 즉 은행의 주식으로 전환되는 조건부자본증권으로 변경된다(동조 제8항).

　이처럼 상장 은행지주회사의 완전자회사인 은행은 은행지주회사의 주식으로 전환되는 조건부자본증권을 발행할 수 있지만,[11] 그 외의 회사가 모회사인 지주회사의 주식으로 전환되는 조건부자본증권을 발행

상각 또는 전환되는 것이어야 한다. 은행업감독업무시행세칙 별표 3-5 제4호 가목 참조.

10) 신주나 신주로 전환되는 증권을 제3자 배정방식으로 발행하는 다른 많은 경우와 달리, 유독 이 경우에만 이처럼 반대주주에게 주식매수청구권까지를 인정할 이유가 있는지는 의문이다.

11) 그러나 현행 실무상으로는 이러한 은행지주회사주식 전환형 조건부자본증권은 물론이고 은행주식전환형 조건부자본증권조차도 발행되지 아니하는 것으로, 즉 상각형 조건부자본증권만이 발행되는 것으로 알려져 있다.

할 수는 없는 것으로 이해되고 있다.[12) 그리고 지주회사의 주식이 아니라 사채와 같은 다른 증권으로 전환되는 조건부자본증권을 발행하는 것도 현행법상으로는 허용되지 아니한다고 볼 수밖에는 없을 것이다.

2. 지주회사 층위에서의 자본재편

(1) 이론적 배경

현행 도산법상 회생절차와 같은 법정(statutory) 자본재편절차의 진행은 채무자 회사에 여러 비용을 발생시키는데, 그중의 하나는 절차가 진행되는 동안 채무자 회사가 계속기업으로 정상적인 영업 활동을 수행하는 데 상당한 지장이 초래될 수 있다는 것이다. 이는 절차의 종결, 즉 성공적인 자본재편이 이루어질 것인지를 둘러싼 불확실성으로부터 주로 기인할 것이며, 기존에 체결하였거나 신규로 체결하려는 영업상 계약관계의 처리와 관련된 절차적 비효율로부터 비롯될 수도 있다. 또한 절차가 진행중이라는 사실 자체가 야기하는 평판 위험도 있을 것이다. 그렇다면 자본재편이라는 재무 활동으로부터 그 밖의 기업 활동을 격리하는 것이 이러한 비용을 예방하는 하나의 방안이 될 수 있을 터인데, 이에 지주회사 구조가 이용될 수 있다.

이 방안의 핵심은 이익 창출에 필요한 자산을 취득하여 보유하며, 계약을 체결하고 이행하는 등의 투자 및 영업 활동은 자회사가 수행하되, 그에 필요한 자금을 외부 투자자로부터 조달하는 거래는 일단 지주회

---

12) 다만 2023. 7. 1.부터 시행되는 보험업법에서는 상장 금융지주회사의 완전자회사인 보험회사가 "금융지주회사주식 전환형 조건부자본증권"을 발행하는 것을 허용하고 있다(제114조의2 제1항 제3호, 제114조의4).

사 층위에서 이루어지도록 하는 것이다. 지주회사는 이렇게 조달한 자금을 주주 또는 채권자의 지위에서 자회사에게 제공하며, 그에 따라 자회사가 지주회사 외의 외부 투자자에 대하여 직접 채무자로 되는 것은 아니다. 이러한 구조를 취하면, 이후에 자회사 층위에서 손실이 발생하더라도, 그 규모가 지주회사의 자회사에 대한 청구권이 흡수할 수 있는 범위를 넘어서지 아니하는 한, 자회사 자체를 대상으로 회생절차와 같은 법정절차를 진행하여야 하는 부담으로부터 벗어날 수 있는 것이다. 즉 자회사의 손실이 그 자본을 상당히 잠식하여 자본재편이 요구되는 상황에 이르더라도, 지주회사와 자회사의 합의에 따라 필요한 만큼 지주회사의 채권을 상각하거나 자회사의 주식으로 전환하는 것만으로 자회사 층위에서의 자본재편은 실행되어 버리는 것이다. 이때에 자회사의 기업가치를 최대화하기 위하여 자본재편이 요구되는 상황인 한, 그러한 상각이나 전환으로 인하여 경제적 실질의 측면에서 지주회사에게 어떠한 불이익이 발생한다고 보기도 어렵다. 물론 이처럼 자회사의 손실을 흡수함에 따라 지주회사 층위에서 자본재편절차가 진행되어야 할 경우가 있을 것이나, 그에 따른 자회사에의 부정적 영향은 자회사 자체에 대한 법정절차가 진행될 경우보다 현저히 작을 것이다.

(2) 현황

지주회사를 정점으로 하는 기업집단 내에서 외부 투자자로부터 자금을 조달하는 활동은 지주회사가 거의 전적으로 수행하는 체제를 취하는 사례는, 그 주된 동기가 반드시 장래 자본재편의 가능성에 대비하려는 데 있는 것은 아니라 할지라도, 흔히 발견된다. 한편으로 2008년 세계금융위기 이후에 금융체계상 중요한 금융기관(systemically important financial institution. SIFI)이 이른바 'point of non-viability(PONV)'에 이른 경우에 구제금융(bail-out)의 제공 없이 이를 정리(resolution)하는 제도의 수립에 관한 국제적 논의가 전개되면서, 정리절차에 베일인(bail-in) 개념을 도입하는 것과 더불어 금융기관으로 하여금 손실흡수력을 갖춘 증권을 일정 규모 이상 발행하도록 하는 총손실흡수력(total loss-absorbing capacity. TLAC) 규제가 도입되고 있다. 이와 관련하여 특히 이른바 글로벌 시스템적 중요은행(global systemically important bank. G-SIB)의 경우에 본국의 지주회사와 진출국의 자회사관계를 적절하게 규율하려는 차원에서, 외부 투자자에 대한 TLAC 적격 증권의 발행은 지주회사 층위에서만 이루어지고 자회사가 발행하는 내부 TLAC은 지주회사가 인수하여 자회사 층위에서의 손실을 흡수하도록 함으로써, 자회사인 은행은 핵심 기능을 계속하여 수행하고 지주회사만이 정리절차에 들어가도록 하는 제도가 수립되고 있다.[13]

III. 도산절차 내에서의 몇 가지 쟁점

1. 보증행위의 부인

(1) 판례의 입장

확립된 우리 판례에 따르면, "[채무자] 회사가 의무 없이 타인을 위하

---

[13] 예컨대 Financial Stability Board, Guiding Principles on the Internal Total Loss-Absorbing Capacity of G-SIBs('Internal TLAC')(2017. 7. 6) 참조.

여 한 보증 또는 담보의 제공은, 그것이 채권자의 주채무자에 대한 출연의 직접적인 원인이 되는 경우에도, 〔채무자〕 회사가 그 대가로서 경제적 이익을 받지 아니하는 한, … 무상행위에 해당한다고 해석함이 상당하고, 이러한 법리는 주채무자가 소위 계열회사 내지 가족회사라고 하여 달리 볼 것은 아니다." 그런데 "〔채무자〕 회사가 취득하게 될 구상권이 언제나 보증행위의 대가로서의 경제적 이익에 해당한다고 볼 수도 없으며, … 주채무자가 계열회사라는 사정만으로는 주채무자의 경제적 이익이, 곧 보증인인 〔채무자〕 회사의 경제적 이익이라고 단정할 수 없고, 따라서 〔채무자〕 회사가 보증의 대가로서 직접적이고도 현실적인 경제적 이익을 받지 아니하는 한, 그 행위의 무상성을 부정할 수는 없다"(대법원 1999. 3. 26. 선고 97다20755 판결). 또한 "〔채무자 회사〕가 계열회사인 주채무자 회사의 주식을 다량 보유하고 있었다…는 등의 사정만으로는 주채무자의 경제적 이익이 곧바로 보증인인 〔채무자 회사〕의 경제적 이익이라고 단정할 수 없"다(대법원 2009. 5. 28. 선고 2005다56865 판결). 이러한 판시는 피보증인이 보증인의 완전자회사인 사례에서도 되풀이되었다(대법원 2008. 11. 27. 선고 2006다50444 판결). 그렇다면 지주회사가 지급정지나 도산절차 개시신청이 있기 전 6월 이내에 보증료와 같은 직접적이고 현실적인 경제적 이익을 대가로 받지 아니하고 자회사를 위하여 한 보증은, 그 자회사가 완전자회사인 경우에도, 현행 도산법 제100조 제1항 제4호 또는 제391조 제4호 소정의 무상행위에 해당하여 지주회사에 대한 도산절차에서 부인될 수 있다.

(2) 검토

이처럼 보증행위의 무상성 여부를 판단함에 있어 보증인이 보증의 대가로 받는 경제적 이익으로 직접적이고 현실적인 것만을 인정하는 판례의 입장이 타당한지에 대하여는 상당한 의문이 제기될 수 있다. 특히 이른바 하방 보증(downstream guarantee), 즉 모회사가 자회사를 위하여 하는 보증의 경우에는 그에 따라 보증인이 경제적 이익을 취득함이 명백하다. 모회사의 보증에 따라 자회사는 경제적 이익을 취득하게 될 터인데, 그러한 경제적 이익은, 자회사가 도산 상태에 있지 아니한 한, 주주인 모회사에게도 귀속될 것이기 때문이다.

그렇지만 설령 그 무상성이 부정된다 하더라도, 모회사의 보증행위는 항상 부인되지 아니한다고 단정하기란 어려울 수도 있다. 보증에 따라 보증인이 취득한 이익이 그에 따라 부담하게 된 손실 위험에 미치지 못한다면 보증행위가 사해행위를 구성한다고 볼 여지가 있을 것이기 때문이다. 이에 따르면 도산 상태에 빠진 모회사가 완전자회사가 아닌 자회사를 위하여 한 보증은 경우에 따라 여전히 부인될 수 있다. 자회사 층위에서는 이익이 손실을 상회하더라도, 완전모회사가 아닌 모회사에게는 그러한 이익이 전부 귀속되지는 아니하면서 보증채무자로서 손실은 전부 귀속되며, 따라서 모회사 층위에서는 반대로 손실이 이익을 상회할 수 있는 것이다. 그리고 그러할 가능성은 모회사의 지분율이 감소할수록 증가할 것이다.

반면에 이에 따르더라도, 모회사가 완전자회사를 위하여 한 보증은 일반적으로 부인될 수 없을 듯하다. 이 경우에는 이익이 손실을 상회하는 자회사 층위에서의 상황이 모회사 층위에서도 그대로 유지될 것으로 보이기 때문이다.[14] 그렇지만 보다 엄밀한 관점을 취한다면, 심지어

---

14) 미국에서의 논의이지만, 모회사가 완전자회사의 채무를 보증한 경우에는 간접적으로 합당한 대가(reasonably equivalent value)를 받은 것으로 추정하여야 한다는 유력한 견해가 있다. Robert K. Rasmussen, Guarantees and Section 548(a)(2) of the

이 경우에도 여전히 부인의 가능성을 배제할 수는 없을 것이다. 보증채무가 존속하는 기간 동안 자회사가 도산 상태에 빠질 가능성은 항상 존재하는데, 그러한 가능성이 현실화되면 보증에 따라 자회사가 취득하는 경제적 이익은 더이상 주주인 모회사에게 귀속될 수 없게 되어버린다. 그렇다면, 모회사의 보증행위 당시를 기준으로, 자회사가 완전자회사라 하더라도 보증에 따라 취득하는 이익이 전부 모회사에게 귀속될 것으로 기대할 수는 없으며, 그에 따라 모회사 층위에서는 보증에 따른 손실이 이익을 상회하는 경우가 존재할 수 있는 것이다. 다만 이러한 비교 형량을 위하여는 보증채무 존속 기간 동안 자회사가 도산 상태에 빠질 확률을 비롯한 여러 변수의 값을 확정하는 작업이 필요할 터인데, 실무적으로 그러한 작업을 수행할 실익이 있을지는 상당히 의문일 것이다.

2. 차입매수와 부인

지주회사가 차입한 자금을 자회사 발행주식을 취득하는 데 투입한 경우를 다시 생각하여 보자. 예컨대 투자회사 D_A가 C_A로부터 A 상당을 차입한 다음에 D_T의 주주에게 A 상당을 지급하고 그 발행주식 전부를 취득하여 D_T를 완전자회사로 만들었다 하자. 그런데 이어서 D_T로 하여금 자신의 C_A에 대한 A 상당의 상환 채무에 관하여 C_A에게 보증이나 담보를 제공하게 하였다 하자. 이는 우리 실무상 이른바 차입매수(leveraged buyout, LBO)를 실행함에 있어 취하는 거래 구조의 하나일 터

Bankruptcy Code, University of Chicago Law Review 52(1): 194 (1985), 215면 참조. 미국 판례의 입장도 대체로 이와 같다고 한다.

인데, 주로 이 경우 업무상 배임죄가 성립하는 것인지를 둘러싼 논의가 전개되어 왔다.[15] 그런데 이와는 별도로, 이러한 보증행위는 이후 D_T에 대한 도산절차에서 무상행위 혹은 사해행위로 부인될 수 있을 것이다.

보다 흥미로운 사례는 그 과정에서 채권자보호절차를 거친 경우이다. 위의 예에서 D_A가 D_T로 하여금 보증을 하게 한 것이 아니라, 자본감소를 결의하여 A 상당을 D_A에게 환급하게 하였다 하자.[16] 또는 D_A가 도구회사 D_I를 설립하여 D_I로 하여금 C_A로부터 A 상당을 차입하게 한 다음에 D_T의 주주에게 A 상당을 지급하고 D_T를 흡수합병하게 하였다 하자.[17] 이러한 자본감소와 합병의 경우에는 일단 채권자보호절차를 거치게 될 것인데, 이 절차에서 이의를 하지 아니한 채권자 C_T를 해하였다는 이유로 이후 D_T에 대한 도산절차에서 자본감소에 따른 출자의 환급이나 합병을 부인할 수 있을 것인지는 분명하지 아니하다.

---

15) 이러한 구조의 거래가 업무상 배임을 구성하는지에 관한 판례의 입장은 다소 불분명하다. 대법원 2006. 11. 9. 선고 2004도7027 판결, 2008. 2. 28. 선고 2007도5987 판결 및 2012. 6. 14. 선고 2012도1283 판결 등에서는 자회사의 자산을 담보로 제공한 경우에 업무상 배임죄가 성립한다고 보았음에 반하여, 대법원 2015. 3. 12. 선고 2012도9148 판결에서는 자회사 주식을 전부 취득하여 1인 주주가 되었다는 점 등을 이유로 이를 부정하였다. 그러나 담보 제공에 따라 자회사로부터 유출될 위험이 발생한 가액이 배당가능이익을 상회한다면, 실질적으로 채권자보호절차를 거치지 아니하고 기존 주주에게 출자를 환급한 결과로 된다는 점에 주목할 필요가 있을 것이다.

16) 대법원 2013. 6. 13. 선고 2011도524 판결에 따르면 이러한 감자형 LBO의 경우에는 업무상 배임죄가 성립하지 아니한다.

17) 대법원 2010. 4. 15. 선고 2009도6634 판결에 따르면 이러한 합병형 LBO의 경우에도 업무상 배임죄가 성립하지 아니한다.

3. 형평적 열후화

(1) 판례와 현행 도산법의 입장

현행 도산법 제정 이전 회사정리법이 시행되던 시기에 우리 법원은 "정리회사의 부실경영에 책임이 있어 실질적으로는 정리회사에 대하여 손해배상을 부담하여야 하고 감소된 자본을 보충하여야 할 지위에 있는 부실경영 주주에 대하여 그가 정리회사에 대하여 가지고 있는 정리채권 및 구상권을 면제시키고 장차 대위변제에 따라 취득할 구상권을 면제시킴으로써 부실경영 주주의 정리회사에 대한 정리채권 등의 행사나 정리채권 등의 출자전환에 의한 지배를 원천적으로 배제하는 내용의 정리계획이 … 실질적 평등에 반한다고 볼 수 없다"고 판시한 바 있다(대법원 2004. 6. 18.자 2001그132 결정). 이에 비하여 현행 도산법은 채무자와 대통령령이 정하는 범위의 특수관계에 있는 자의 (i) 회생절차개시 전 채무자에 대한 금전소비대차로 인한 청구권과 (ii) 회생절차개시 전 채무자를 위하여 보증인이 된 경우 보증채무로 인한 구상권을 회생계획에서 "다른 회생채권과 다르게 정하거나 차등을 두어도 형평을 해하지 아니한다고 인정되는 경우에는 다른 회생채권보다 불이익하게 취급할 수 있다"고 규정하는데(제218조 제2항 제1호, 제3호), 지주회사와 자회사는 서로 위의 특수관계자에 해당한다(시행령 제4조 제2호 다목, 라목).

이러한 현행 도산법 규정은 이른바 형평적 열후화(equitable subordination) 개념을 입법화한 것이라 할 수 있는데, 회사정리법 시기 판례의 태도와는 미묘한 차이가 있다. 첫째로, 열후화되는 채권의 종류와 관련하여 종전 판례는 별다른 제한을 두지 아니하였음에 반하여, 현행 규정은 이를 금전소비대차로 인한 청구권과 보증채무로 인한 구상권으로 한정하고 있다. 따라서 지주회사와 자회사 사이의 영업상 거래관계에서 발생하는 채권은 적어도 그 문언상으로는 열후화 대상으로 되지 아니한다.[18] 둘째로, 열후화되는 채권자의 범위와 관련하여 종전 판례는 이를 주주로 제한하였음에 반하여, 현행 규정은 특수관계자로 확장하고 있다. 따라서 자회사에 대한 회생절차에서 지주회사의 채권이 열후화될 수 있을 뿐만 아니라, 반대로 지주회사에 대한 회생절차에서 자회사의 채권이 열후화될 여지도 있다. 셋째로, 열후화의 사유와 관련하여 종전 판례는 이를 부실경영 책임으로 한정하였음에 반하여, 현행 규정은 "형평을 해하지 아니한다고 인정되는 경우"라고만 규정함으로써 법원에 광범위한 재량을 부여하고 있다. 특히 형평의 관점에서 허용되어야 한다고 볼 수 있는 경우에 한하여 열후화를 할 수 있는 것이 아니라, 오히려 허용되지 아니한다고 보아야 할 경우를 제외하고는 언제나 이를 할 수 있다는 듯한 입장을 취한 것처럼 보이기도 한다. 그렇지만 단지 특수관계자의 채권이라는 이유만으로 이를 무조건 열후화하는 것이 정당화된다고 볼 수는 없으며,[19] 현행 규정 역시 그러한 처리까지를 허용하고 있는 것이라고는 볼 수 없을 것이다.

---

18) 그러한 채권의 경우에도 "동일한 종류의 권리를 가진 자 사이에 차등을 두어도 형평을 해하지 아니하는 때"에는 평등 취급을 하지 아니할 수 있다는 현행 도산법 제218조 제1항 제4호의 일반조항에 근거하여 열후화가 허용될 여지는 있을 것이다.

19) UNCITRAL, Legislative Guide on Insolvency Law, pt.2, ch. V, para. 48 & pt. 3, ch. II, para. 85 참조. 여기서는 그러한 무조건적 열후화가 특수관계자에 대한 채권자를 해칠 수 있다는 점을 특히 지적하고 있다.

(2) 검토

지주회사와 자회사 사이의 관계에서 이러한 형평적 열후화는 일응 다음의 두 경우에 정당화될 수 있을 것이다. 첫째는, 일방이 도산 상태에 빠지게 된 데에 타방이 기여를 하였다고 인정되는 경우이다. 예컨대 지주회사와 자회사 사이에서 일방에 불리한 자기거래가 이루어졌던 것이 일방이 도산 상태에 빠지게 된 원인 중의 하나라고 인정된다면, 타방의 채권을 열후화하는 방식으로 그에 대한 책임을 묻는 것이다. 종전 판례에서와 같이, 자회사의 부실경영에 책임이 있는 지주회사의 채권을 열후화하는 것도 이에 해당할 것이다. 둘째는, 도산 상태에 빠진 자회사에게 지주회사가 주식뿐만 아니라 채권의 형태로도 투자를 하였는데, 양자 사이의 비중이 과도하게 후자에게 치우쳐 있다고 인정되는 경우이다. 요컨대 자회사의 과소자본이 도산 상태에 빠지게 된 원인 중의 하나였다고 인정된다면, 지주회사가 형식상 채권의 형태로 투자한 것을 그 실질에 있어 출자로 보아 열후화하는 것이다.[20]

IV. 실질적 합병

실질적 합병(substantive consolidation)이란 기본적으로 일반 민사절차에서의 법인격 부인의 법리를 도산절차에 확장하여 적용하는 것이라 할 수 있다.[21] 개별 채권자가 채무자의 책임재산과 일응 분리된 다른

---

20) 김성용, 기업집단과 도산절차, 상사법연구 35권 3호(2016), 54-55면 참조.
21) 김연미, 도산절차에서의 법인격 부인, 외법논집 31집(2008), 88-92면 참조.

책임재산의 집합에 속하는 개별 재산에까지 추급하려는 경우에 동원되는, 양 책임재산이 실질에 있어 분리되지 아니한 하나의 책임재산을 구성한다는 논리를 모든 채권자를 위하여 전체로서의 책임재산에 추급하는 경우에도 적용하려는 것이다. 이에 따라 마치 회사법상 합병이 일어난 것과 유사한 효과, 즉 책임재산 집합이 결합하는 한편으로 그에 추급하는 채권자 집합도 결합하는 효과가 발생한다.

앞에서 언급한 바와 같이[22] 각 채권자가 각 책임재산에만 추급할 수 있었던 상황에서 양자가 공히 양 책임재산에 추급할 수 있는 상황으로의 사후적 변경은 일반적으로 비효율적이다. 그럼에도 불구하고 이러한 변경을 결과하는 실질적 합병이 주장되는 것은 일단 그에 의하여 사적으로는 이익을 얻게 되는 당사자가 존재하기 때문이다. 즉 추급할 수 있는 책임재산의 범위가 확장됨에 따라 자신의 채권이 만족을 얻게 될 가능성이 증가하는 데에 따른 이익이 함께 추급할 수 있는 채권자의 범위가 확장됨에 따라 그러한 가능성이 감소하는 데에 따른 손실을 초과할 것으로 기대되는 채권자의 입장에서는 이를 주장할 유인이 있다. 지주회사와 자회사가 공히 도산절차에 들어간 경우에 양 회사를 실질적으로 합병하자는 주장은 미국 실무에서 흔히 지주회사에 대한 채권자에 의하여 빈번하게 제출되는데, 이는 대체로 지주회사의 부채비율이 자회사보다 높은 한편으로 자회사의 채무에 대하여 지주회사가 보증을 서는 경우도 많기 때문이다.[23]

---

22) 위 "I.1."에서의 논의 참조.

23) 예컨대 2008년 세계금융위기 발생 시에 도산하였던 Lehman Brothers에 대한 미국 도산법상 재편절차에서 가장 적극적으로 실질적 합병을 주장한 측은 그 최상위 지주회사인 Lehman Brothers Holdings, Inc.의 채권단이었다. 그 경과에 관한 상세는, 백재형, 미국 파산법원과 실질적 합병 이론, 성균관법학 24권 1호(2012), 456-464면 참조.

그렇지만 이러한 사적 이익은 실질적 합병에 따라 다른 당사자가 입게 되는 사적 손실에 의하여 상쇄되어 버릴 뿐일 것인 만큼, 일반적으로 실질적 합병이 허용될 수란 없다. 다만 예외적으로 다음의 두 경우에는 실질적 합병이 고려될 수 있을 것이다. 첫째는, 사전적으로 양 책임재산이 단일한 책임재산을 구성하는 것으로 오인되었던 경우이다. 실질적 합병이 비효율적인 기본적 이유는 그것이 양 책임재산이 분리되어 있다는 채권자 일반의 사전적 기대에 어긋나기 때문인데, 그와는 달리 양 책임재산이 결합되어 있다는 기대가 형성되어 있었다면 오히려 실질적 합병을 인정하는 것이 그러한 기대에 부합하는 결과일 수 있다. 물론 개별적인 채권자의 기대는 많은 경우에 상충될 것이지만, 사회적 관점에서 책임재산의 분리가 아니라 결합에 대한 기대가 존중되는 것이 효율적인 경우가 여전히 존재할 수 있다. 둘째는, 사후적으로 양 책임재산을 실제로 분리하기가 어려운 경우이다. 양 책임재산이 법적, 관념적으로는 명백히 분리된 것임에도 불구하고, 채권자 일반의 사전적 기대 또한 그러하였음에도 불구하고, 양 책임재산을 담지한 기업집단을 지배하는 경영자 등이 실제로는 이를 분리하여 관리하여 오지 아니하였을 수가 있다. 이러한 경우에 양자를 구체적, 개별적으로 분리하는 데에 따른 비용이 그에 따르는 이익을 상회한다면 오히려 실질적 합병을 인정하여 그러한 분리를 포기하는 것이 효율적일 수 있다.[24)]

실질적 합병 이론은 미국 실무에서 형성된 것으로, 미국 도산법상 명문의 근거를 가지고 있는 것은 아니다. 다만 미국 도산법은 도산법원에 광범위한 형평법상 권한(equitable power)을 인정하고 있는데(§ 105(a)),

---

24) 실질적 합병에 관한 미국의 대표적 판례인 Owens Corning 판결이 이와 유사한 입장을 취하고 있다. In re Owens Corning, 419 F.3d 195 (3d Cir. 2005) 참조. 또한 UNCITRAL(주 15), pt.3, ch.II, paras. 113-114 참조.

이러한 일반 조항에 근거하여 실질적 합병이 허용될 수 있다고 본다. 이에 반하여 현행 도산법은 이러한 일반 조항도 두고 있지 아니하다. 그렇지만 법인격 부인의 법리가 실정법에 근거하여 전개된 것은 아닌 것과 마찬가지로, 실정법상 근거의 부재에도 불구하고 우리 실무에서도 실질적 합병이 인정될 수 있다는 점 자체를 부정할 수는 없을 것이다. 물론 실제로 이를 인정함에 있어서는 대단히 신중할 필요가 있을 것이며, 아직까지 이를 인정한 사례가 보고된 바도 없다.

찾아보기

편저자 약력

≫ **노혁준**

서울대 법대 법학사, 법학석사 및 법학박사
노스웨스턴대 로스쿨 LL.M.
사법연수원 수료(제25기)
서울지방법원 남부지원 판사
법무법인 율촌 변호사
현 서울대 법학전문대학원 교수

주요 저서

회사법(제7판)(2023. 공저)
증권불공정거래의 쟁점 1, 2 (2019. 공편)
신탁법의 쟁점 1, 2 (2015. 공편)
회사분할의 제문제 (2013. 편저)

BFL 총서 ①
〈제3판〉지주회사와 법(하)

초판 1쇄 발행 ㅣ 2023년 3월 17일

지은이 ㅣ 노혁준 편저
발행인 ㅣ 고화숙
발행처 ㅣ 도서출판 소화
등록 ㅣ 제13-412호
주소 ㅣ 서울시 영등포구 버드나루로 69
전화 ㅣ 02-2677-5890
팩스 ㅣ 02-2636-6393
홈페이지 ㅣ www.sowha.com

ISBN 978-89-8410-512-6   94080
ISBN 978-89-8410-284-2   (세트)

값 23,000 원

잘못된 책은 언제나 바꾸어 드립니다.